경희대학교 국제지역연구원 환동해지역연구 시리즈 7

환동해지역 교류와 협력의 다층성과 제약

이 저서는 2011년 정부(교육과학기술부)의 재원으로 한국연구재단의 지원을 받아 수행된 연구입니다.
(과제 번호 : NRF-2011-362-H00001).

경희대학교 국제지역연구원 환동해지역연구 시리즈 7

환동해지역 교류와 협력의 다층성과 제약

김석희 | 신진숙 | 이창수 | 이영형 | 최영진
박영애 | 권세은 | 바뎬쥰 | 정성장 | 장휘이지

경희대학교 출판문화원
KYUNG HEE UNIVERSITY PRESS

| 머리말 |

환동해지역의 소통과 협력, 공존을 지향하며

이번 환동해시리즈 연구총서 7권 출간은 경희대 국제지역연구원과 지린대 동북아연구원이 HK국제학술대회와 상호 교차 학술대회를 통해 연구협력 관계를 강화하며 공동 과제 개발을 추진해 온 결과물이다. 환동해지역은 국가-지방-기업-시민의 행위자들이 중층적 관계를 형성하며 다양한 분야, 즉 국제관계, 경제, 문화, 환경, 이주 등에서 협력과 갈등이 일어나고 있는 지역이다. 이 연구를 통해 환동해지역의 현실 영역에서 형성되는 관계성의 담론을 중심으로 논의하고 공존 방안을 모색하였다. 또한 환동해지역의 정치, 경제, 사회, 문화 및 생태적 시각을 통합적으로 제시하였다.

기존의 환동해지역 연구는 한국 지방정부 차원에서 지역자치단체의 연구원을 중심으로 하여 해당 지방에 요구되는 지역개발이나 지역발전의 성격을 띠는 일면적 연구가 주류를 이루었다. 일본에서는 이미 1970년대부터 아시아 지역과 협력하는 것을 구상했는데, 냉전이 종식된 직후 일본 서안의 지방정부를 중심으로 환동해권과의 협력을 모색했다. 1990년대 환동해권에서는 한국과 일본이 지방정부 차원에서 양자 간, 다자간 교류협력 방안을 강구했다. 한편 중국과 러시아는 중앙정부 차원에서 지역계획을 통해 환동해지역의 협력을 모색했으나 20여 년이 지난 지금까지도 그 실질적인 성과는 미미하다.

이에 대해 경희대 HK환동해지역연구 사업단은 환동해지역에 대한 국가 혹은 민족주의적 연구나 경제 부문에 편향된 지역연구를 지양하면서 이 지역을 둘러싼 국가 및 지방의 레짐, 생태, 인식 분야 등의 복합적이고 다층적인 지역연구를 지향하고 있다. 동시에 환동해지역에 다양한 시간대(전통시대, 냉전시대, 탈냉전시대의 지역구도)와 다양한 기제들이 중첩되어 있다고 인식한다. 이러한 존재 조건들을 비판적으로 이해하면 협력 방안이 제시될 수 있다.

이 책은 경희대 연구진의 논문 7편과 중국 지린대 연구진의 논문 3편을 포함해 총 10장으로 구성되어 있다. 제1장은 동아시아가 중국문화권이라는 기존 주장에 반대하며 동아시아의 복합적이고 다층적인 하위문화로서 환동해문화권의 의미를 새롭게 조명한다. 15세기에 러시아로의 불교의 전파, 환동해지역의 근대문학에 영향을 미친 러시아 문학이나 문화 등은 러시아와 환동해지역 간의 활발한 문화 교류의 사례를 보여 준다.

제2장은 환동해지역의 자연에 대한 세 가지 시각을 살펴본다. 자연을 이상적인 공간으로 설정하는 시각에서부터 생태적 지혜를 인간의 이성보다 우월한 것으로 인지하는 시각, 생태관계망을 통해 인간의 삶을 재사유하는 탈근대적 시각에 이르기까지 다양한 시각spectrum이 그것이다. 환동해지역의 생태적 가치를 제고하기 위해 생태적 지知공동체의 구상을 제안한다.

제3장은 일본의 조문문화론繩文文化論을 거시적 관점에 입각하여 고찰하고 조문사회론·조문문화론의 종합화와 체계화를 통해 새로운 조문문화상을 구축하고 있다. 특히 시베리아 대륙에서 일본열도까지 연결되는 후기 구석기문화의 일체성을 찾고 있다. 토기 이외에 원시교역의 대표 유물로 음각되고 있는 옥제품의 산지와 출토 유물의 분포로 볼 때 조문시대에 이미 동아시아 대륙과 일본열도 간 교류가 있었던 것으로 판명된다. 환동해지역 원시문화의 주요한 요소는 거목의 대형 건축물로 극동 평저토기와 동반 출토되고 있고, 지리적인 위치 면에서 볼 때 동해안지대에서 동북지방에 이르기까지 공통적으로 나타난다.

제4장은 국제 관계의 비판적 시각에서 국제 정치경제의 중심축이 아시아·태평양으로 이동하면서 나타나는 동해의 지정학적 성격을 파악하고 있다. 대륙세력과 해양세력에 의해 동해가 양분되는 지정학적 관할권 문제와 동해에서 예상되는 대륙 및 해양세력의 블록 내 내재적 갈등 문제를 다룬다.

제5장은 환동해지역의 경제 교류 활성화 가능성에 대해 논의한다. 북한에 대한 경제제재로 인해 현재 대륙 내 교역 및 해양과 대륙 지역 간의 교역 등이 중단되거나 제한적으로 일어나고 있다. 북한의 핵 문제가 타결되면 환동해권 경제 교류의 물꼬가 트이게 될 것으로 보인다. 특히 북한의 나선은 대륙과 해양의 중간적 거점으로 중개적 역할을, 남한의 부산은 북극해로 가는 길목에서 연결적 역할을 담당하게 될 것이라 예측하며, 이를 통해 환동해지역에서의 활발한 해상 교류의 가능성을 타진하고 있다.

제6장은 중한 FTA 관세 양허가 중국의 대對한국 농산물 수출에 미치는 영향을 분석한다. 단기적으로 보면 중국은 한국 농산물 수출에 큰 영향이 없을 것이지만, 장기적으로 보면 대부분의 농산물 관세가 양허됨에 따라 중국의 대한국 농산물 수출에 상당한 영향을 줄 것이다. 이에 따라 중국은 전략적인 시각에서 한국의 기술적인 무역장벽에 대응할 조치를 마련해야 함을 역설하고, 동시에 농산물 표준화협력을 강화해야 한다는 논지를 펼치고 있다.

제7장은 동북아시아 지역화와 지역주의에 대한 이해가 지역성을 파악하는데 있어서 필수적임을 주장한다. 관계론, 과정론, 장이론 등 관계적 존재론 relational ontology에 기댈 경우 동북아시아 지역화와 지역주의의 비대칭적 과정을 효율적으로 파악할 수 있게 된다. 이러한 복잡한 현상에 대한 성격 규정은 미래 예측이라는 측면에서 중요한 작업이 된다. 보편적 환경으로 제시되고 있는 세계화에 대한 고찰, 동북아 특성으로 제시되고 있는 지역화와 지역주의 전개 과정의 불일치에 대한 고찰이 그 출발이 될 것이다.

제8장은 동북아지역 거버넌스에 대해 논의한다. 지역 거버넌스는 동북아

지역의 공동 이익 증진에 기여할 충분한 수요와 동력을 갖추고 있다. 동북아 정치와 안보 분야에서 지역 거버넌스 문제의 공통된 인식 달성 여부는 경제 협력 효과에 의해 결정된다. 향후 동북아지역 거버넌스의 주요 행태는 다자협력의 거버넌스가 될 것이다. 이를 위해 중·일·한 3국은 자유무역협정 체결을 추진하고, 각 나라 '산관학'의 포괄적 협력 체제를 구축해야 하며, 지역 내부의 정치 및 비지니스와 안전 포럼의 설립을 추진해야 함을 주장하고 있다.

제9장은 북한의 공식 언론 보도와 동영상 자료 및 내부 문건, 고위 탈북민의 증언과 국내 언론 보도 등을 종합적으로 분석하여 김정일 생시에 김정은의 권력 승계가 어떻게 주도면밀하게 진행되었는지를 밝히고 있다. 김정은 정권의 정치적 안정성을 과학적으로 평가하기 위해서는 북한 주민들의 실제적 주체사상과 김정은에 대한 지지도의 이해가 중요하다.

마지막으로 제10장은 북한의 안전정책과 한반도 위기 문제를 다룬다. 2017년 미국의 트럼프 정부 출범과 함께 새로운 대북정책도 나올 것이다. 비록 군사적 위협과 대화를 병진해 가는 시스템에서 벗어나지 않을 것임을 예상할 수 있지만, 북한과 미국 사이에는 조심스럽게나마 대화의 여지가 있다. 곧 출범할 한국 정부의 입장에서는 현재의 대북정책을 바꿀 수 있는 기회가 되기도 한다. 북한은 또다시 위기를 기회로 반전시킬 수 있는 국면에 직면할 것으로 보인다.

본 연구 총서는 환동해지역에 대한 한중 양국의 연구 시각을 종합적으로 고찰한다는 점에서 의미를 지닌다. 이러한 공동 연구를 통해 환동해지역의 학문적 소통을 확대할 뿐만 아니라 향후 지역사회 간의 관계 발전에도 기여하고자 한다.

2017년 봄

경희대 국제지역연구원 HK 교수 최영진

| 차 례 |

제1장

환동해문화권의 의미와 방향

김석희

1. '문화권'이라는 담론 : 유럽 중심에서 중국 중심으로

문화권文化圈이란 일정한 문화 양식으로 묶을 수 있는 지역을 의미하는 말이다. 그 안에서는 일정한 문화 양식이 지배적인 영향력을 가지고 그 문화 양식에 의해 역사적 발전이 이루어진다고 상정된다. 문화권이란 그렇게 상정함으로써 해당 지역의 독자적 역사 발전 모델을 제시하려는 의도가 담긴 개념이기도 하다. 그래서 문화권을 통하여(문화를 축으로) 해당 지역의 지역사를 구성할 수 있고 시간 축을 중심으로 한 역사상을 기술할 수 있다.

문화권이라는 말은 독일의 민속학자인 빌헬름 슈미트Wilhelm Schmidt가 1924년의 저작에서 제창한 'kulturkreis'에서 번역된 말이다. 문화권이 중요한 용어가 된 것은 20세기 이후의 일로 비교적 최근의 일이다.[1] 근대 유럽 중심의

1 존 K. 페어뱅크 외, 『동양문화사』 상, 김한규 외 역, 을유문화사, 1994, pp. 1~2. 『동양문화사』는 총 28장으로 이루어져 있으며, 그중 15장까지가 근대 이전, 16장 이후가 근대 이후로 구성되어 있다. 한국어판에서는 근대 이전에 대한 논의가 상권으로 묶여 출판되었다. 개론인 1장과 7장의 몽골제국, 14장과 15장에 나타난 봉건 일본(중국적 패턴으로부터 이탈한)에 대한 서술을 제외하면, 근대 이전의 동양문화사는 기본적으로 중국이 중심이다. 초기의 중국은 문명의 발생지이며, 10장 이후에 나타나듯이 초기의 한국은 '중국형 국가'이다. 고대 일본은 '중국문명 섭취' 국가, 봉건시대의 일본은 '중국적 패턴으로부터 이탈' 한 국가 형태로 표현되고 있다. 이에 비하여 하권,

역사인식에 한계점이 지적되면서 유럽 이외 지역의 독자적 발전을 보는 '문화권'이라는 지역적 세계가 설정되었다. 특히 종래의 '진보'한 유럽의 대극으로서 '정체'한 아시아, '미개'한 아프리카와 같은 일면적인 역사상이 유럽 이외의 지역에 강요되었지만, 그들 지역에도 독자의 문화권을 상정함으로써 아시아·아프리카의 민족과 국가들의 문화적 상이점이 보다 구체적으로 파악되었으며, 독자적인 역사 발전의 상대화로 이어지게 되었다.

유럽인들은 중국과 일본, 그리고 인도지방에 이르기 위해 동쪽으로 여행하면서 자연히 이들 먼 지역을 '극동Far East'이라 부르게 되었다. 물론 배를 타고 태평양을 건너 중국과 일본, 동남아시아 등지에 도착한 미국인들 입장에서는 이 지역을 '극서Far West'라 부를 수도 있지만, 이 지역에 사는 사람들 입장에서 보면 세계의 동쪽도 서쪽도 아니며 더구나 '극'일 수는 없다. 존 K. 페어뱅크와 에드윈 O. 라이샤워는 그들의 공저 『동양문화사』에서 여러 가지 입장 중 '동아시아East Asia'라는 말을 채택하면서, 이것이 지리적으로 가장 정확할 뿐 아니라 유럽이 문명 세계의 중심이라는 '낡은' 관념을 함축하고 있지 않다고 주장한다. 그리고 동아시아 개념에 대하여 지리적으로는 큰 산과 사막으로 이루어진 장벽의 동쪽지역을 의미하고, 인종적으로는 에스키모와 아메리카인디언을 제외한 몽골인종의 주거지역, 문화적으로는 '고대 중국의 문화에 뿌리를 둔 문화권'을 가리킨다고 정의하고 있다.[2] 이 저술을 통해 페어뱅크 등은 자신들의 관심이 '중국, 일본, 한국 및 베트남'의 역사에 있음을 밝히고, 이 나라들의 고급 문화와 문자의 기본 체계가 주로 고대 중국에

즉 근대 이후의 서술은(물론, 기본적으로는 중국 중심이기는 하지만) 17장, 18장, 22장, 23장, 26장의 방대한 지면을 일본제국에 대한 서술에 할애하고 있는데, 그 서술 방식이 '문명의 발생' 이나 '변형' 같은 정적 개념이 아니라 서양에 대한 일본의 '대응' , 중국, 월남, 한국에 대한 서양의 '침입' 과 같이 보다 동적인 관계성에 기반을 둔 고찰이 주를 이루고 있다.

2 위의 책, pp. 1~2.

기원을 두고 있다는 점에서 '동아시아'란 곧 '중국문화권'을 의미한다고 규정하였다.

윌리엄 시어도어 드 베리William Theodore de Barry는 그러한 라이샤워의 견해를 전반적으로 수용하지만, 동아시아에 대한 인식이 서구 중심적인 것임을 비판하였다. 중국 이외의 동아시아 각 국가에는 문자만으로 설명할 수 없는 많은 문화와 관계들을 '한자문화권'과 '유교문화권'이라는 이름 속에 묻어 버린다.[3] '동아시아=중국문화권'이라는 개념은 결국 동아시아의 여러 나라와 민족을 '중국'이라는 '고급'의 '문화'에 귀속시키고 만다는 점에서 유럽 중심 세계관의 축소판이라 할 수 있겠다. 또 하나 중요한 것은 그 동아시아 문화권이 동아시아에 실제로 존재하는 '러시아'를 배제하고 있다는 점이다. 물론 문화적 권역에 대한 개념이 지리적 영역과 꼭 일치해야 한다는 의미는 아니지만, 그것이 문화적으로 비슷한 원형을 가지고 있다면 새롭게 검토할 필요가 있다고 생각한다. 기존의 동아시아 개념이 러시아를 포함시키지 않은 것은 첫째로 한 나라의 문화를 하나의 전체로 생각하는 인식 방법 때문이며, 둘째로 한자문화권이 곧 동아시아문화권이라는 지배적인 인식 때문이었다. 최근 약 20년 사이에 주목 받기 시작한 환동해지역 개념은 러시아를 포함하고 있다. 이 글에서는 극동 아시아지역이 문화적으로도 상당한 네트워크를 형성하고 있었다는 것을 설명하기 위해 몇 가지 예를 들고자 한다. 단, 러시아를 중심으로 환동해지역을 논하는 데 목적이 있는 것은 아니라는 점을 미리 밝혀 둔다. 그동안 논의 밖에 존재했던 네트워크를 염두에 두고 환동해문화권이라는 개념을 조명하고자 한다.

---

3 윌리엄 시드도어 드 베리, 『동아시아 문명』, 한평수 역, 실천문학사, 2001, pp. 7~42.

2. 환동해문화권의 개념

'환동해지역'이란 넓은 의미로는 한국, 중국, 일본, 러시아를 의미하고, 좁은 의미로는 한국의 동해안, 중국의 동북3성, 러시아의 극동지역, 일본의 서해지역을 의미한다. 좁은 의미의 환동해지역은 동아시아지역 내에서도 지형적으로 분리된 지역에 속한다.[4] 우랄산맥과 백두대간, 일본열도로 이어지는 이 지역은 동해바다를 내해로 끼고 있다. 선사시대부터 바다와 육로를 통해 문화 교류와 교역이 이루어졌던 곳이기도 하다. 이 지역은 바다를 끼고 있지만 지중해지역이나 여타 동아시아지역과 달리 농사를 짓기에 척박한 곳이 많다. 해안선이 가파른 산지로 둘러싸여 있는 데다 평지도 매우 적다. 지금까지도 변방지역에 속하며 인구도 매우 적다.

페어뱅크 등은 동아시아가 엄청난 거리 및 가공할 산맥과 사막들에 의해 다른 문명권과 분리되었기 때문에 동아시아 특유의 문화적 양식이 오늘날까지 대부분 유지, 발전될 수 있었다고 보았다. 그 예로, 세계 대부분의 문명권에서 현재 사용하고 있는 문자 체계는 근본적으로 서아시아에서 이루어진 단일한 발명 과정에서 기원하지만, 동아시아에서는 그것과 완전히 다른 원칙에 기초한 문자 체계(한자)가 존재한다는 것을 들 수 있다.[5] 환동해지역은, 인류의 다른 문명들로부터 격리되어 있다는 동아시아 내부에서도 지형적으로 격리된 지역이다.

이 지역의 인종은 다른 동아시아지역과 마찬가지로 몽골 인종이다. 추운 기후를 견디기 쉽도록 진화한 비교적 짧은 팔과 다리, 강렬한 눈雪의 반사광으로부터 눈眼을 보호할 수 있는 좁고 두터운 눈꺼풀을 가지고 있다. 대체

4 신진숙 외, 『환동해지역의 이해』, 경희대 출판문화원, 2014, p. 5.

5 존 K. 페어뱅크 외, 앞의 책, p. 4.

로 검은색 머리칼과 눈동자를 가지고 있으며 평평한 얼굴을 하고 있다. 물론 최근 몇십 년 사이 경제적 여건이 좋아지고 체력 신장이 현저히 증진되면서, 서구인들의 체형에 점점 가까워져 가고 있기는 하다. 그러나 이 지역에 살고 있는 인종이 몽골 인종만 있는 것은 아니다. 현재 일본의 북단에만 살고 있는 아이누인들은 코카서스 인종이 갖는 일정한 특징들을 보여 준다. 예컨대 몸에 난 많은 털은 몽골 인종에게서는 발견되지 않는 특징이다.[6]

동아시아지역에서 가장 널리 쓰이는 언어는 중국어이지만, 환동해지역에서는 꼭 그렇다고 말할 수 없다. 환동해지역의 언어는 중국의 동북3성지역을 제외한다면 오히려 알타이어군이 강세라고 할 수 있다. 그것은 한국어와 일본어를 의미하는데, 두 언어는 전형적인 알타이어로 그 구조가 매우 비슷하다. 이것은 석기시대의 토기문화 등이 중국 쪽보다는 러시아 극동지역과 연관되어 있는 것만 보아도 알 수 있는 일이다. 환동해지역에는 문자 체계도 다양하게 존재한다. 한자는 오랜 세월 동안 중국이 분열되지 않도록 지탱시켜 준 도구였고, 한국과 일본에도 지대한 영향을 미쳤지만, 한국과 일본은 각각 독자적인 문자 체계를 가졌다. 한국은 표음문자인 한글을 만들었고, 일본은 음과 뜻을 동시에 나타낼 수 있는 가나문자 체계를 개발하였다. 물론 한글과 가나는 모두 한자의 자장 안에서 그 형태를 빌린 것이라고 말할 수 있지만, 그것을 표음문자화한 것은 지知의 혁명이었음에 틀림없다.[7]

분명히 동아시아지역에서 중국의 영향력은 막강한 것이었다. 그러나 환동해지역은 조금 특수한 부분이 있다. 환동해지역은 정치·문화적으로 상당한 독립성이 유지된 지역이기 때문이다. 고구려 이후 한국은 고대국가의 틀을 갖춘 이래 중국의 직접적인 지배하에 들어간 적이 없다. 아주 짧은 기간

6 위의 책, p. 7.

7 노마 히데키, 『한글의 탄생 : 문자라는 기적』, 김진아 · 김기연 역, 돌베개, 2012, pp. 73~74.

지배를 받거나 정치적으로 분열되기도 했지만, 기본적으로는 통일된 나라로 계속 유지되었다. 이미 7세기에 이르렀을 때 지리적 범주나 인종, 언어 및 기초적인 문화에서 오늘날의 한국과 거의 동일한 나라가 되었으며, 그 후 한국인들은 줄곧 정치적 연속성에 대한 감각을 유지해 왔다.

일본의 경우는 지리적인 이유로 더욱 독립적이었다. 중국의 군주와 주변국 군주의 관계는 흔히 군신 관계로 표현되곤 했다. 그것은 중국이 가장 크고 오래된 나라일 뿐 아니라 문화의 근원이요, 원천이라 간주하는 전통적 문화주의(=중화주의)를 의미한다. 이런 기조 안에서 중국과 주변국 사이에는 조공 관계라는 것이 존재했다. 하지만 일본의 경우 지리적, 기후적인 이유로 그런 관리가 사실상 어려웠다.

러시아의 경우, 동아시아에 해당하는 부분은 거의 동시베리아에 해당하는 지역이다. 이 지역은 17세기 이후에 '발견'된 지역에 해당한다. 그러므로 근대 이전의 동아시아 역사에서 제외된 것도 무리는 아닐 것이다. 그러나 15세기 이후의 불교의 전파나 환동해지역 근대문학의 발전 과정에서 강력한 영향력을 행사한 러시아 문학 등을 생각한다면, 적어도 근대 이후의 환동해지역을 하나로 묶어 사고할 이유는 충분하다고 사료된다.

3. 환동해문화권의 실재 1 : 불교문화권과 극동 러시아

페어뱅크 등은 '동아시아=중국문화권=한자문화권=유교문화권'이라는 구도를 공식화하였다. 물론 오랜 세월 중국의 파워가 동아시아에서 오랫동안 지배적이었던 것은 인정할 수밖에 없다. 그러나 한자를 축으로 하는 유교문화 자체는 사실상 상류 사회의 전유물이었으며, 일반 대중에 보다 널리 침투된 것은 불교 쪽이었다.

불교를 중심으로 동아시아를 바라보면, 동아시아문화권의 범위는 조금 달라질 수 있다. 일반적으로 동아시아 담론에서 러시아는 제외된다. 러시아는 유럽에 속한다는 인식 때문이다. 그러나 일반적인 인식과는 달리 러시아에는 일찍이 불교가 전파되었다. 러시아 불교의 역사는 약 400년 이어져 왔다. 제정러시아시대에는 러시아 정교가 국가 종교였던 관계로 불교 신앙이 법률로 제한되었지만, 라마승들은 지방경찰의 통제하에서 종교 활동을 계속하였다. 불교는 브랴트인Burjatien과 칼무이크인Kalmyk의 사회적·문화적 생활의 한 축으로 민족의 정치적·정신적 통일 과정에 큰 영향을 미쳤다. 바실리 모르자코프Vasily Morjakov에 의하면, 역사상 불교가 러시아에 유입된 것은 15세기 말로 거슬러 올라간다. 당시 러시아의 모험가와 개척자들은 시베리아 개발을 시작으로 극동에 다다랐다. 몽골과 티베트의 라마는 17세기 중엽, 바이칼호지방에 불교를 전파하기 시작하였다. 17세기 말, 불교는 전통적인 민족 신앙과 샤머니즘을 대신하는 중요한 종교가 되었다. 또 16세기 말에 들어온 몽골의 라마는 칼무이크에 불교를 전파하였다. 17세기 중엽, 그들은 볼가강지역으로 이동하면서 불교의 영향력을 확대하였다. 이 시기에 부랴트는 러시아 국가의 일부가 되었다. 현재의 부랴트는 불교권 최북단에 존재하는 지역으로 러시아에서 불교도가 가장 많은 곳이기도 하다. 19세기 말에 이르면 러시아의 귀족과 지식인 들 사이에서 불교는 인기 있는 취미fashion로서 퍼져 나갔다.[8]

1917년 러시아혁명 후 새로운 볼셰비키 정권이 수도의 사원을 폐쇄했다.

---

8 V. モロジャコフ, 『ジャポニズムのロシア一知られざる日魯文化関係史』, 藤原書店, 2011, pp. 187~191. 궁정가신宮庭家臣이자 작가였던 우흐톰스키Ukhtomskii(1861~1921)는 니콜라이 황태자가 1891년부터 1891년에 걸쳐 동양 여행을 했을 때 동행했으며, 그 여행을 상세하게 기록으로 남겼다. 그는 유명 신문 『생 페테르부르크』를 장기간에 걸쳐 편집하고 그사이에 극동지역 정보와 러시아지역 정책에 대한 다수의 논문을 집필하였다. 중국 미술품 수집가로도 유명하다.

재러시아 티베트특별공사가 소비에트 정부에 적극적으로 이의를 신청한 결과, 정부는 사원을 불교 신자에게 반환하였다. 러시아 불교는 새로운 환경에 적응하고자 신앙의 근대화를 시도하였다. 마르크스주의의 지배하에서 불교를 서양 문화, 문명의 성과에 발맞추어 지켜내기 위해서였다. 이 운동은 특히 부랴트에서 널리 행해졌다. 결과적으로 불교 근대화 운동은 실패로 돌아갔고, 1930년대에 스탈린 정권이 모든 종교 단체를 탄압하면서 불교도 쇠퇴하였다. 그러다 1980년대 후반에 페레스트로이카의 영향에 의해 불교 서적에 대한 출판의 자유가 허락되면서 불교전문연구기관이 생겨났다. 톨스토이 Aleksey Konstantinovich, Graf Tolstoy는 불교 독자를 위해 『법구경法句經』을 자신의 도덕적 기반으로 삼기도 했다. 19세기 말에 러시아 불교학은 세계적으로 유명해진다. 러시아의 탐험가가 중앙아시아에서 불교의 고대 사적을 발굴한 것을 계기로 불교 연구는 새로운 시대에 진입하였다.[9] 현대에는 러시아 불교 연구가 주춤하지만, 1993년의 헌법에 의하면 러시아에서는 러시아 정교, 이슬람교, 유태교, 불교를 자국의 종교로 규정하고 있다. 그것은 극동지역의 불교세력을 염두에 둔 것이었다.[10] 불교 분포가 부랴트, 칼무이크, 투바 등 주로 극동지역에 밀집되는데, 이것은 오히려 러시아 자체를 하나의 문화권으로 보기 어려움을 반증하는 것이며, 국가라는 경계를 중심으로 문화를 구분하는 일반적인 인식 방법에 한계가 있음을 보여 주는 일이기도 하다. 시베리아 동부지역은 이른바 동아시아문화권, 또는 환동해문화권에 더 가까운 것이다.

9 V. モロジャコフ, 앞의 책, pp. 187~205.

10 위의 책, p. 188.

4. 환동해문화권의 실재 2 : 근대 환동해지역의 문학

근대에 이르러서는 역으로 러시아의 문화가 환동해 전역에 영향을 미치기도 한다. 문화·예술 영역에서 보이는 서구문화의 영향이 가장 큰 이유일 것이다. 근대 이후 소설, 시, 희곡, 에세이를 포함하여 문학은 지식인과 일반 시민의 문화적·정신적 생활에 압도적 영향을 주었다.

1915년 『신청년新青年』이 창간된 후 10년 동안 러시아 문학 작품이 중국에서 중국어로 번역, 출판된 단행본의 총수는 138종에 달했다. 그중 톨스토이의 작품은 47종으로, 이는 일간지나 잡지에 산재되어 있는 번역을 포함하지 않는 수치다. 이 밖에는 1903년부터 1987년까지의 85년 동안, 중국에서의 러시아 문학 작품의 번역 출판(초판만 포함될 경우) 총수는 754종이다. 그중 4분의 3은 소설이며 톨스토이의 작품은 번역 저서 총수의 17%를 차지하고 있다. 이 데이터로 보면 5·4 시기나 20세기를 통틀어 말할 때 중국 문학이 러시아 문학에 대한 번역과 수용 과정 중에 톨스토이Aleksey Konstantinovich, Graf Tolstoy, 체호프Anton P. Chekhov와 투르게네프Ivan S. Turgenev가 모두 매우 중요한 지위를 차지하고 있었음을 알 수 있다.[11]

루쉰魯迅은 러시아 문학의 번역 및 소개 작업이 "봉기를 일으키는 노예들에게 무기를 몰래 지원하는 일"이라고 말한 적이 있다. 그리고「중·러 문자지교」란 글에서 "러시아 문학은 우리의 스승이자 친구다也正是在这一意义上，鲁迅还曾把俄国文学的译介工作比喻为给起义的奴隶偷运军火．在《祝中俄文字之交》一文中称"俄国文学是我们的导师和朋友""라고 서술하였다. 루쉰이 1908년 12월에 '쉰싱

---

11 赵明,「托爾斯泰 屠格涅夫 契訶夫 — 20世紀中國文學接受俄國文學的三種模式」,『外國文學評論』, 1997. 2, p. 114.

迅行'이라는 필명으로 「파악성론破惡聲論」[12]을 발표해 톨스토이의 작품을 칭찬하며 "그가 쓴 스스로 참회하는 작품이 얼마나 위대한 것인가? 이는 저자 마음에서 우러나는 소리일 것이다偉哉其自懺之書, 心聲之洋溢者也"라고 평가했다.[13] 1902년 2월, 량치차오梁啟超는 「학술세력이 세계를 좌우하는 것을 논하여論學術之勢力左右世界」[14]라는 글을 발표해 톨스토이를 높이 평가하였다. 량치차오는 러시아 각지에서 끊임없이 일어나고 있었던 반제국주의 투쟁이 바로 톨스토이 정신의 고무로부터 비롯된 것이라고 주장했다.[15]

5·4운동 이후 러시아 문학이 중국에서 급속히 소개되었는데, 여기에는 마르크스주의의 유입, 중국 신문학의 발흥, 그리고 중국의 항일전쟁과 같은 역사적 배경이 있을 것으로 보인다. 1920년대, 즉 5·4운동이 고조를 이루고 꾸준히 영향력을 발휘하던 시기 러시아 문학 작품의 중국어 번역 역시 절정에 달하였다. 그때 중국어로 번역·소개된 러시아 문학 작품의 수는 세계 어느 나라보다도 많았다. 『푸시킨 소설집』, 『톨스토이 소설집』, 『체호프 단편소설집』, 『투르게네프 선집』 등을 비롯하여 많은 러시아 유명 작가들의 작품이 중국어로 번역·출판되었다. 유명한 작가인 모뚠은 "러시아 문학에 대한 관심과 열광은 일반 지식인들 가운데 일종의 분위기가 형성되었다. 그리고 러시아 문학의 연구 작업도 혁명에 열중하는 지식인들 가운데 한 가지

---

12 迅行, 「破惡聲論」, 『河南月刊』 8, 1908, p.16

13 李晓霞, 「1990~2010年中國的托爾斯泰小說研究」, 華東師範大學 碩士學位論文, 2013, p. 4.

14 梁啟超, 「論學術之勢力左右世界」, 『新民叢報』 1, 1902.

15 李晓霞, 앞의 논문, p. 2. 『신민총보』는 량치차오가 『청의보清議報』 이후 창간한 가장 영향력 있는 간행물이며, '탁얼사태托爾斯泰' 라는 톨스토이의 중국어 역명譯名도 량치차오가 최초로 사용한 것이다.

운동으로 발전되었다"고 말한 적이 있다.[16]

신해혁명 때부터 5·4 시기까지 톨스토이 작품에 대한 번역과 소개는 큰 폭으로 증가했다. 그의 작품은 중국어 번역물 수량이 모든 외국 작가들 중에서 1위를 차지하고 있으며, 당시 거의 모든 중요 작품이 다 중국어로 번역됐다. 톨스토이가 1910년 세상을 떠난 후 중국 문학계에서 많은 사람들이 애도하는 글을 남겼을 정도로 중국에서는 그의 영향력이 컸던 것이다. 5·4 시기에는 톨스토이의 인생관, 철학관, 예술관, 여성관이 전방위적으로 중국에 소개됐다. 톈한田漢의 『러시아 문학사조사俄羅斯文學思潮之一瞥』, 정전둬鄭振鐸의 『러시아문학사략俄國文學史略』 등 저서에 톨스토이가 폭넓게 소개된 바 있다.[17]

이것은 중국에만 국한된 것이 아니다. 일본의 첫 번째 근대소설로 꼽히는 『뜬구름浮雲』의 작가 후타바테이 시메이二葉亭四迷를 비롯한 메이지시대 일본의 소설가들은 러시아 문학에 경도되었고, 그 결과물로서 새로운 일본 문학을 창조했다고 할 수 있다. 후타바테이 시메이는 동경외국어학교(현재의 도쿄외국어대학) 노어과를 졸업하고 문학가로서의 활동을 시작하였다. 그가 일본 근대소설의 선구자로 불리는 이유는 사실주의 소설 『뜬구름』을 집필했기 때문이다. 사실상 투르게네프의 시도 후타바테이 시메이의 번역으로 일본에 처음 소개되었다. 『뜬구름』은 일본 문학에서 언문일치의 효시로 평가되는 작품이라는 면에서 그 의미가 크다.[18]

반대로 러시아에서는 1960~1970년대 러시아의 지식인들이 아쿠타가와

---

16 吴俊忠, 「俄罗斯文学对中国文化的深层影响」, 『深圳大学学报』 23, 2006, p. 16.

17 李晓霞, 앞의 논문, pp. 4~5.

18 柄谷行人, 『日本近代文学の起源』, 講談社, 1985, pp. 49~53.

류노스케芥川龍之介와 아베 고보安部公房를 '유명한 러시아 작가'라고 불렀다고 한다. 수만 부 또는 백만 부 이상 출판된 두 작가의 작품은 러시아 지식인의 문화적·정신적 세계와 불가분의 관계가 되어 외국 문학으로서가 아니라 자신들의 문학으로 받아들이게 되었다.

근대 일본의 지식인은 유럽 문학으로부터 새로운 세계를 배우고 느끼기 시작하였다. 그중에서도 러시아 문학의 역할은 지대하였다. 유럽이라는 개념이 의미하는 바는 지리적·역사적·문화적·민족적 관점이 각각 다르다. 예를 들어 프랑스의 전통적인 입장에서 본다면 유럽이란 주로 프랑스, 이탈리아, 스페인, 그리스·로마 유산을 품고 있는 지중해 문화지역이었다. 그런 입장에서 보면 독일은 반쯤 야만이고, 러시아도 야만국이 된다. 또 독일 입장에서는 유럽이란 독일인의 문화지역인 중앙 유럽을 중심으로 하여 프랑스, 이탈리아, 스페인 등으로 이루어지니 유럽에는 동유럽의 슬라브 민족도 포함시킬 것이다. 영국 입장에서 본다면 유럽이란 아마도 그들 모두를 포함하는 것일 것이다.[19]

즉 근대문학은 일반적으로 유럽-일본-중국, 한국의 루트로 환동해지역에 유입되었다고 보지만, 가장 크게 영향을 받은 작가군을 중심으로 본다면 러시아 문학이 근대 환동해지역에 미친 영향이 적지 않다는 점을 알 수 있다. 이와 같이, 15세기 이후 환동해지역의 문화는 하나의 권력적 문화권이었다기보다는 여러 개의 문화적 네트워크가 역동적으로 얽힌 형태였다고 말할 수 있을 것이다.

---

19 V. モロジャコフ, 앞의 책, pp. 151~154.

5. 환동해문화권의 실재 3 : 근대 환동해지역의 노래 또는 영화[20]

그런가 하면, 러시아에서 시작되어 근대 환동해지역에 각각 다른 형태로 전파되며 매체변이가 된 경우도 있었다. 비록 근년 들어 수많은 노래와 영화들의 홍수 속에 잊혔지만, 1970년대와 80년대에 한국에서 대학 시절을 보낸 사람이라면 대부분 '스텐카 라진'[21]이라는 이름을 쉽게 떠올릴 수 있을 것이다. 주로 운동권 학생들 사이에서 즐겨 불렀으며 가수 이연실이 앨범에 수록하기도 했던 〈스텐카 라진〉이라는 노래로 친숙하기 때문이다. 이 노래는

---

20 이 절은 졸고 「근대 환동해지역과 스텐카 라진 서사」(『동북아문화연구』 35, 2013)의 내용을 기저로 하는 것임을 밝혀둔다.

21 A. A. Ланилов 외, 『러시아 연방교육부 추천, 러시아 역사История гщсндарсства Инаро』, 문명식 편역, 신아사, 2009, pp. 234~236. 러시아는 17세기를 반란의 세기로 기억한다. 그중에서도 가장 큰 반란은 돈강 유역의 스테판 티모페예비치 라진Степан Тимоφеевич Разин이 주도한 코사크와 농민들의 반란이었다. 조세와 노역을 피하여 도주한 농민과 병사들이 돈강 유역으로 몰려들었고, 그들은 1666년에 자신들을 차르의 군대로 받아줄 것을 요구하기 위해 모스크바로 향했다. 그러나 차르가 이를 거절하자 그들은 돈강으로 후퇴하여 스테판 라진이 이끄는 부대에 합류하였다. 역사가들은 보통 라진의 반란을 "탈취를 위한 원정"이라고 부른다. 볼가강으로 나간 라진의 부대는 러시아와 페르시아 상인들의 무역선을 탈취하였다. 그들은 소도시들을 점령하였고 페르시아로 군사원정을 감행하였다. 라진이 이끄는 반란의 두 번째 단계는 1670년 봄에 시작되었는데, 그들은 차리친Царицын(오늘날의 볼고그라드)을 점령, 전투도 치르지 않고 항복한 아스트라한에 이르렀다. 군사령관들과 귀족들을 처벌한 후에 반란자들은 새로운 정부를 수립하였다. 라진의 성공은 볼가강 연안의 도시들인 사라토프, 사마라, 펜자 등의 주민들과 비러시아 민족 지도자들이 그들에게 합류하는 계기가 되었다. 반란군의 수는 20만에 이르렀으나 군사령관 바랴틴스키Барятинский 공이 이끄는 진압군에 의해 제압되었다. 처벌을 두려워 한 부유한 카자크들이 1671년 4월에 반란군의 수장을 잡아 당국에 넘겼다. 재판 후 반란의 주도자들은 붉은 광장의 형장 근처에서 능지처참을 당했다. 그러나 반란은 계속되었으며, 같은 해 11월이 되어서야 진압되었다. 라진의 추종자들에 대한 처벌 규모는 한 지역에서만 11만 명이 사형에 처해질 정도였다. 러시아 사상 전례가 없는 처벌이 감행되었지만, 민중은 스테판 라진과 그의 자유 투쟁을 잊지 않았다. 그리고 스텐카 라진이라는 이름을 봉건적 농노제에 항거한 농민전쟁의 지도자로 노래와 설화를 통해 수백 년 동안 기억하였다.

러시아의 민요를 원곡으로 하며, 식민지기 항일독립운동가들 사이에서 〈독립군 추도가〉[22]라는 제목으로 개사되어 널리 불렸다. 일본에서도 1940년에 발간된 악보집이 있는데,[23] 이연실의 〈스텐카 라진〉은 이 곡을 번역한 것으로 보인다.[24] 이후 중국에서는 노래 〈스텐카 라진〉의 멜로디에 가사를 붙여 〈노동자의 노래工人之歌〉[25]라는 이름으로 알려져 있는 곡이라고 전해지고 있다. 또한, 2011년 김정일 위원장이 사망했을 때 장례식장에서 연주된 장송곡도 러시아 민요 〈스텐카 라진〉을 편곡한 것[26]이었다고 알려져 있다.[27] 즉 노래 〈스텐카 라진〉은 근대 환동해 전 지역에 널리 확산되어 매우 친숙한 곡으로 정착되었으며, 특히 저항정신과 이념을 담은 가요로 사랑받아 왔던 것이다.

노래란 본디 멜로디와 가사의 조합으로, 인류사를 통하여 문자가 없던 시

---

22 가슴 쥐고 나무 밑에 쓰러진다 독립군 / 가슴에서 쏟는 피는 푸른 풀 위 질벅해 / 산에 나는 까마귀야 시체 보고 우지 마라 / 몸은 비록 죽었으나 독립정신 살아 있다 // 만리장천 외로운 몸 부모형제 다 버리고/ 홀로 섰는 나무 밑에 힘도 없이 쓰러졌네 / 나의 사랑 대한독립(때때로 '조선독립'), 피를 많이 먹으려나 / 피를 많이 먹겠거든 나의 피도 먹어다오 // 피 솟는 가슴 쥐고 나무 밑에 쓰러졌네 / 독립군 가슴에서 피 흘러 풀밭 적셔 / 공중 나는 까마귀야 시체 보고 묻지 마라/ 몸은 비록 죽었으나 독립정신 살아 있다.

23 東京府師範学校連合編, 『標準歌曲』, 蛍雪書院, 1940, p. 49. 이 노래는 창가唱歌로 분류되어 있다.

24 이연실, 「스텐카 라진」, http://www.melon.com/song/detail.htm?songId=1540360&ref=W106(2014년 7월 3일).

25 生活像泥河一樣流 / 機器吃我們的肉 / 煤煙熏黑了我們的臉 / 火酒燒幹了心窩 // 酒後引起心中煩悶 / 無處泄憤無奈何 / 常見父親打著兒子 / 又見丈夫揍他老婆 // 全世界的工人兄弟 / 到處一樣受痛苦 / 們天天被人剝削 / 這是最大的恥辱 // 工人階級團結起來 / 破壞這個舊世界 / 爲了光明新的社會 / 快把鬥爭來展開.

26 빨치산 추도가. 독립군 추도가의 가사와 비슷하다.

27 「김정일 사후, 장송곡은 '빨치산 추도가'」, 『조선일보』, 2011. 12. 27.

절부터 하나의 기록 수단이자 무형의 전달 매체였다.[28] 노래는 그 안에 내러티브narrative를 간직하고 있다는 점에서 음반뿐 아니라 가수 자신이나 노래 자체를 청각적 미디어라고 할 수도 있겠다. 그러다 유사 이래 가장 강력한 미디어가 등장하게 되었다. 필름의 발명으로 영화라는 미디어가 등장했던 것이다. 물론 시간이 지나면서 청각과 시각을 동시에 경험할 수 있는 기술이 발달되기는 했지만, 초기의 영화는 시각성 위주의 무성영화였다.

20세기가 되면서 스텐카 라진의 노래와 설화는 다양한 매체를 통하여 환동해지역 전체로 확산되어 나갔다. 러시아에서는 1926년에 차프이긴Aleksey Pavlovich Chapïgin(1870~1937)이 『라진 스테판Stepan Razin』(스텐카 라진의 본명)을, 1951년에 스테판 즐로빈(1903~1965)이 장편 『스테판 라진』을 발표하여 1952년 스탈린문학상을 받았다. 1973년에 안드레이 사할로프(소련의 '젊은 친위대' 발행소)가 쓴 스텐카 라진 평전은 일본에서 『러시아혁명의 서곡 17세기의 기록 : 스텐카 라진전ロシヤ革命の序曲 17世紀の記録－ステンカ.ラジン伝』이라는 제목으로 번역되었다.

스텐카 라진 이야기는 1908년에는 드란코브A. Дранхов 등에 의해 영화화되었다. 그것은 러시아 최초의 영화로, 사도브니코프의 시를 영화화한 것이었다. 〈하천가의 도적단Понизовая вольница〉이라는 제목으로 상영되었고 일명 〈스텐카 라진과 군주의 딸Стенька Разин и княжна〉로 통용되었는데, 이 영화의 주제곡 〈스텐카 라진〉은 러시아 민요를 토대로 한 것으로 드란코브의 요청을 받아 작곡가 이폴리토브이 이바노브이И. Ипполитовый-Ивановый가 작곡한 것이다. 이 곡은 영화와 함께 재생되었다.[29] 1928년에는 러시아인 감독 빅토르 토르얀스키Victor Tourjansky에 의해 독일에서 〈Wolga, Wolga〉라는 제

28 대표적인 예로 일본의 '가타리베語部' 를 생각할 수 있다.

29 정태수, 『러시아-소비에트 영화사』, 하제, 1998, pp. 19~21.

목으로 스텐카 라진 이야기가 영화화된 것으로 보인다.[30] 1939년에는 영화감독 프라보브И. Правов 감독에 의해 〈스테판 라진Степан Разин〉이 새롭게 제작되기도 하였다.[31]

스텐카 라진 서사는 무성영화 〈볼가〉를 통해 한국에도 소개되었다. 러시아 민요 〈볼가강의 뱃노래〉에 맞추어 상영되었는데, 민요 〈볼가강의 뱃노래〉는 한국어로 번역되어 "어기어차, 어기어차"로 시작되며, 스텐카 라진 이야기는 변사의 목소리를 통해 전달되었다.[32]

스텐카 라진 서사는 근대 환동해지역에서 민중의 저항을 나타내는 중요한 키워드였던 것으로 보이는데, 그럼에도 불구하고 학문적인 연구는 거의 이루어져 있지 않은 것이 사실이며, 자료의 발굴과 정리가 필요한 상황이다. 아무튼 우리는 스텐카 라진 서사의 확산과 매체변이 현상 속에서 근대 환동해 네트워크의 새로운 형태를 발견할 수 있다.

6. 환동해 문화네트워크의 의미

근대 이전의 '문화권' 안에서도 일방적이고 지배적인 문화의 전파/수용만 있었던 것은 아니며, 문화적 동향이 보다 역동성을 가지기 시작한 근대 이후의 동아시아문화는 보다 역동적인 국제 관계 속에서 성립되었다고 말할 수

30 BFI, 「Wolga Wolga」, http://ftvdb.bfi.org.uk/sift/title/58389?view=synopsis(2014년 3월 14일 검색).

31 정태수, 앞의 책, p. 232.

32 1996년 신나라레코드사에서 일제강점기에 제작되었던 음반 중 남아 있는 것을 발굴하여 '유성기로 듣던 무성영화 녹음' 시리즈를 발매하였다. 변사의 음성으로 녹음된 음원 〈볼가〉는 정확히 6분 41초이다.

있다. 근대 이후의 '중국문화권'은 중국 지배하의 권역이라기보다는 여러 제국들의 관계에 의해 구축되는 하나의 역동적 네트워크였던 것이다.

한편 고고학적 연구 결과들이 드러내고 있는 것처럼, 시베리아 일대는 역사시대 이전, 선사시대로부터 하나의 커다란 문화네트워크를 이루고 있었다. 역사시대와는 비교될 수 없이 오랜 세월을 거쳤던 선사시대부터 하나의 문화권이었던 환동해지역뿐 아니라 근현대 환동해지역이 가지는 변방성과 더불어 문화네트워크로서 재조명이 필요하다고 사료된다.

지면 관계상 이 글에서는 언급하지 못했지만 '문화권'이란 권력 중심적인 동시에 인간 중심적인 개념이기도 하다. 인간이 파괴하는 생태환경이 다시 인간에게 영향을 미치고 있다는 것을 누구나가 통감하는 시대에, 문화가 더 이상 인간 중심이어서는 곤란하다는 것은 두말할 것도 없는 일이다. 그런 의미에서, 문화가 그것이 성립되는 '장소'와 불가분의 관계에 있음을 조망하는 생태적 연구 및 인간의 제도적 네트워크가 가지는 관성과 탄력성을 고찰하는 레짐 연구와 성과를 고찰하고, 인문적 관점에서 환동해지역을 조망할 필요가 있다. 이 모든 성과를 종합하여 재사유할 때 향후 환동해학의 나아갈 방향이 더욱 분명해질 수 있을 것이다.

제2장

환동해지역 생태인식과 재현 양상

신진숙

1. 환동해지역연구의 생태학적 전환

일반적으로 지역연구는 지역의 현실과 그 메커니즘을 종합적으로 설명하고 분석하는 것을 일차적 목표로 삼는다. 지역연구를 통해 하나의 지역이 형성되고 발전하는 과정이 밝혀지고, 이전까지는 간과되었던 지역의 특수성과 가치가 새롭게 조명된다. 성공적인 지역연구란 지역의 자연, 생태, 사회, 역사, 문화, 정치, 경제 등에 관한 지역자료를 파편화하지 않고 통합적으로 설명할 수 있는 연구이다. 즉 지역을 구성하고 있는 자연 및 생태, 역사적 사건과 기억, 문화적 인식과 다양한 행동 규범, 정치 체제, 경제구조, 복잡한 사회관계 등을 총체적으로 해명한다. 이러한 지역연구의 일반적인 특성은 실제로 환동해지역연구에 대해서도 그대로 적용되는 사항이다. 환동해지역연구는 자연환경을 포함하여 환동해지역을 형성하고 있는 다양한 실재實在들을 종합적으로 분석함으로써 환동해 지역성地域性 또는 지역가치를 추출한다.

근래 들어 환동해지역연구가 발전할 수 있었던 것은 환동해지역의 경제발전과 그 기대감 때문이다. 두만강개발계획과 같이 2000년대 들어 기획된 다양한 초국적 경제협력 구상들이 현실화되면서 환동해지역이 새로운 발전 지역으로 부각되었다. 기실 환동해지역은 역사적으로 오랫동안 동북아시아의 변방으로 인식되어 왔다. 이 때문에 산업화와 근대화가 빠르게 이룩된 다른 지역에 비해 그 발달 속도가 지체되어 온 것이 사실이다. 그러나 오늘날 환동해지역의 경제발전론이 현실화되면서 이 지역의 위상이 높아져 가고 있다. 천연자원과 생태환경을 중심으로 하는 자본주의적 기획들이 이 지역의 발전을 주도하고 있다. 오늘날 한국을 비롯한 동북아시아 각 국가에서 진행되고 있는 환동해지역 관계망의 활성화는 이러한 지역의 경제 변화에 힘입은 바 크다. 적어도 환동해지역연구는 이러한 경제발전론을 중심으로 성장해 왔다고 말할 수 있다.

그러나 이제 환동해지역연구는 정치경제 영역뿐 아니라 문화, 사회, 역사, 생태 등 그 주제와 연구 방법이 심화되고 있는 단계로 접어들고 있다. 이는 정치경제 중심 연구의 한계 때문이다. 경제적 상호 협력과 이익 추구 이외의 다른 영역에 대한 연구 주제 발굴이 요구되고 있는 것인데, 이는 연구사 관점에서 본다면 새로운 전환점이라는 의미가 있다. 실제로 진정한 지역의 소통과 협력을 위해서는 지역사회를 포괄적으로 이해하는 보다 종합적인 연구 관점이 필요하다. 예컨대 문화와 역사에 대한 몰이해는 환동해지역에서 진행되고 있는 경제협력의 뿌리를 약하게 만들 수 있다. 한국에서는 이미 환동해지역연구를 정치경제는 물론 문화와 역사, 사회 등을 종합적으로 연구하는 움직임이 본격화되고 있다. 그 과정에서 한국 내 주요 관심 대상인 동해에 대한 인식이 환동해지역 전체에 대한 인식으로 확대되는 계기도 마련되었다. 환동해지역의 특수성, 생태, 자연, 자원, 언어, 문화, 정치, 경제 등 환동해지역 고유성을 골고루 조명할 수 있는 길이 열린 것이다.

환동해지역연구는 새로운 학문적 도전 앞에 서 있다. 이제 환동해지역 연구자는 지역을 진정으로 가치 있게 하는 특수성(지역적인 것)과 보편성(지구적인 것)을 동시에 사유하지 않으면 안 된다. 지역을 사전적으로 설명하는 것을 넘어 이 지역의 진정한 가치를 발굴하고 보편화할 수 있는 인식 체계가 요구된다. 최근 제시된 비판지역학critical regional studies이라는 관점은 이러한 연구 환경 변화에 부응하는 것이었다.

물론 아직까지는 이러한 변화를 일반화시키기는 어렵다. 여전히 환동해지역연구를 '동해'에 관한 연구로 오해하는 사람이 적지 않다. 대부분 민족주의 감정 속에서 진행되는 이 연구들은 환동해지역의 소통과 상생에 대한 국가 간 시각 차이를 좁히지 못하는 역설적 상황을 빈번하게 만들어 내고 있다. 사실 많은 사람들은 환동해지역의 경제발전만을 지역연구의 목적으로 생각하기도 한다. 그러나 지역정체성을 고정하고 일원화一元化하는 것은 지역의 다양성을 제거하는 결과를 초래한다. 지역 특성을 정해진 하나의 개념으로 환원하는 순간 환동해지역은 살아 움직이는 역동성을 상실하고 고체화되고 말 것이다. 그렇게 되면 다른 변화 가능성도 역시 제거되는 결과를 가져오게 된다. 환동해지역을 올바로 이해하기 위해서는, 경제 이익에만 국한되지 않는 전체 환동해지역 가치라는 시각으로 연구 관점을 확대해야 한다. 비록 잠재적 상태일지라도 환동해지역을 하나의 생태 공간으로 상상하고 그 안에서 미래 동북아시아 공생을 위한 생태가치를 탐조하려는 노력 역시 이러한 맥락과 연관된다.

한국, 일본은 물론 중국, 러시아 등에서 환동해지역의 생태가치에 대한 관심이 커지고 있다. 그런데 지역의 생태가치란 무엇인가? 그것은 첫째, 자연환경, 생태 시스템, 생태 네트워크 등 자연지리로서의 물적 토대를 의미한다. 둘째, 이러한 생태환경과 결합되어 살아가는 삶의 영역, 즉 실천 영역이 존재한다. 의례, 제의, 문화 등이 일상 세계에서 실천되고 있는 다양한 생태문화가 여기에 포함된다. 셋째, 생태와 환경에 대한 제도적 영역이 포함된다. 마지막으로 생태인식, 생태사상, 생태주의 등 인식론적 영역이 있다. 생태가치를 조명하기 위해서는 이처럼 생태계-일상-제도-사상을 종합적으로 이해하지 않으면 안 된다.

따라서 이 글에서는 지역연구의 '생태학적 전환ecological turn'을 제안하고, 이를 위해 생태(문학)비평적 관점에서 지역의 의미를 재탐색해 보려 한다. 물론 누군가는 말한다. 아직은 생태인식을 논할 때가 아니다, 좀 더 오랜 시간이 경과되어야 경제 이외의 다른 문제들이 중시될 수 있다, 좀 더 숙성되기를 기다려야 한다. 틀린 말은 아니다. 그러나 전적으로 옳은 것만도 아니다. 반은 맞고 반은 틀리다. 지역의 가치를 보다 다원적 시각에서 바라보는 시선을 처음부터 겸비하는 것은 지속 가능한 환동해 발전의 밑거름이 될 것이다. 더구나 본래적 의미에서 지역연구는 기존에 가시화된 것만을 연구하지 않는다. 간과된 혹은 미처 인식되지 못한 지역의 가치들을 발견하고 조명하는 것이 지역연구의 본래적 기능이지 않은가. 따라서 지역연구에서 어떤 주제이든 너무 이른 것은 없다. 새로운 시각은 새로운 지역가치를 창출한다. 지역의 잠재적 가치를 드러내 보여 줄 것이기 때문이다.

이러한 시각에서 환동해지역에 대한 막연한 기대 속에 자리하고 있는 생태 표상과 이미지에 대한 분석을 시도한다. 환동해지역의 생태인식이 어떻게 구성되어 있는지 문학 작품을 통해 고찰하고자 한다. 이는 방법적으로는 생태비평 관점에서 지역의 사상思想을 다시 읽는 과정이 될 것이다. 이 글의 진의眞意는 기존 연구 관점을 생태학적 관점으로 쇄신하고자 하는 데 있다.

2. 환동해지역 생태인식의 다층성

생태비평 관점에서 다양한 생태인식과 재현 양상들을 살펴보기에 앞서, 환동해지역에 존재하는 생태인식 전통과 새로운 변화에 대해 포괄적으로 정리하고자 한다. 우선 근대화와 함께 이 지역의 대표적인 인식체계로 자리 잡은 합리주의적 자연관을 설명하고, 그 속에서 여전히 근대화에 저항하면서 잔존하고 있는 반反근대적 생태사상은 무엇인지 살펴볼 계획이다.

생태인식을 구분해 논의하는 것은 일시적으로만 의미를 지닐 뿐 결정적인 것은 아니다. 환동해지역은 근대와 전근대, 탈근대가 복합적으로 결합하거나 경합하고 있다. 한쪽에서는 개발론과 발전론을 앞세운 근대주의가 강화되고 또 다른 쪽에서는 탈근대적 변화가 확인되고 있다. 또 다른 한편으로는 — 주로 이념과 정신의 차원에서 — 여전히 전근대적인 삶이 현대 세계를 향해 공명하는 가치들에 대해 탐색한다. 탈근대, 근대, 전근대가 서로 결합하면서 오늘의 환동해를 만들어 냈다고 말할 수 있다. 예를 들면 생태인식에 대한 이해만 해도 다층적이다. 전통문화에서 발견되는 생태적 생활양식과 이념은 사라져 가고 있지만 무의식적 영역에서 여전히 삶에 대한 영향을 행사한다. 동시에 현실 영역에서 생태를 자본주의적 관광 상품으로 개발하는 움직임이 활발하다. 또 이와 반대로 탈근대적 인식과 생태인식을 결합해 새로운 '대안 근대성'으로 성찰하기도 한다. 그만큼 환동해지역의 지역성은 비동시적 동시성同時性의 세계라고 말할 수 있다. 이러한 복합적인 양상을 고려하면서 환동해지역의 생태인식을 논의해야 할 것이다.

(1) 근대 합리주의 전통 : 인간과 자연의 이분법

근대 인식 체계 속에서는 자연에 대한 고유한 이념이 작동하고 있다. 즉, 자연은 인간의 외부이다. 근대인은 인간과 자연을 이원화二元化하고, 자연을 인간적인 인과관계로부터 독립적이며, 인간적인 창조 영역 바깥에 존재하는 것으로 인식한다. 자연에 대한 이러한 외재화 경향은 자연을 객체화하는 시각이다. 이 속에는 인간의 의한 자연의 지배를 정당화하는 논리가 내포되어 있다. 이러한 근대 인식 체계는 인간에게 특별한 권한을 부여한다. 즉 자연에 의미를 부여하고 개발할 수 있는 권한을 인간 자신에게 부과하는 것이다. 따라서 자연과 인간의 관계는 인식론적 차원에서 위계화되고, 인간은 자연의 일부이면서 동시에 이 자연으로부터 벗어나는 우월한 존재로 각인된다.

이러한 생각의 저변에는 인간중심주의에 기반을 둔 로고스중심주의가 작동하고 있다. 근대적 자연관은 자연 상태를 비합리적이고 비이성적인 것으로 생각한다. 자연은 합리성에 대립되는 비합리성으로 배치된다. 따라서 자연은 인간에 의해 조정되고 통제될 때 비로소 가치를 지닌다. 자연은 이제 어떤 마법적 존재나 신비한 대상이 될 수 없다. 실제로 계몽주의와 합리주의, 근대 과학기술의 발달 등은 자연을 탈마법화하고 탈신비화함으로써, 자연에 대한 공포와 불안을 해소시킬 수 있었다. 인간은 자연에 대한 무지를 극복하고 자연에 의해 발생하는 기근, 재앙, 질병 등을 극복할 수 있게 된 것이다. 근대는 자연이 인간을 지배하던 마법적 세계에 종말을 고하고 자연을 인간의 권위 아래 종속시킨다.

근대인에게 자연이란 끊임없이 개발되고 통제되어야 할 대상이다. 자연은 인간의 삶을 위해 무한히 제공되는 자원으로 인식된다. 기실 자연을 외재화하는 근대 인식 체계란 궁극적으로 자연 자체를 도구적 개념으로 변환시키는 과정과 다르지 않다. 근대 합리주의는 자연을 인간 노동과 사회적 생산을 위한 물적 토대 혹은 수단으로 간주한다.

이러한 인간과 자연의 근대적 질서는 서구는 물론 근대 동아시아에서 가장 보편적이고 전형적인 자연관이다. 각 국가마다 시기적 차이는 있지만 이러한 자연관이 근대화되는 과정에서 강력한 힘을 발휘한다. 통상 근대화란 신본주의적이고 봉건적인 사회질서가 붕괴되고, 근대 합리주의를 바탕으로 과학기술의 발달과 그로 인한 도시화와 산업화가 일어나는 일련의 사회구조 변동을 의미한다. 그런데 중요한 것은 이 과정에서 자연이 인간의 노동과 마찬가지로 추상화되고 자본화된다는 점이다. 인간의 노동력이 노동 시간으로 환산되어 추상화되는 과정이 자연에도 발생한다. 자본 논리 속에서 자연은 가장 합리적인 방식으로 계산되고 또 통제된다. 자연은 단순히 야생의 상태를 의미하는 것이 아니라 지대와 이윤을 만들어 내는 생태 상품으로 개발된다.

그러나 여기서 간과해서는 안 될 것이 있다. 이러한 자연의 추상화 과정을 자본주의에서만 발생하는 현상으로 이해해서는 안 된다. 자본주의는 물론 사회주의 체제에서도 자연에 대한 인간의 지배적 위치는 변함없이 유지된다. 자연은 인간의 삶을 윤택하게 하기 위해 제공되는 자원이며, 인간은 자연의 가치를 생산하는 실질적 주체이다. 특히 이러한 생각은 근대 국민국가의 이상과 결합할 때 자연은 민족정체성과 결합해 이데올로기로 변환되곤 한다. 국민국가에서 자연은 민족 또는 국가의 근원과 정체성을 설명해 주는 근본이 된다. 오늘날 환동해지역을 중심으로 구상되고 있는 생태도시 또는 생태관광 상품 개발 역시 이러한 근대주의적 발전론과 그 기획에서 비롯된다.

마르크스는 자연과 인간의 공존 관계를 신진대사metabolism에 비유한다. 인간은 노동을 통해 자연과 유기체처럼 연결되어 있다. 과거 사회주의 국가의 주요 미학 체제였던 사회주의 리얼리즘은 이러한 자연관을 전형화하는 데 기여했다. 자연과 인간은 분리되지 않으며 결합되어 있다. 그렇다고 해도 자연에 대해 인간이 주체라는 생각에는 변함이 없다. 자연은 인간의 노동을 통해 의미를 부여 받는다. 노동하는 주체로서의 인간과 그 대상으로서의 자연의 관계가 자연의 의미를 창출한다. 수많은 전원문학이나 향토문학 속에서 재현되는 자연과 인간의 관계도 이와 유사하다. 이 경우 관조적으로 자연 풍경을 바라보는 시각의 '주체'는 곧 '인간'이다. 노동하는 주체이건 바라보는 주체이건 근대 자연관에서 자연에 대한 인간의 위치는 확고하다.

(2) 무의식적 영역에 자리한 자생적 자연관

합리주의에 기반을 둔 근대적 자연관은 환동해지역의 특수성을 이해하는 것을 돕는다. 자연에 대한 인간의 지배라는 관념은 근대화가 진행된 거의 모든 지역에서 나타난다. 그런데 많은 사람들은 이러한 근대적 자연관을 서구적인 것으로 규정한다. 그것은 동아시아의 근대를 서구화로 오인하는 것과 같은 입장이다. 근대라는 개념을 일원화하는 것에 대해 많은 학자들이 반발한다. 근대는 다중적이고 다질적인 개념이라는 것이다. 말하자면 동아시아적 근대가 있을 수 있다. 세계화가 급속하게 진행된 오늘날에는 더더욱 근대화를 서구화 개념으로 단순화시키는 것이 불가능하다. 세계화는 우리가 특별히 서구적인 것이라고 분리할 수 없도록 만든다. 세계화의 흐름은 시공간을 표준화하고, 이 때문에 서구와 비서구, 서양과 동양 사이의 기준 자체를 모호하게 만든다. 따라서 더 이상 근대 합리주의적 자연관을 서구적 자연관이라고 한정짓기 어렵다.

그럼에도 세계화 혹은 지구화라는 흐름 속에서 각 지역의 고유성 내지는 특이성이 사라진 것은 아니다. 지구화 흐름 속에 편입되지 않는 지역 내부의 고유한 메커니즘이 존재한다. 물론 그것은 가시적이지 않아서 분명하게 식별되기는 어렵다. 그러나 이처럼 숨겨진 메커니즘은 지역을 이해하고자 할 때 놓쳐서는 안 된다. 그 이유는 그것이 가시적 영역에서 물러나 있는 대신 지역 내부에 무의식적 상태로 각인되어 있기 때문이다. 오랜 시간 동안 퇴적되어 무의식화된 문화, 이념, 규범들이 존재한다. 이것들은 특정 지역의 고유한 지역성과 결합되어 있으며, 자생적이고 토착적이다. 그 점에서 환동해지역연구를 비롯한 지역연구 수행에서는 언제나 이중적인 시선이 필요하다. 지역을 편성하고 있는 지구적인global 것과 지역적인local 것 모두를 보아야 한다. 어찌 보면 상반된 것처럼 보이는 두 개의 흐름이 지역가치를 만들어 내기 때문이다.

그렇다면 환동해지역 내부의 무의식화된 자연관에는 어떤 것이 있을까? 첫째, 샤머니즘과 같은 원시종교 전통에서 구성된 자연관이 있다. 원시종교는 인간과 자연을 대칭적 세계로 이해하고 둘 사이를 수평 관계로 인식한다. 물론 자연과 인간의 경계는 고정 불변하는 것이 아니라 가변적이다. 가령 토템과 정령신앙에서 보듯 인간은 곰도 되고 늑대도 될 수 있다. 곰과 늑대 등이 신神으로 추대되며, 인간은 이러한 곰과 늑대 등을 사냥하는 동시에 이들을 숭배하는 의례를 진행한다. 둘째, 유교적 자연관을 들 수 있다. 유교는 천지인이 합일된 관계로 이해한다. 인간이 마땅히 걸어가야 할 도道 역시 인간과 자연만물이 가진 우주적 이치를 깨닫는 것이라고 말할 수 있다. 인간과 자연은 불일이불이不一而不二의 관계를 갖는다. 셋째, 불교적 자연관이 있다. 불교의 연기설은 인간과 자연을 분리된 관계가 아니라 연결된 관계로 이해한다. 하나의 존재는 다른 존재의 원인이자 결과이다. 인간과 자연의 관계 또한 마찬가지다. 넷째, 도교적 시각에서 본 자연관도 찾아볼 수 있다. 무위자연無爲自然이라는 논리 속에 담겨 있는, 인간의 삶을 자연의 도에 따라 그대로 받아들여야 한다는 시각은 그 자체로 생태적 시각이라고 말할 수 있다.

이러한 전통적 자연관들은 오랜 역사를 거치면서 거의 구분할 수 없을 정도로 혼종화되어 존재할 뿐만 아니라 무의식적인 문화정체성을 구성하고 있다. 특히 문화예술 작품 속에서는 이러한 자연관을 찾아보는 것이 어렵지 않다. 물론 그 의미와 효과 및 목적을 일원화하기 어려울 정도로 다양하다. 그것은 이러한 무의식적 자연관들이 다양한 이데올로기들과 결합해 나타나기 때문이기도 하다. 때로는 근대에 대한 반성을 시도하는 반反근대적 추구로, 때로는 근대화가 가져온 상실에 대한 치유로 재해석된다. 원시사회에서 그랬던 것처럼 자연을 인간의 대상이 아니라 인간을 포괄하는 거대한 자연이라는 이념을 내세우기도 한다. 중요한 것은 환동해지역의 생태적 가치를 묻고자 할 때 이와 같은 전통적 자연관이 자연스럽게 내재되어 있다는 점이다.

(3) 근대에 대한 반성과 생태적 전환

근대화가 가져온 생태위기와 재앙에 대한 불안감은 근대에 대한 반성으로 표출된다. 인간의 삶을 물질적으로 풍요롭게 한 근대화의 이면에는 인간성 상실이라는 어두운 면이 도사리고 있었다. 그 결과 근대의 한계를 직시하고 근대성 자체를 성찰하고자 하는 비판적 태도가 나타나게 된다. 그것은 비단 오늘날만의 현상은 아니다. 반근대성은 근대의 태동과 더불어 언제나 있어 왔던 현상이다. 혹자는 근대에 대한 반성 역시 근대성의 일부로 이해한다. 또 탈근대라는 시각 속에서 근대 이후를 상상하기도 한다. 중요한 것은 이제 근대에 대한 반성은 인식론뿐 아니라 일상 세계에서도 낯선 일이 더 이상 아니며, 그것이 인간과 자연의 관계를 재사유하는 과정으로 발전하는 계기로 작용하고 있다는 점이다.

실제로 대중 미디어 속에서는 자연 파괴와 생태계 붕괴가 지구 미래를 어떻게 위협하는지에 대한 주제가 지속적으로 재현되고 있다. 그것들은 주로 재앙 혹은 재난의 이미지로 표상되곤 하는데, 근대에 대한 반성과 미래에 대한 두려움이 결합해 만들어진다. 이러한 현상은 환동해지역이라고 해서 예외는 아니다. 이미 환동해지역을 지진이나 쓰나미, 원전 파괴, 대홍수 등 재앙의 이미지로 상상하는 영화들이 등장했다. 한국에서는 동해에서 일어난 쓰나미를 배경으로 하는 재난 영화 〈해운대〉(2009)가 인기를 끌었다. 또 이러한 재앙 이미지보다 더 자주 생태적으로 잘 보존된 환동해지역 자연 다큐멘터리들이 쏟아져 나오고 있다. 한국에서 방영된 다큐멘터리 〈아무르 강〉(KBS, 2010)도 그중 하나이다.

이처럼 미디어가 양산하는 자연 재앙 이미지들은 일정 정도 대중이 생태적 감수성을 갖게 되는 계기가 된 것이 사실이다. 그러나 보다 적극적 의미의 생태적 실천 혹은 전환은 아니다. 아울러 생태 위기의식을 곧바로 생태주의라고 부르는 것은 어렵다. 생태주의는 인식론적 차원에서 전면적인 변화와 실천을 요구하기 때문이다. 재앙 이미지와 그 담론들은 이러한 전환으로까지 나아가지는 않는다. 인간중심주의 내지는 근대주의에 기반하고 있는 경우가 많다.

그렇다면 사회질서에 대한 생태적 전환을 시도하는 생태주의란 무엇인가 살펴볼 필요가 있다. 생태주의는 협의와 광의로 분류할 수 있다. 우선 협의의 관점에서 생태주의는 특정한 정치 이데올로기로 이해할 수 있다. 그것은 생태계를 파괴하는 근대주의, 이성중심주의, 인간중심주의를 비판하고 이에 대한 저항을 요구한다. 적극적 의미에서 그것은 자연을 자원화하는 자본주의에 반대한다. 광의의 생태주의는 대체로 인간중심주의에 대한 반성으로 일반화될 수 있다. 즉 인간이 주체가 되어 자연을 객체화하는 이분법적 질서를 부정하고 생태 중심적으로 인간의 삶을 재사유하는 것이다. 이 경우 인간은 자연의 지배자가 아니라 자연의 일부로 조정된다. 인간과 자연의 관계를 수직적 관계가 아니라 수평적 관계망으로 이해한다. 즉 생태계라는 거대한 관계망에서 본다면 인간의 지위는 결코 우월하지 않기 때문이다. 이러한 생각을 심화한 것으로는 심층생태주의deep ecology와 인간과 우주를 하나의 유기체로 고찰하는 가이아Gaia이론 등을 예로 들 수 있다.

어떻게 해석하건 생태주의는 인간에게 자연을 대상화하고 통제할 수 있는 권한과 지위를 의심스러운 것으로 이해한다는 점이 공통적이다. 따라서 생태주의는 당연시되고 있는 근대주의와 발전론에 대항 담론으로 자리한다. 나아가서는 근대인들이 행한 자연 파괴를 비판적으로 성찰하고 인간중심주의에 대항하는 새로운 대안 근대성을 강구하고자 노력한다. 이는 자연과 인간을 상호 협력 관계로 구성하는 생태적 공통 세계에 대한 구상이라고 말할 수 있다. 환동해지역의 생태적 가치를 탐색할 때 주목해야 할 부분이다.

그러나 이제까지 환동해지역의 생태적 가치를 인식론적 전환의 계기로 삼는 경우는 극히 드물었다. 환동해지역의 자연과 생태를 새로운 관광 상품 또는 자원으로 취급하는 것이 일반적이다. 녹색자본주의라는 실체가 없는 모호한 논리가 이 지역을 지배하고 있다고 해도 과언이 아니다. 그러나 이제 심층적 차원에서 생태적 인식 체계가 성장하지 않으면 안 된다. 생태주의적 시선 속에서 인간과 자연의 관계를 재해석하고, 환동해 생태계를 환동해만의 것이 아니라 전체 지구의 생태계로 확대해 이해하는 작업이 요구된다. 그럴 수 있을 때 환동해지역연구는 환동해지역의 가치를 창조하는 일에 일조할 수 있을 것이다.

다음 절에서는 이러한 근대와 비근대 생태인식이 탈근대적 시대 변화 속에서 어떻게 변화하고 절합articulation하는지 환동해지역 생태문학을 중심으로 살펴볼 예정이다.

3. 생태인식과 재현 양상 : 환동해 생태문학을 중심으로

공간 생산은 단순히 어느 한 행위자의 독단적 행위에 의해서만 결정되는 것이 아니다. 제도와 일상, 사상 영역에서 복합적인 상호작용이 발생할 때 비로소 의미 있는 공간이 탄생한다. 환동해지역이라는 공간은 다양한 사상과 물리적 토대, 제도, 그리고 이를 감싸는 일상적 실천이 결합되어 나타난다. 이러한 시각은 환동해지역의 정치·경제구조에만 강조점을 두지 않는 시각의 한계를 극복할 수 있게 도와준다. 제도권에서 기획하는 환동해, 일상생활을 통해 실천되는 환동해, 상징과 상상을 통해 구현되는 환동해라는 의미론적 계기들을 생각할 수 있는 여지를 제공한다. 이런 시각에서 보면 환동해를 생태 공간으로 상상하는 것도 환동해지역의 의미를 규명하는 데 하나의 실마리가 될 수 있다.

이 글에서는 문학 작품을 대상으로 환동해지역의 생태인식과 그 재현 양상을 고찰하고자 한다. 이를 위해 환동해지역을 생태 공간으로 재현하는 한국, 중국, 러시아, 일본, 몽골의 생태소설을 추출하고 이를 생태비평적 관점에서 분석하고자 한다.

이 글에서 분류한 환동해지역의 생태인식은 크게 다음 세 가지이다. 첫째, 자연을 이상 공간으로 재현하는 경향이 발견된다. 미야자와 겐지宮沢賢治의 『바람의 마타사부로風の又三郎』(일본, 1967), 발렌찐 그리고리예비치 라스푸찐Валентин Григорьевич Распутин의 『마쪼라의 이별Прощание с Матерой』(러시아, 1976)이라는 작품이 이에 해당된다. 자연을 목가적으로 그리거나 신비화하는 것이 특징이다. 둘째, 무의식화된 자연관과 결합한 생태인식이 존재한다. 여기에서는 장룽姜戎의 『늑대토템狼圖』(중국, 2008), 게 아요르잔Gun-Aajav Ayurzana의 『샤먼의 전설』(몽골, 2010)이 분석 대상이다. 샤머니즘을 생태주의적 시각에서 재해석하고 자연과 인간의 이분법을 거꾸로 하여 근대에 대한 반성을 시도하는 작품들이다. 또한 이들 작품들은 민족성과 생태성을 결합시킨다는 점이 특징이다. 셋째, 환동해지역을 중심으로 새로운 대안 근대성을 모색하는 단계가 존재한다. 이는 탈근대적 생태 담론으로서 의미를 지닌다. 대표작으로는 김형경의 『꽃피는 고래』(한국, 2008)가 있다. 이 작품에서는 생태관계망을 통해 인간의 삶을 반성하고 치유하고자 하는 생태주의적 시선이 발견된다. 이처럼 다양한 양상으로 나타나는 환동해지역에 대한 생태인식은 지역의 원형原形이자 지역의 미래를 향한 새로운 전형典型이 될 수 있다는 점에서 특별한 주목을 요한다.

(1) 이상적 현실로서의 자연

자연을 이상향으로 그리는 작품은 세계 어디에나 있다. 인류는 자연과 인간의 관계를 유기적 관계로 이해하고 인간의 가장 완전한 형태의 삶을 자연 속에서 찾곤 한다. 그것들은 대부분 인간과 자연이 분리될 수 없다는 것뿐만 아니라 자연으로부터 분리된 인간의 삶을 불완전한 것으로 그린다. 흔히 전원문학田園文學이라고 일컬어지는 작품들 속에서 그러한 경향이 두드러지게 나타난다. 사실 생태인식은 자연에 대한 사랑을 기반으로 한다. 자연을 아끼고 사랑하는 마음이 생태적 삶의 시작점이다. 나무, 풀, 동물, 바람, 비 등 자연의 모든 것을 예찬하는 가운데 자연발생적 생태주의가 발아한다.

그렇다면 문학 작품 속에서 환동해지역은 어떤 이미지로 자리하고 있는가? 문학 속에 담긴 환동해 생태 이미지는 환동해 생태인식의 원형으로서 의미를 지닌다. 따라서 시기적으로 좀 더 거슬러 올라가 1960~70년대 작품을 대상으로 환동해지역의 자연이 어떻게 재현되고 있는지를 살펴보고자 한다.

우선 살펴보고자 하는 작품은 일본의 미야자와 겐지의 작품 『바람의 마타사부로風の又三郎』(1967)이다. 미야자와 겐지는 한국에 『은하철도의 밤』이라는 작품으로 잘 알려진 동화작가이다. 특히 「바람의 마타사부로」는 그의 작품들 중에서 생태적 인식이 동화적 시각에서 잘 표현된 작품으로 평가 받고 있다. 소설 속 주인공은 환동해지역에 속하는 홋카이도北海道에서 몰리브덴 광산 개발에 참여하는 아버지를 따라 전학을 온 초등학교 3학년 학생이며, 이름은 '사부로'이다. 그런데 사부로는 아이들에게 바람의 신 마타사부로로 불린다. 바람신神 이야기는 이 동화의 주요 모티브인데, 한국학자 고한범의 논문 「미야자와 겐지 동화의 생태적 고찰」(2013)에 의하면 그것은 환동해지역에 속하는 니가타新潟현이나 도호쿠東北지방 일대에서 전승되고 있는 '바람의 사부로風の三郎'라는 전설을 기반으로 한 것이다. 전설 속 바람의 사부로는 태풍이 불 때마다 나타났다 사라지는 기이하고 초월적인 존재이다. 미야자와 겐지는 신화를 토대로 자연을 신성한 존재로 표상하고 있다. 자연

은 그야말로 인간에 의해 판단되거나 인식될 수 없는 대상이다. 이러한 바람신의 신비감을 극대화하기 위해서 동화 속 사부로의 정체성identity은 매우 모호하게 처리되고 있다. 아이들의 시선으로 그려지고 있다는 데서도 그 원인을 찾을 수 있다. 그런데 이러한 불명확성 때문에 마타사부로는 일상적 존재가 아니라 비현실적인 존재로 보이게 된다.

중요한 것은 바람의 마타사부로가 태풍과 함께 사라진 이후 몰리브덴 광산업이 불가능하게 된 점이다. 자연으로부터 자원을 개발하고 이를 통해 끝없이 이익을 축적하려 하는 인간세계의 논리를 초자연적이고 비현실적인 존재의 힘에 의해 저지한 것이다. 근대 세계의 발전론과 이에 대한 반성 속에서 자연에 대한 이상화된 표상이 구성되고 있음을 알 수 있다.

다음은 『바람의 마타사부로』의 한 장면으로, 사부로가 바람신으로 각인되는 장면이다. 자연과 인간이 혼연일체가 되어 경이로운 순간을 만들어 낸다. 자연은 그 자체로 범접하기 어려운 외경스러운 대상으로 그려진다.

> 그런 일들은 모두 어디 먼 곳에서 일어난 듯했습니다.
>
> 어느새 마타사부로가 바로 눈앞에서 다리를 뻗고 앉아 말없이 하늘을 올려다보고 있었습니다. 그리고 늘 입던 회색 웃옷 위에 유리망토를 걸치고 빛나는 유리 구두를 신고 있었습니다. 마타사부로의 어깨에는 밤나무 그림자가 푸르게 드리워져 있습니다. 마타사부로의 그림자는 다시 풀 위에 푸르게 드리워져 있습니다. 그리고 바람이 계속해서 후욱후욱 불고 있었습니다.
>
> 마타사부로는 웃지도 않았을뿐더러 아무 말도 하지 않았습니다. 단지 작은 입술을 꼭 다문 채 말없이 하늘을 보고 있습니다. 그러더니 갑자기 하늘로 휘익 날아갔습니다. 유리 망토가 반짝반짝 빛났습니다.

우리는 미야자와 겐지의 작품을 통해 일본의 환동해지역에 대한 생태인식 또는 생태감수성의 한 원형을 찾아볼 수 있다. 그러나 우리가 만난 자연은 실재 자연이 아니라 신화화된 자연이다. 인간에 의해 신비감이 부여된 초월적 자연 형상이다. 이러한 논리는 자연에 대한 이상화 과정으로 환동해 지역뿐 아니라 근대화 과정에서 일반적으로 나타나는 현상이라고 할 수 있다. 그 근저에는 근대에 대한 반성과 자연과 인간의 친연親緣적 관계를 회복하고자 하는 의미가 깔려 있다.

다음으로 살펴볼 작품은 러시아 작가 발렌찐 라스푸찐의 『마쪼라의 이별』(1976)이다. 라스푸찐은 대표적인 러시아 전원 작가이다. 이 소설은 시베리아지역의 '섬마을 마쪼라'를 배경으로 그려진 작품으로, 댐 건설로 인해 수몰된 '마쪼라'의 농부들을 통해 대지와 인간의 관계에 대해 성찰하는 전원문학으로 평가받고 있다. 마쪼라의 농부들은 도시화가 진행되는 근대화 과정 속에서도 자신이 태어난 땅을 떠나지 못하는 전근대적 존재들로 그려지고 있다. 농부들은 마쪼라에서 태어나고 자라 노동을 하고 가정을 이루어 살아오면서 마쪼라 자체가 된 사람들이다. 자연과 인간이 분리되지 않는다. '자연과 인간이 신진대사'를 이루고 있으며, 인간관계 역시 공동체적이다. 작가는 전형적인 사회주의 리얼리즘적 시각에서 자연과 인간이 유기적으로 연결되어 있으며, 인간이 이러한 토대 위에서 상호 협력적인 공동체적 질서를 이상적 현실로 재현하고 있다.

다음은 소설 『마쪼라의 이별』의 한 장면이다. 농부들은 마쪼라의 수몰이 결정된 이후에도 섬을 떠나지 않고 일상적인 생활을 계속한다. 이는 인간과 자연을 분리하는 근대화에 대한 저항의 의미를 담고 있다. 아울러 근대 세계가 상실한 삶이 무엇인지에 대한 메시지로도 해석될 수 있다.

> 그들은 오랫동안 느끼지 못한 기쁨과 정열을 가지고 일했다. 그들은 이 일이 마쪼라의 대지와 함께 영원히 존재하기라도 하고, 이 일을 그들보다 더 잘 아는

> 사람이 없다는 것을 증명이라고 하는 듯이 낫을 휘둘렀다. 낫질을 하다 그들은 베어 놓은 풀 위에 앉아, 자신들이 해 놓은 일에 도취되어 흥분하였다. 이 일이 더 이상 반복되지는 못한다는 의식에 자극되어, 사람들은 낡은 방법이든 새로운 방법이든 옛날에 사용하던 방법이든 아니든 간에 온갖 방법으로 서로서로 부추기고 고무시켰다. 비록 이번 여름 뒤에는, 아니 여기서는 기적적으로 10년이나 젊어진 바로 이 달 뒤에는 다시 젊지 않은 아낙네도 젊어 보였다. 그들은 시끄럽게 떠들며 이야기하고, 장난질치고, 놀려댔고, 마치 어린애들처럼 찢어지는 소리를 내며 안가라강에 뛰어들어 땀을 말렸다. 강물에 뛰어들지 않은 사람들은 떼를 지어 모여 앉았다. 자기네 동네 사람들 옆에서는 부끄러움도 없었다.

마쪼라는 이처럼 아름다운 풍경으로 묘사되는 동시에 상실되어 가는 삶으로 표현된다. 마쪼라라는 공간은 현대식 아파트로 표상되는 도시와 대립된다. 마쪼라의 아름다움은 댐 건설이라는 근대적 공간기획 속에서 파괴될 운명에 놓여 있다. 근대발전론에 저항할 수 있는 어떤 힘도 지니고 있지 않다. 이 소설은 근대화에 의해 붕괴되는 인간과 자연의 관계 및 공동체적 질서를 비극적으로 그려내고 있다. 마쪼라의 삶은 마쪼라와 같이 수몰된다. 그런데 흥미로운 것은 수몰되는 마쪼라를 떠나지 않는 농부의 죽음이 역설적으로 마쪼라를 더욱더 이상적 공간으로 승화시킨다는 점이다. 공동체적 질서, 인간과 자연이 분리되지 않는 삶은 죽음을 통해 이상화된다. 이는 근대문학에 나타나는 전형적인 자연예찬론이라고 말할 수 있다.

(2) 뒤집힌 이분법 : 무지한 인간과 지혜로운 자연

주지하다시피 자연 예찬은 생태적 감수성의 모태이다. 자연을 사랑하는 마음이 없다면 환경 파괴와 생태계 위기를 불러온 근대에 대한 비판은 추상적인 것이 되고 만다. 그러나 자연 예찬이 현대 세계를 반성하고 새로운 대안적 미래를 전망할 수 있는 실질적인 계기라고는 말할 수 없다. 자연 예찬은 실재 자연이 아니라 인간적인 시선에 의해 이상화되거나 신화화된 자연이다. 자연을 신비한 존재로 묘사하건 삶의 풍요를 제공하는 대지로 형상화하건 간에 자연을 인간의 바깥에 존재하는 초월적 존재로 상상한다는 점은 달라지지 않는다. 자연 예찬은 역설적으로 근대 합리주의에서 내세우는 자연의 외재화 내지는 객체화와 크게 다르지 않다. 근대 문제를 해결할 수 있는 생태학적 전환으로 나아가지 않는다. 오히려 현실 문제를 낭만화하고 관조적으로 인식하도록 잘못 인도할 수 있다. 중요한 것은 인간중심주의적 시선의 한계로부터 벗어나는 노력이다. 자연을 인간의 도구로 전락시키는 인간중심주의를 극복하지 않는 한 인간에 의한 생태 파괴는 멈출 수 없다. 자연 예찬은 어떻게 보면 지극히 소극적인 생태인식이라고밖에는 말할 수 없다.

따라서 현대 작가들은 자연 예찬을 넘어 보다 적극적으로 근대의 대안을 모색한다. '생태합리성'에 대한 모색도 그중 하나이다. 생태합리성(이성)이란 인간의 이성을 중시하는 로고스중심주의에 대칭되는 개념으로, 인간 중심의 합리성의 독단을 부정하고 생명 전체가 이치를 품고 있다는 견해에서 출발한다. 인간에게 이성이 있듯이 생태계는 그 나름의 완전한 합리성이 존재한다. 다른 것은 인간 이성이 위계화와 독단성이라는 결과를 가져온다면, 생태합리성은 위계화를 모른다는 점이다. 생태합리성의 시각에 본다면 모든 생명체는 작든 크든 동등한 생명으로서의 가치를 지니며 상호 소통하며 살아감으로써 공생共生의 진의를 터득하고 있는 것이다. 이러한 시각은 궁극적으로는 인간을 자연의 지배자가 아니라 거대한 생태관계망의 한 부분에 지나지 않는 존재로 보게 된다. 따라서 이러한 자연의 이치를 거스르는 행위는 반생태적일 뿐만 아니라 반생명적인 행위이다.

이러한 문제의식 속에서 작가들은 환경 파괴를 직접적으로 고발하기도 하고, 철학적으로 인간의 문명을 생명의 관점으로 재사유하기도 한다. 자연은 소극적으로 찬미되는 수준을 넘어 인간 이성을 뛰어넘은 지혜를 지닌 생명 공간으로 재구성된다. 생태지혜가 인간 이성보다 우월한 것으로 인식된다. 이는 근대 합리주의 전통을 뒤집어 놓은 것이다. 물론 인간과 자연을 이분화하고 있다는 점에서 마찬가지지만 자연을 인간과 수평적 관계로 인식하거나 더 우월한 존재로 표상한다는 점에서 분명한 차이를 지닌다. 이제 인간이 아닌 생태 자체가 주체로 변환한다. 이제까지 이성 자체를 인정받지 못했던 자연이 인간의 무지를 깨우치는 존재로 재구성되는 것이다. 마찬가지로 인간에 의해 원시, 미개, 야만, 비합리성으로 판명되었던 것들이 생태지혜라는 새로운 가치를 부여받게 된다. 예를 들어 근대가 축출한 원시 동물 토템과 정령, 샤머니즘 등이 생태적 관점으로 재사유되기 시작했다.

이러한 변화에 따라 환동해지역의 생태인식과 그 재현 양상도 달라지고 있다. 개발이 지연되고 산업화가 지체된 변방에 불과했던 환동해지역이 상징적 생태 공간으로 재조명된다. 환동해지역에 넓게 펼쳐진 초원과 숲, 강이 생태문화 상징으로 재구성된다. 중국 작가 장룽姜戎의 작품 『늑대토템狼圖騰』(2004)도 이러한 변화에 부응한다. 이 소설에 등장하는 늑대와 늑대토템을 숭상하는 유목민의 삶은 근대적 삶의 대척점으로 표상된다. 현대화된 도시의 반대편에 유목민이 살아가는 초원이 존재한다. 주인공 천전은 유목민 '빌게' 노인에게서 늑대 사냥을 배워 가면서, 늑대의 생태와 지혜를 알게 된다. 근대인의 시각에서 공포의 대상이었던 늑대가 초원의 진정한 주인임을 깨닫는다. 정교한 집단 협동을 통해 사냥을 하고 또 먹이를 공유하는 늑대무리를 통해 진정한 공존적 지혜를 알아간다. 늑대는 미개하거나 야만적인 동물이 아니라 지혜로운 생명체로 표상된다. 유목민은 늑대를 사냥하지만 늑대의 지혜를 존중하며, 늑대와 초원을 공유한다. 또 늑대 사냥 후에는 일정한 의식을 통해 늑대의 넋을 기림으로써 늑대를 숭배한다. 이렇게 해서 초원에서 인간과 늑대 사이에는 보이지 않는 힘의 균형이 이루어진다. 늑대

토템은 미신이 아니라 바로 이러한 생명의 균형을 가능하게 했던 가장 지혜로운 종교였던 것이다. 다음은 『늑대토템』의 일부로, 주인공 천전이 유목민 빌게노인과 늑대의 눈目으로 우주의 이치를 다시 알아가는 장면이다.

> 오랜 세월 동안 늑대와 사람 간에 맺어진 이러한 암묵적 역할 분담이 쥐 피해를 효과적으로 억제할 수 있었다. 쥐들이 쌓아 놓은 풀 더미는 목초의 변색 시간을 연장해 주는 효과가 있었으므로, 가축들이 거의 열흘 정도는 더 살을 찌울 수 있었다. 결국 이런 식으로 사람과 가축, 늑대의 연합 작전은 일거다득의 큰 효과를 거둘 수 있었다. 한편 그보다 멀리 있는 겨울용 목초지는 사람과 가축의 손길이 닿기 어려워서 주로 늑대들이 쥐를 없애거나 풀을 많이 뜯지 못하게 막아 주었다. 초원에 처음 발을 디딘 농민들이 어찌 이렇게 초월의 운명이 달린 오묘한 전쟁의 진리를 이해할 수 있겠는가?

생태계의 모든 존재는 그 나름의 복잡한 생명의 원리 속에서 태어나고 살고 죽는다. 삶과 죽음을 인간의 시각에서 단정 지어서는 안 된다. 모든 생명체는 상호 의존적이어서 어느 하나를 해롭다고 함부로 베어 내거나 죽일 수 없다. 그렇게 되면 생태계의 균형이 깨어져 결국 생명이 위협 받게 된다. 따라서 인간중심주의적인 시각을 벗어나 인간도 이 거대한 생태관계망의 일부임을 자각해야 한다. 그것이 바로 소위 원시라고 치부되던 자연이 현대에게 전하는 가장 중요한 메시지이다.

그러나 소설 속에 늑대들은 반생태적인 인간의 폭력 앞에서 무기력하게 소멸하고 만다. 초원에 근대 시스템이 도입되고 늑대를 더 이상 경외심을 가지고 바라보지 않는 사람들 — 이들은 도시인이자 지식인들이 대부분으로, 늑대를 인간의 삶을 위협하는 공포의 대상으로 인식한다 — 이 초원을 지배하게 된다. 그 결과 인간과 늑대 사이에 형성되었던 오랜 공존 체제가 붕괴된다. 늑대들이 몰살당하고 천적이 사라진 초원을 작은 초식동물들이 장악하게 되면서 초원의 생태계가 무너진다. 그리고 마침내 초원이 사막으로 변해 간다. 그러므로 늑대토템을 섬기는 유목민의 삶은 원시적인 것이 아니라 생태합리성으로 재인식되어야 한다.

그런데 이 소설에서는 이러한 생태적 상상력이 중국이라고 하는 국가정체성 또는 문화정체성으로 치환된다. 생태인식이 국민국가 이데올로기들과 결합하는 것이다. 장룽은 늑대의 생태적 지혜를 민족과 국가의 정체성 내부에 무의식적으로 각인된 어떤 속성으로 제고한다.

비슷한 맥락에서 몽골 작가 게 아요르잔Gun-Aajav Ayurzana의 『샤먼의 전설』(2010) 역시 원시종교에 대한 생태적 해석을 엿볼 수 있다. 이 소설은 주인공 '텡기스'(몽골인)가 알혼섬에 사는 브랴트부족의 마지막 샤먼 '하그대'를 만나 샤먼이 되는 과정을 그리고 있다. 샤먼의 세계는 한마디로 신화와 전설의 세계이다. 샤머니즘은 근대인에 의해 미신으로 치부되어 왔다. 이 소설 속에서는 샤먼들이 근대 의학에 의해 정신병자로 취급되는 역사가 기술되어 있다. 샤먼은 영적 존재가 아니라 치료를 받아야 하는 존재인 것이다. 그러나 텡기스는 샤먼이라는 존재가 신과 인간을 연결해 주는 영적 존재임을 알게 된다. 하그대가 설명하고 있듯, 샤먼은 우주의 모든 생명체들을 신의 세계와 연결해 주는 존재이다. 그 점에서 모든 정령들을 숭배하고 또 그들의 이야기를 듣고자 한 하그대는 가장 지혜로운 존재임은 말할 것도 없다. 이 소설은 영성을 잃은 현대인의 공허한 삶이 과연 진정한 행복을 얻을 수 있는가 하는 성찰도 함께 담아내고 있다. 다음은 『샤먼의 전설』 중 일부분이다. 인간의 아픔은 다른 누군가와 연결되어 있으며, 나를 치유하기 위해서는 다른 존재를 먼저 치유하지 않으면 안 된다는 것을 보여 준다. 샤먼이 자연의 이야기에 귀를 기울이는 것은 바로 이러한 삶의 다른 쪽을 보고 치유하기 위해서이다.

> 헹게렉(몽골 무당이 사용하는 북) 소리는 어떤 것이라도 변화시킬 수 있다네. 이 세상일의 원인은 이 세상에만 있는 법이지. 때려서 아프게 하는 것은 이곳에서 태어난 육신과 관계가 있기 때문에 그 몸을 때리고 싶은 사라에게 가서 때리면 되는 것이지. 여기에 무당의 힘은 필요치 않네.
>
> 그러나 마음을 아프게 하는 것은 세상의 다른 층위에서 생기는 일이기 때문에 거기엔 반드시 무당이 할 일이 생긴다고 할 수 있지. 도둑맞은 물건을 찾아주는 것은 무당의 일이 아니라네. 도둑의 마음을 아프게 해서, 가져간 물건을 있던 곳에 도로 갖다 놓을 생각을 불러일으키는 것이 무당의 일이라고 할 수 있지. 인간의 이승, 이 세상의 삶을 새롭게 고쳐 조절케 하는 것은 무당의 일이 아니야. 사람들은 각자 알아서 이승의 삶을 살아가지.
>
> 그러나 어딘가에 유기체의 어느 한곳에 입은 상처로 인해 이곳에 비친 그림자인 자네 육신이 여러 좋지 않은 해를 당하게 될 수 있지. 그러면 실제로 어떤 세상의 어느 육신이 이곳에 그렇게까지 대단한 영향을 미치고 있는 건지 그 원인을 찾아내서, 자네는 결코 만나지 않을 그 몸을 치료하고 고침으로써 가엾은 그림자일 뿐인 이 생명에 해가 되지 않게 하는 것이 무당의 일이라고 할 수 있지.

하그대의 이야기를 통해 알 수 있듯, 신비한 샤먼의 능력은 미신적인 것으로 폄하할 수 없다. 작가는 원시종교 속에서 생태지혜를 발견하고 이를 인간의 삶을 치유할 수 있는 힘으로 제시한다. 근대를 작동시켜 온 인간과 자연, 문명과 미개, 이성과 원시 사이의 이분법적 위계화가 무의미하다는 것을 보여 준다. 자연의 흐름을 가장 잘 읽고 이해했던 샤먼적 지혜가 근대 지식보다 더 합리적이고 우월하다고도 말한다.

그런데 이 소설 역시 이러한 생태인식을 민족주의적 시각과 결합하고 있다. 즉, 이 소설 속에서는 몽골 역사에 대한 작가의 시선이 담겨 있다. 러시아가 샤먼들을 폭력적으로 몰살시켰던 역사적 기억과, 몽골인이지만 정체성과 무관하게 러시아 국민으로 강제 귀속되어야 했던 부랴트부족의 슬픔이 주요 배경으로 자리하고 있다. 말하자면 샤먼 하그대는 몽골인이지만 국적이 러시아다. 그에게는 하그대라는 부족의 이름과 세르게이라는 러시아 이름이 있다. 그러나 그의 진정한 정신은 몽골의 초원에 가 있다는 것이 작가의 시선이다. 장룽과 마찬가지로 게 아요르잔 역시 생태정체성과 민족정체성을 구분하지 않는다.

이렇게 볼 때 위에서 살펴본 두 작품 속에는 탈근대적 시각 속에서 근대 합리주의를 반성하고 있으면서 동시에 전근대 시대의 지혜를 높게 평가한다. 그러나 이러한 시각의 배경에는 근대 국민국가 이념이 가로놓여 있다. 비근대, 근대, 탈근대적 사유 체계가 절합되어 있음을 알 수 있다.

(3) 생태중심적 관계망의 재구성

환동해지역의 생태인식 속에는 지역의 심층에 놓인 자생적 자연관이 무의식적 상태로 각인되어 있다. 그러나 이러한 생태가치들은 민족이나 국가이데올로기와 분리되지 않는 국면이 있다. 따라서 생태관과 이데올로기가 결합된 상황들을 비판적 시각에서 면밀하게 성찰하지 않으면 안 된다. 생태가 어떤 메커니즘 속에서 지역의 정체성에 포함되고 또 배제되는지 종합적인 분석이 필요하다. 이러한 문제의식 속에서 생태성을 민족정체성 또는 국민국가 이데올로기와 결합시키지 않으면서, 보다 전면적으로 근대에 대한 반성과 성찰을 시도하는 작품들이 등장했다. 이들 작품들은 탈근대적 관점을 흡수하면서 성장해 왔는데, 인간중심주의에 대한 배격과 생태중심주의에 대한 뚜렷한 지향이 특징이다.

이 경우 가장 눈에 띄는 것은 주체의 탈정체화 현상이다. 민족이나 국가의 이름으로 포섭되지 않는 새로운 주체성이 생산된다. 그것은 생태이성 속에서 인간과 자연의 위계질서를 부정하는 데 목적이 있다. 즉 문명과 야만,

인간과 자연을 중심과 주변으로 위계화하는 모든 질서들을 무력화시킨다. 과학의 객관성과 합리성이 어떻게 식민적이고 자본주의적이고 제국적인 지배의 관행들을 낳았는지 비판한다. 삶의 영역에서 생태감수성과 생태지성을 갖춘 '삶정치biopolitics'적 실천을 요구한다. 따라서 그것은 우리가 살아가고 있는 이 자연이 특정한 국가와 민족의 정체성으로 귀속되는 것을 거부한다. 자원을 포함하여 자연이 제공하는 모든 것, 그리고 우리들 삶의 진정한 토대인 생태가 우리 모두의 것이라는 깨달음을 요구한다. 때문에 많은 생태문학들이 생태를 기반으로 인간과 자연이 공생하기 위해 필요한 공통감共通感과 공통지共通知를 제시하고자 노력한다.

한국의 김형경 작가의 『꽃피는 고래』(2008)는 이러한 탈근대적 전망 속에서 공통 세계로서의 생태계에 대한 인식이 두드러지는 작품이다. 이 소설은 자본주의 사회에서 작동하고 있는 생태 위기와 보호라는 메커니즘이 어떤 모순을 품고 있는지 보여 준다. 작가는 '제도로서의 생태주의'와 '생태적인 삶'의 차이를 통해 그 모순을 부각시킨다. 자연을 보호하고 생태계를 보존해야 한다는 생태주의적 논리는 이견을 허락하지 않는다. 그러나 과연 그것은 완전히 생태적인 행위인가? 생태주의를 주장한다고 해서 삶이 생태적이라고 말할 수 있는가? 이러한 물음을 통해 김형경 작가는 '생태주의'의 모순을 드러낸다. 즉 생태가치를 논하고는 있으나 진정으로 생태적인 삶이 무엇인지 알지도 못하고 또 그렇게 살기를 원하지도 않는 자본주의 사회의 역설적 상황을 제시한다.

가령 소설의 주요 테마인 고래만 해도 그렇다. 고래잡이를 금지함으로써 생태계를 보호한다는 논리는 쉽게 자본주의와 결합한다. 자본 논리와 결합한 생태주의는, 생태 보호는 미명일 뿐 궁극적 목적은 생태 관광 상품 개발이다. 생태주의를 표방하지만 지극히 반생태적 목적을 가지고 있는 것이다. 반대로 고래를 잡아 생계를 이어갔던 주인공 '장 포수 할아버지'의 삶은 고래를 살상한다는 면에서는 반생명적인 것으로 비친다. 그러나 실제로 그가 고래를 대하는 태도는 자본 논리보다 엄정하다. 자본이 고래 신화를 배경으로 고래를 관광 상품으로 전락시켰다면, 그에게 고래는 가장 숭고한 존재이다. 고래는 인간이 범접할 수 없는 생명의 존엄을 지닌 경이로운 존재이다. 소설 속 고래의 죽음은 인간에게 이러한 진실을 상징적으로 보여 준다. 인간은 고래를 잡으면서 역설적으로 이 우주의 주인은 인간이 아님을 깨닫게 되는 것이다. 인간은 고래라는 아름다운 생명체의 주인이 될 수 없다. 그러므로 고래를 잡았던 과거의 삶이야말로 역설적으로 생태적이라고 말할 수 있다. 다음은 『꽃피는 고래』에서 묘사되고 있는 고래의 모습이다.

> 감긴 눈 속으로 보랏빛 물체가 모습을 드러냈다. 보랏빛 물체는 바다와 하늘의 경계쯤에서 몸을 일으켜 이쪽으로 다가왔다. 몸을 일으킬 때는 물고기 같았고 걸어올 때는 큰 새 같았다. 바다를 미끄러지듯 건너 배로 올라설 때는 보랏빛 원피스를 입은 여인의 모습으로 보였다. 등 뒤에서 비추는 햇살을 후광처럼 거느릴 때는 천녀 같기도 했다. 보랏빛 물체는 갑판을 가로질러 내 쪽으로 다가왔다. 두렵지는 않았다. 반갑지도 않았다. 어떤 당연한 것, 내가 마땅히 만나야 할 대상이 나를 알아보고 내게 다가오는 듯했다. 엄마나 아빠일 거라고 착각하지도 않았다. 보랏빛 물체는 내 발치에서 걸음을 멈춘 뒤 천천히 몸을 낮추어 내 머리를 쓰다듬었다. 보랏빛 물체의 손길이 닿는 곳에 자잘한 불꽃이 튀고, 온몸으로 전율이 퍼져 나갔다.

이 장면은 소설 속 화자 '니은'이 고래와 조우하는 장면이다. 또한 니은의 상실감이 치유되는 순간이기도 하다. 니은이는 어느 날 갑작스럽게 교통사고로 부모를 잃고 고아가 소녀이다. 그녀는 부모를 잃은 상실감을 치유하지 못한 채 방황한다. 그런데 그녀는 인간으로부터 치유 받지 못한 슬픔을 거대한 고래와의 만남을 통해 치유하게 된다. 그것은 소녀의 시각에서 더 큰 존재를 만나게 된 것을 계기로 한다. 고래와의 만남을 통해 소녀는 인간의 슬픔이 한 개인의 것이면서 동시에 이 우주의 기운이라는 깨달음으로 얻게 된다. 작가는 이러한 깨달음을 이성 이전에 존재하는 감각의 영역에서 찾는다. 이때의 감각이란 생태적이고 원초적인 감수성을 의미하는데, 그것은 어떤 의미에서 이성보다 더 큰 이성이라고 말할 수 있다. 그러므로 진정으로 생태적인 삶이란 제도적 목적과 수단으로 해석되기 이전에 인간의 원초적 존재의 바탕으로서 생태적 감수성을 회복하는 것이라고 말할 수 있다. 거기에서는 문명과 야만의 이분법은 물론 민족이나 국가와 같은 경계 자체가 무의미하다. 그 점에서 고래는 인간의 모든 경계들을 무화시키는 힘을 지닌 상징적 존재이다.

이 모든 것은 인간중심적 시선을 거두고 생태중심으로 이동할 때에만 보이는 진실들이다. 제도로서 생태주의와 생태적 삶은 같을 수 없다. 역사 문제를 포함한 환동해지역의 수많은 난제들을 해결할 수 있는 진정한 실마리를 생태적 삶 속에서 다시 찾는 것은 어떨까?

4. 환동해지역 생태지공동체生態知共同體 구성을 향하여

환동해지역이 새롭게 부각된 데에는 중심과 주변이라는 공간의 이분법이 더 이상 의미를 지니지 않게 된 것과 무관하지 않다. 단적으로 말해 이제 어느 한 지역도 중요하지 않은 지역이 없다. 과거에는 변방으로 치부된 환동해지역은 다른 어떤 지역에 비해 자연환경이 잘 보존되어 있을 뿐만 아니라 천연자원이 풍부하다는 것이 밝혀졌다. 그와 동시에 이 지역에 대한 가치와 인식 또한 재고되었다. 이러한 변화의 이면에는 세계화하는 흐름이 존재하며, 그것은 국가와 민족이라는 배타적 영토를 횡단하는 개념들을 만들어 낸다. 환동해지역 역시 국가 단위로만 해석되지 않는 다양한 흐름과 관계들이 형성되고 있다. 탈영토적이고 초국적인 관계망이 미결정 상태로 꾸준히 집적되고 있다.

이러한 시대적 변화는 단순히 경제구조의 변동만을 수반하는 것은 아니다. 작건 크건 국경을 넘나드는 초국적 경제협력 — 인적·물적 교류를 포함하는 — 은 여러 영역에서 다양한 생각과 언어를 지닌 사람들 간의 상호 접촉을 가속화하고 그에 따라 문화 접변과 혼종 현상이 광범위하게 발생하고 있다. 환동해지역의 중·북·러 국경 지대에서 발생하고 있는 다양한 초국적 문화 접변을 떠올려 보면 쉽게 이해될 수 있다.

이처럼 다양한 문화 소통이 반드시 긍정적인 방향으로만 전개되는 것은 아니다. 다양한 이데올로기가 충돌하고 갈등하는 양상 또한 증대된다. 예를 들어 각 국가마다 강고해지고 있는 민족주의적 인식은 환동해지역을 중심으로 다양한 역사 문제와 영토 분쟁의 원인이 되고 있다. 이러한 소통과 갈등은 생태 문제를 사이에 둘 때에도 마찬가지이다. 자본화된 생태와 자연의 교환가치가 국가 간 갈등을 점화하는 원인이 되고 있다.

이 때문에 환동해지역을 생태주의적 관점에서 사유하는 것은 특별한 의미를 지닌다. 그것은 이 지역을, 분리되었으나 서로 연결된 '하나'의 관계망으로 인식할 수 있는 계기를 마련해 주기 때문이다. 생태적 시각에서 볼 때 환동해지역은 특정 중심 세력에 의해 지배되는 위계 공간이라기보다 '관계망들의 관계망'으로 이루어진 복합관계망 구조라고 말할 수 있다. 가령 일본의 후쿠시마 원전 사고를 계기로 부각된 환동해지역의 환경 문제만 두고 보더라도, 생태 문제가 단순히 일국가의 문제만으로 축소할 수 없다는 것은 너무도 분명하다. 또 몽골과 중국 서북부지역에서 빠르게 진행되고 있는 사막화 현상에 대해 한국을 비롯한 동아시아 국가들의 환경협력 노력이 비현실적인 것만은 아니라는 것을 잘 보여 주고 있다. 상호 소통과 협력은 이제 선택의 문제가 아니라 당위의 문제가 되고 있다.

따라서 이 글에서는 지역연구의 방향을 생태적으로 전환할 것을 제안하고자 했다. 기존 지역연구가 보여 주는 피상적인 현실 추수적인 기능을 뛰어넘어 지역의 진정한 가치를 창의적으로 발굴한다는 숨은 의도를 지니고 있었다. 생태학적 시각에서 지역을 바라보면, 이제까지 인간중심주의에 의해 가려 보이지 않던 새로운 가치들이 부각된다. 그 점에서 환동해지역연구의 생태학적 전환은 지역의 현실가치에 주목하기보다 은폐된 잠재적 가치에 더 주목한다.

이러한 문제의식 속에서 본고는 환동해지역을 배경으로 하는 작품들을 대상으로 생태비평을 시도했다. 그 결과 환동해지역에서는 자연에 대한 인식을 크게 세 가지 시각에서 살펴볼 수 있었다. 자연을 이상적 공간으로 설정하는 시각에서부터 생태적 지혜를 인간의 이성보다 우월한 것으로 파악하는 시각, 생태관계망을 통해 인간의 삶을 재사유하고자 하는 탈근대적 시각에 이르기까지 다양한 스펙트럼이 존재했다. 이러한 생태인식은 환동해지역에 대한 생태적 가치를 이해하고자 할 때 반드시 짚고 넘어가야 할 부분이다.

앞으로 이러한 작업을 통해 환동해지역을 모든 지역민이 공생하는 생태적 공통 세계로 인식할 수 있게 되기를 희망한다. 물론 이러한 변화를 촉구하기 위해서는 생태적 지식을 공유하고 실천할 수 있는 공론장이 마련되어야 할 것이다. 따라서 필자는 환동해지역을 중심으로 생태적 지공동체의 구상을 제안하고자 한다. 생태적 지知공동체는 생태적 삶과 그 중요성을 인식할 수 있는 생태지와 생태감을 함양하는 실질적인 토대가 될 것이다. 지역연구의 생태학적 전환 역시 이러한 생태적 지공동체 구성을 향한 한 걸음이 될 것이라고 생각한다.

제3장

일본의 '조몬문화론'의 변용과 환동해 문화 교류의 원상

이창수

1. 조몬시대와 일본인 원형론

일본의 역사에서 이른바 '조몬縄文시대' 또는 그 시대의 인간 생활을 엿볼 수 있는 유적의 특징을 문화사의 입장에서 일컫는 '조몬문화'는 1878년 미국의 동물학자 에드워드 모스E. S Morse가 오모리大森패총을 발견하고 이듬해 발굴 조사를 통해 얻은 결과 보고서 속에 발굴된 토기를 'Cord Marked Pottery'라 명명한 데에서 그 기원을 찾을 수 있다. 즉 토기를 지표 유물로 삼아 시대명으로까지 승격된 말이다. 당시 에드워드 모스의 과학적 지식과 경험, 그리고 진화론이라는 서양의 과학사상을 수용하고 이후 근대적 연구 방법을 이어받은 일본의 젊은 고고학자들은 독자적인 토기의 편년 연구를 축적시켜 일본 역사상 구석기시대 다음에 오는 '신석기시대'라는 호칭 대신에 '조몬시대'라 명명하고, 그 문화는 '야요이弥生시대' 이전의 원시 또는 선사 문화를 지칭하는 용어로 정착시켰다.

지질학적 연대로 볼 때 일본의 조몬시대는 대략 1만 년 전 홍적세에서 충적세로 전환되는 시기에 해당한다. 빙하기가 사라지면서 지구온난화로 인한 점진적인 해수면의 상승에 따라 오늘날의 일본열도日本列島가 형성되는 시기와 같이한다는 점에서 조몬문화는 일본의 독자적인 역사와 문화의 실질적인 원점으로서 그 의의가 있다. 다시 말해, 빙하기에는 동아시아 대륙과 연결되어 육로를 통해 인류와 동물의 왕래가 자연스럽게 이루어졌지만, 조몬시대부터 일본은 지금과 같은 섬나라가 되었기 때문에 외부 세계와 단절되어 독자적인 선사문화가 형성될 수 있는 지리적 조건이 마련되었다는 것이 지금까지의 통설이었다.[1]

일본의 조몬시대에 관한 연구가 본격화된 것은 19세기 말 에드워드 모스가 패총을 발견하여 분석한 보고서가 발표된 이후라 볼 수 있다. 그리고 그의 연구 방법을 충실히 계승한 쓰보이 쇼고로坪井正五郎, 도리이 류조鳥居竜蔵 등 근대 초기의 고고학자들의 왕성한 유적 발굴 성과가 축적되면서 비약적인 발전을 거듭했다. 그러나 19세기 말에서 20세기 초에 해당하는 초기 조몬문화론縄文文化論의 관심 분야는 그 유적을 남긴 사람들이 과연 누구이며 당시 현 일본인과는 어떤 관계가 있는가 하는 인종, 민족론의 입장이 주류를 이루었다.[2] 따라서 그 결론으로 제시되는 것은 과학적 근거에 입각한 주장보다는 『고사기古事記』 및 『일본서기日本書紀』와 같은 일본의 상대 문헌과의 기록과 비교를 전제로 '아이누 선주민론'의 진위 여부를 뒷받침하는 근거로 삼고자 하는 경향이 강했다. 이러한 논의는 근대 일본의 대표적인 민속학자인 야나기타 구니오柳田国男의 인식에도 영향을 주어 "일본인 조상이 최초로 일본열도에 도착했을 때 열도 내에는 이미 수많은 선주민이 거주하고 있었다"라는 이른바 선주민론[3]의 근거가 되었다. 또한 역사학자 기다 사다키치喜田貞吉의 경우처럼 일본열도의 선주민을 동서로 구분하여 서방 민족은 일본의 상대 문헌에 나타난 '구마소熊襲' 또는 '하야토隼人'라 불리던 남방

---

1 埴原和郎, 「日本人の形成」, 『岩波講座・日本通史』 1, 岩波書店, 1993, p. 90.

2 岡本勇, 『縄文と弥生』, 未来社, 1998, p. 16.

3 柳田国男, 「山人考」, 『定本柳田国男集』 4, 筑摩書房, 1963, pp. 172~173.

계 민족으로, 동방민족은 아이누, '에조蝦夷'라 불리는 동일본지역의 토착세력으로 이분하여 이들을 조몬시대의 선주민으로 인식하고자 하는 논리의 근거로 활용하기도 했다. 이들은 기원전 3세기경 야요이시대에 동아시아 대륙에서 일본열도로 집단 이주한 '천손天孫민족'에 의해 혼혈 또는 동화되었다는 '일본 민족구성론'의 사상적 근거로 대변되기도 했다.[4] 따라서 그 인식의 배경에는 앞서 언급한 『고사기』와 『일본서기』의 기록에 등장하는 토착민족이 천손민속에게 복속되었다는 '천손강림天孫降臨신화'를 실증적으로 뒷받침하는 근거로 활용되어, 결론적으로 외부에서 들어온 동아시아 대륙계 선진민족이 미개하고 열악한 선주민을 동화, 복속시켰다는 강력한 국체사관이 반영된 논리를 전개시키며, 이른바 '인종치환설'의 이론적 근거로 제공되었다.

그러나 1930년대 이후 유전자를 활용한 형질인류학적 분석 방법의 도입은 '선주민론'을 크게 흔들었다. 당시 대표적인 인류학자 기요노 겐지清野謙次는 그때까지 전개된 일본인종론이 주로 문화적 측면에만 지나치게 편중된 나머지 민족론과 인종론이 혼동되고 있다는 점을 비판하고, 인체의 기본적인 데이터 분석의 필요성을 주장하였다. 이에 선사시대에 해당하는 각지의 인골人骨을 수집하여 실제적인 계측 및 통계 수법을 구사한 객관적인 분석 및 고찰을 수행하였다. 특히 그는 자신의 거주지였던 오카야마岡山현 쓰쿠모津雲지역에서 수집한 조몬시대인의 인골을 기준으로 일본 각지의 조몬시대 유적에서 발굴된 인골과 유전자를 면밀하게 비교 측정하여, 일본인과 아이누인이 쓰쿠모 인골에서 얻은 유전자와 매우 흡사하다는 결과를 발표했다. 그리고 이들이 점차 유전적 진화를 거듭하면서 남북에서 각각 인접 인종과 혼혈 과정을 거쳐 오늘날의 일본인이 형성된 것이라 주장하여, 당시 주류였던 '아이누 선주민설'을 정면에서 부정했다. 그의 주장의 골자는 당시

---

4 喜田貞吉, 「日本民族の構成」, 『喜田貞吉著作集』 8, 平凡社, 1979, pp. 52~63.

선주민으로 여겨졌던 아이누인의 조상도, 현대 일본인의 선조도 그 이전에 이미 일본열도에 들어가 정주한 것으로 추정되는 '일본원인日本原人'에 속한다는 것이다. 다시 말하자면, 조몬시대에는 이미 아이누인과 현 일본인의 조상이 병존했을 것이라는 '원일본인설原日本人說'을 제기하여 조몬인에 대한 논의를 '선주민론'에서 '일본인원형론'으로 크게 전환시켰다.[5] 그의 학설은 같은 시기 인류학자인 하세베 고톤도長谷部言人에게도 영향을 주었다. 그는 큰 틀의 입장에서는 기요노의 견해를 수용하면서도 혼혈설보다는 인종의 가변성에 주목하였는데, 조몬시대 이래 일본인의 체질 변화는 혼혈보다 환경과 생활양식의 변화가 직접적인 영향을 주었다는 주장을 펴기도 했다.[6]

형질인류학의 관점에서 전개된 일본 인종 연구의 가장 큰 의의는, 그때까지 상식으로 여겨졌던 조몬시대인이 현 일본인의 직계 조상이라 할 수 있는 야요이시대 일본열도로 유입된 인종에 의해 대체 또는 치환된 선주민이 아니라, 현 일본인의 직계 조상이며 일본 역사와 문화의 실제적인 뿌리였다는 것을 과학적으로 입증하려 했다는 점이다. 따라서 조몬시대, 조몬문화는 선주민이 만든 문화가 아니라 일본인·일본문화의 원형에 해당하는 실질적인 역사이자 문화이며, 일본인·일본문화의 연면성을 1만 년 이상으로 끌어올리는 이론적 근거를 제공했다는 점에 의의가 있다.

한편, 최근 하니와라 가즈오埴原和郎는 형질인류학적 방법론을 토대로 분석 대상과 영역을 동아시아, 호주 등 주변 지역으로 넓혀 이들 지역의 고인골과 조몬인의 인골을 다각도로 비교한 바 있다. 그 분석 결과를 통해 그는 조몬인이 신석기시대 동아시아지역에서는 이미 이질적인 인종으로 진화되었

---

5 清野謙次, 『日本人種論変遷史』, 小山書店, 1944, p. 83.

6 長谷部言人, 「日本民族の成立」, 『論集 · 日本文化の起源』 5, 平凡社, 1973, p. 125.

다는, 이른바 '신일본인 기원설'을 제창했다. 조몬인이 형질적으로 농경과 목축민의 전통을 이어받은 동아시아 대륙의 거주민 이전에 수렵을 주생활로 하던 구석기시대인의 직계 자손이었다고 주장한 그는, 일본 역사와 문화의 독자성 및 원점을 구석기시대로 끌어올리고 있다.

이처럼 조몬시대, 조몬문화의 주체를 둘러싼 논쟁은 현재에 이르기까지 문화인류학과 형질인류학의 축적된 데이터를 바탕으로 융합적 연구 방법이 도입됨에 따라 더욱 복잡하게 전개되고 있다. 또한 이들 학설이 1만 년을 훨씬 뛰어넘는 조몬문화를 만들어 낸 사람들의 양상을 모두 설명할 수는 없겠지만, 조몬시대 또는 그 이전의 구석기시대 일본열도에 거주한 사람들의 흔적을 찾아 오늘날 현 일본인의 직계 조상의 원류를 끌어올리고 조몬문화를 창출한 주인공이 일본열도에 국한된 단일민족이 아닌 동아시아의 일원으로서 약동적인 활동을 한 일본인의 뿌리라는 점은 각론은 달리하면서도 공통된 견해라 볼 수 있다.

2. 조몬 토기와 동아시아의 교류

토기의 발명은 인류가 불의 발명과 석재·뼈·목재 등 자연에서 얻은 물체를 물리적 변화를 일으켜 만든 1차 도구혁명에 이어 인류가 최초로 화학적 변화를 일으켜 탄생시킨 인류 역사상 획기적인 사건으로 평가되고 있다.[7] 진흙을 불에 구워 물이 새지 않도록 하기 위해 고안해 낸 토기의 발명에 따라 인류는 음식물을 저장하고 삶거나 끓여 먹을 수 있는 지식을 얻음으로써 정착 생활이 본격화되었다. 또한 토우土偶 등과 함께 문양 장식을 입히는

7 V・G・チャイルド, 『文明の起源』, ねず・まさし訳, 岩波新書, 1951, p. 32.

예술적 감각을 표현하며 문화 발전을 크게 자극했다. 토기의 발명과 기원에 관한 역사적·문화사적 의의는 지속적인 발굴 성과의 축적에 힘입어 크게 바뀌고 있다.

지금까지 토기 발명의 기원은 이란·터키 등 서아시아의 신석기시대에서 찾았다. 서아시아지역에서 발견된 토기는 그 기원을 지금으로부터 약 9000년 전으로 보고, 농경·목축의 출현 후 저장용기로 발명된 부산물로 이해되었다. 농경에 초점을 둔 서양 문명사관에서 보면 토기는 신석기시대를 알리는 지표유물임에 틀림이 없다. 그러나 최근 동아시아지역에서 발굴된 성과는 토기 발명의 일원적 전파설에 문제를 제기하며 오히려 각 지역에서 자생적으로 기원하였다는 가설을 정설화하고 있다.[8]

현재 세계에서 가장 오래된 토기는 러시아, 중국, 일본 등 광역의 동아시아지역에서 잇따라 발견되면서 학계의 주목을 받고 있다. 러시아 아무르강 인근의 그로마투파 유적에서 발굴된 토기는 방사성탄소 연대법으로 측정한 결과 약 1만 5,000년 전의 것으로 인정받은 바 있고, 중국 후난湖南성에서 발견된 것은 약 1만 8,000년 전의 측정값을 얻었다는 보고도 있다. 또 하나, 일본의 아오모리青森현 오다이야마모토大平山元 유적에서 발굴된 조몬 토기도 약 1만 6,000년 전의 것으로 확인되었는데, 이를 근거로 일본의 학계에서는 늦어도 1만 5,000년 전에 일본 혼슈本州 북부지역에서 토기 사용이 일상화된 것으로 추정하면서 조몬시대의 기원을 더욱 앞당기고 있다. 이는 지금까지 4대 문명 발상지로 알려진 남아시아, 서아시아, 아프리카(약 9,000년 전), 유럽(약 8,500년 전) 등지에서 발견된 최고급最古級 토기와 비교해도 훨씬 오래된 것이라 학계의 통설을 바꾸어 놓고 있다.

---

8 「토기의 발생 및 분포」, http://terms.naver.com/entry.nhn?docId=1223581&cid=40942&categoryId=33369(2017년 1월 27일 검색).

그럼 왜 광역의 동아시아지역의 것이 오래된 것일까? 일본의 고고학자 고바야시 겐이치小林謙一는 토기의 탄생이 농경이나 목축보다는 지구 환경의 변화와 관계가 깊은 것으로 파악하고 있다. 일본의 문화사에서도 토기의 출현은 조몬시대의 기원 찾기와 정비례한다. 앞서도 언급했듯이 조몬시대의 기점은 토기의 출현으로 시작된다고 할 만큼 토기는 조몬문화를 상징하는 지표유물이다. 따라서 일본열도 내에서 가장 오래된最古級 토기가 새로 발견될수록 조몬시대, 조몬문화의 기원은 그만큼 앞당겨지는 것이다.

일본의 조몬 토기에 대한 연구는 근대 초기부터 그 중요성이 인식되어 토기 형식의 편년 체계를 확립해 나간 역사도 길다. 특히 1930년대 고고학자 야마노우치 스가오山内清男는 조몬 토기의 형태, 기면에 새겨진 문양, 제작 방식에서 보이는 특징에 따라 조몬시대를 세분화시켰다. 이후 서양의 고고학 개념을 도입한 야와타 이치로八幡一郎에게 계승되어 서양식 시대 구분 명칭이던 '선사시대' 또는 '신석기시대'라는 호칭을 '조몬시대'라 부르며, 일본의 독자적인 신석기 시대명으로 대체하기도 했다. 그 후 이러한 시대 구분 및 명명법은 오늘날 일본 역사를 구분하는 용어로 정착되었고, 그가 마련한 토기 편년 연구가 후대에 더욱 세분화되어 세계 고고학계에서 유례없는 가장 정밀한 편년 체계를 갖추고 있다는 평가를 받고 있다.[9] 또한 1950년대 방사성동위탄소(C_{14})의 반감기를 활용한 연대 측정법의 도입으로 조몬 토기는 1만 년이 넘는 연대 측정값을 얻게 되었다. 이는 세계적으로 가장 오래된 토기류에 해당되는 것으로, 그 덕분에 조몬시대는 1만 년 이상의 토기문화를 가진 역사가 되었고, 조몬 토기는 조몬인들이 독자적으로 창조한 '일본 문명의 원점'이자 토기의 일본자생설[10]의 근거가 되기도 했다.

---

9 今村啓爾, 『縄文の実像を求めて』, 吉川弘文館, 1999, p. 7.

10 佐伯有清, 『日本の古代国家と東アジア』, 雄山閣, 1986, p. 6.

한편 최근 조몬 토기의 출현과 발전 과정에 관한 연구는 단순히 일본 역사에만이 국한된 것이 아니라 동아시아지역의 신석기문화의 연구에도 큰 영향을 미치고 있다. 특히 발굴 유적의 분포 상황과 기면의 문양에 관한 연구는 그 시야를 동아시아로 넓히며 원시 동아시아 교류 상황을 엿볼 수 있는 중요한 단서를 제시하고 있다.

지금까지 발굴된 일본 내 조몬 유적의 분포 상황을 보면 간토關東지역에서 도호쿠, 그리고 홋카이도에 걸친 동일본지역이 서일본에 해당하는 기나이畿內지방과 규슈九州지방에 비해 압도적으로 많다는 특징이 있다. 이러한 지역적 편차로 인해 지금까지 조몬문화 연구는 동아시아지역과의 교섭 관계를 크게 고려하지 않고 일본의 동부지방을 중심으로 번성한 일본열도 내의 독자 문화라는 견해가 통상적인 인식이었다.[11] 그러나 토기 출현에 관한 기원 문제는 차치하더라도 조몬 유물의 유사성에 착안하여 선사시대 동아시아와의 교섭 관계에 주목한 견해는 이미 근대 초기 도리이 류조鳥居竜蔵 이후 지속적으로 제기된 주제였다. 특히 앞에서도 잠시 언급한 고대 역사학자 기다 사다키치喜田貞吉는 일찍이 아오모리현 가메가오카亀ヶ岡 유적에서 출토된 토기의 문양이 진秦나라 이전 중국 청동기와의 유사성을 지적하며 그 토기의 제작자를 상대 문헌에 간헐적으로 등장하는 '숙신인肅愼人'의 선조라 주장한 바 있다.[12] 그의 견해에 따르면 당시 일본열도의 선주민으로 여겨져 왔던 아이누족은 한반도의 동해 북부지역에 해당하는 도호쿠지방에서 홋카이도에 걸친 지역을 생활 거점으로 삼으면서 동해를 항해하며 동북아시아 대륙과 직·간접적으로 교류했을 가능성이 있다. 즉 그러한 문화가 토

11 山内清男 · 佐藤達夫, 『日本原始美術』 I, 講談社, 1964, p. 143.

12 喜田貞吉, 「奥羽地方のアイヌ族の大陸交通はすでに先秦時代にあるか」, 『喜田貞吉著作集』 1, 平凡社, 1979, pp. 67~75.

기 제작 문화에도 반영된 것이라는 의미로 볼 수 있다.

또한 토기 편년 연구의 체계화를 통해 조몬문화관을 정립한 야마노우치 스가오도 조몬 토기와 동반 출토되는 마제석기 및 석촉이 동북아지역 바이칼호 부근 유적지에서 발굴된 것과 잘 부합하는 것은 우연의 일치라 보기 힘들다는 견해를 밝혔다.[13] 또한 고고학자 야와타 이치로도 일본열도에서 출토된 빗살무늬櫛目文토기의 분포 지역이 규슈 북부에서 간토지방에 걸쳐 있다는 점, 그리고 홋카이도에서 발굴된 가장 오래된 빗살무늬토기가 동해 북부에 위치하는 홋카이도의 하코다테函館시 스미요시住吉 마을에서 발견된 점 등에 주목하고 그 원류를 동북아시아에서 찾아 주목을 끌었다.

빗살무늬토기는 주지하는 바와 같이 한국의 신석기문화를 대표하는 지표유물로 한반도에서는 거의 전 시기, 전국적 분포를 보이고 있으며, 그 전통이 청동기시대의 토기에까지 영향을 미칠 정도로 한국의 선사문화를 상징하는 유물이다. 일본에서도 조몬 토기 중 전기 형식으로 알려져 있는 빗살무늬토기가 발견된 지역은 북부 규슈에서 간토지방까지 넓게 분포하고 있다. 부산 동삼동 패총을 발굴한 일본의 고고학자 요코야마 쇼자부로横山将三郎는 일찍이 일본에서 발견된 빗살무늬토기를 일본의 조몬시대 전기(기원전 4000년경)에 해당하는 '소바타식曽畑式 토기'라 명명하고, 그 기형과 문양이 한반도 북부지역의 토기와 흡사하다는 점에서 양자 사이에는 계통적 연계가 있다고 주장한 바 있다.[14] 이후 고토 슈이치後藤守一도 북부 규슈지방에서 발굴된 조몬 토기와 빗살무늬토기와의 관계성을 입증한 바 있다.[15]

---

13 山内清男 · 佐藤達夫, 앞의 책, pp. 140~141.

14 横山将三郎, 「釜山府絕影島東三洞貝塚報告-縄紋式系統の朝鮮大陸との関係-」, 『史前学雑誌』 5(4), 1933, pp. 16~22.

15 後藤守一, 「上代文化の発展に対する一考察」, 『上代文化』 13, 1935, pp. 1~16.

* 구마모토熊本현 우토宇土시 홈페이지

그림 1 소바타식 토기

최근 이마무라 게이지今村啓爾는 이들의 성과에 덧붙여 조몬시대 전기 덧무늬隆起紋토기에서 빗살무늬토기로 변화하는 규슈지방의 토기의 변화 과정이 한반도의 토기 변화 과정과 대응한다는 점에서 그 기원을 한반도에서 찾고 있다.[16] 이들의 견해를 종합해 보면, 조몬시대에는 이른 시기부터 이미 한반도 남부에서 동일본까지 넓은 범위에서 바다를 넘은 인간의 교류가 단절 없이 지속적으로 이루어졌다는 것을 말해 준다. 특히 최근의 발굴 지역의 분포를 보면, 동해를 중심으로 중국의 동북부, 연해주지방에서 일본의 서남부인 규슈지방에서 동부지역까지 넓게 확산되어 있어 당시 동북아시아지역의 토기문화가 동해 연안지역을 유입 통로로 하여 일본의 토기 제작에도 적지 않은 영향을 주었다는 것을 알 수 있다.[17]

---

16 今村啓爾, 앞의 책, p. 184.

17 八幡一郎, 「日本先史文化と大陸の関係」, 『北アジア考古学』(八幡一郎著作集4), 雄山閣, 1936, p. 95.

이러한 고고학적 발굴 성과에 힘입어 최근 오무라 히데아키大村英明는 일본의 후기 구석기문화에서 보이는 석기군의 양상이 시베리아 대륙에서 발견된 것과 일체성을 보인다는 점을 밝히고 그 동단에 해당하는 일본 조몬문화의 기원을 시베리아지역에서 찾아야 한다고 주장하며,[18] 그 기원을 한층 끌어올리고 있다. 게다가 그는 세계문명사의 발전단계 관점에서 일본의 조몬문화론의 특징을 밝힌 사와라 마코토佐原真의 견해[19]를 계승하여 조몬문화를 동아시아지역의 신석기시대에 대응시키면서도 농경, 목축을 기반으로 하는 중국문명과는 또 다른 문화적 특징이 있다고 주장했다. 다시 말해 조몬시대 사람들은 다른 지역사회와는 달리 원시적인 수렵과 채집생활을 매우 길게 영위하면서도 미개수준에 머물지 않고, 토기의 제작에서 보듯 높은 기술과 문화를 가진 고급 수렵민으로서 '숲'이라는 생태적 환경을 기반으로 형성된 특수한 문화권으로 조몬문화를 보아야 한다는 것이다.[20] 나아가, 고고학자 오누키 시즈오大貫静夫는 생태학적 역사관에 입각하여 토기의 발명으로 시작된 신석기문화를 작물 중심의 '농경형'문화권과 숲과 바다를 배경으로 하는 '삼림형'문화권으로 양분하고, 동해를 에워싸고 있는 한국, 일본을 포함한 극동지역은 삼림형문화권으로 보아야 한다는 주장으로 더욱 확장되고 있다.[21] 그에 따르면, 조몬문화는 막연하게 동아시아 선사문화가 전파, 전개된 것이 아니라 극동지역이 갖는 차별화된 생태적 환경이 만들어 낸 독자

---

18 大村英明,『シベリアの旧石器文化』, 北海道大学出版会, 1997, p. 389.

19 佐原真,『大系・日本の歴史1-日本人の誕生』, 小学館, 1987, p. 112.

20 谷口康浩,「縄文時代概念の基本的問題」,『縄文文化の輪郭』(縄文時代の考古学1), 同成社, 2010, p. 5.

21 大貫静夫,「縄文文化と東北アジア」,『縄文文化の輪郭』(縄文時代の考古学1), 同成社, 2010, pp. 142~143.

적인 신석기문화의 하나이며, 이를 공유하고 있는 광역의 동아시아문화권에서 농경문화와 무관하게 발견되고 있는 최고급 토기는 그 특수한 문화를 규명하는 가장 중요한 근거 자료라 할 수 있다. 따라서 조몬 토기의 발명과 사용은 일본의 조몬시대 이전인 구석기시대부터 이미 넓은 범위에서 인간의 이동과 교류가 있었음을 암시하며, 그 과정에서 자연스럽게 기술 지식의 요소를 조합한 문화적 성과이자 기술 혁신의 산물로 보는 것이 타당할 것이다.

삼림지대가 국토의 3분의 2를 차지하는 일본열도의 자연 환경에 적응한 조몬문화는 세계사적으로도 보기 드물 정도로 농경을 오랫동안 채택하지 않았던 선사문화라 할 수 있다. 이후 원초적인 농경 단계로 진행되면서도 채집과 수렵을 통해 자연과 공존하며 안정된 사회를 유지하고, 간토·도호쿠·중부·서일본 등 지역마다 토기문화를 발전시켰다는 점에서 조몬문화는 일본열도만의 선사문화에 국한되는 것이 아닌, 환동해지역의 선사문화권 네트워크를 엿볼 수 있는 중요한 테마임에 틀림없다.

3. 옥 제품의 교역과 환동해

일본의 조몬문화는 일본열도라는 고립된 환경 속에서 성립한 원시문화가 아니라 일찍이 동아시아 대륙과 다양한 교류와 왕성한 교역이 있었다는 것을 밝혀 주는 유물의 발견이 적지 않다. 그 흔적을 엿볼 수 있는 대표적인 근거로는 일본 본토에서 약 40km 떨어져 있는 태평양 측의 이즈제도伊豆諸島에 속한 고즈시마神津島라는 섬에서 산출되는 '흑요석黑曜石'이 간토關東지역에서 발견되고 있다는 점, 또 조몬시대 유적 중 최대급으로 꼽히는 아오모리현의 산나이마루야마三內丸山 유적에서 홋카이도를 원산지로 하는 흑요석이 발견되고 있다는 점, 특히 산나이마루야마 유적에서는 약 600km 떨어져 있는 현재의 니가타지방에서 산출되는 비취도 발견된다는 점 등에서 그 단서를 찾을 수 있다. 그중에서도 비취를 비롯한 다양한 옥玉 제품은 조몬시대부터 고대에 이르는 약 5,000년이 넘는 기간 동안 일본과 동아시아 대륙과의 교류가 지속되어 왔다는 것을 말해 주는 가장 중요한 유물로 꼽히고 있다. 옥은 엷은 녹색을 띤 자연석으로 그 색깔이 풀과 나뭇잎의 색과 상통한다는 점에서 고대에는 생명력을 상징하는 특별한 제품으로 여겨져 왔다. 겨울이 되어도 색깔을 잃지 않고 쉽게 부식되거나 깨지지 않는 단단한 옥의 성질에 인간은 신비한 주술적 힘을 느끼고 그것을 몸에 장식함으로써 영생과 재생을 기원했던 것으로 해석되고 있다.

옥은 서일본지역의 조몬 유적에서는 흔히 발견되는 유물로 어디를 원류라고 말하기 어려울 정도로 각지에서 발견되고 있다. 옥은 일본의 조몬시대 유적뿐만 아니라 동해를 중심으로 한반도와 중국까지 분포하고 있는 원시 교역물이라는 점에서도 중요한 가치가 있다.[22]

일찍이 근대 일본의 고대사학자 기다 사다키치喜田貞吉는 일본의 동북지방에 소재하고 있는 조몬시대 유적지에서 비취翡翠를 원재료로 한 크고 작은 경옥硬玉 제품이 적지 않게 발굴된다는 점에 주목하였다. 그는 일본열도 북부에 당시 선주민으로 여겨졌던 아이누족이 중국의 진秦나라시대 이전부터 동북아시아지역 세력과 교류가 있었을 가능성을 제기한 바 있다. 특히 일본의 조몬 유적에서 출토된 가장 오래된 비취 제품은 기원전 4000년경에 해당하는 조몬시대 전기 말에 사용된 것으로 추정되어 세계적으로도 가장 오래된 비취문화에 속한다. 그런데 옥은 일본에서 산출되는 유물이 아니라는 것이 당시 학계의 상식이었기 때문에 동아시아의 어느 지역에서 제작되어

22 小林道憲,『古代日本海文明交流圏ーユーラシアの文明変動の中で』, 世界思想社, 2006, p. 14.

일본열도로 유입되었을 것으로 추정되었다.[23] 근대 일본 고고학을 대표하는 학자 야와타 이치로八幡一郎도 조몬시대의 것으로 보이는 유물 중 경옥을 원재료로 하는 제품이 많이 출토된다는 사실에는 주목했으나, 그 역시 일본열도 내에서는 옥의 산지가 발견되지 않는다는 인식하에 그 원류를 동남아시아로 지목하기도 하였다.[24]

그런데 1939년에 니가타현 이토이가와糸魚川시 히메姫강의 지류인 오타키小滝 부근에서 경옥의 원석이 확인되어 학계를 깜짝 놀라게 했다. 또 1951년에는 오타키강 서쪽 오미강青海川 계곡 부근에서도 경옥의 원산지가 잇따라 발견되어 일본 고고학계를 흥분시켰다.[25] 뿐만 아니라 1954년에는 인근의 '조자가하라長者ヵ原' 유적에서 조몬시대에 경옥 제품을 가공한 것으로 추정되는 공방과 집락이 발견되어 옥의 원산지와 제작기술에 대한 상식을 크게 뒤집었다. 이에 따라 옥 제품에 관한 연구 방법에도 대폭적인 수정이 불가피했다. 이후 지금까지 밝혀진 일본 내 비취의 원산지는 니가타新潟, 돗토리鳥取, 효고兵庫, 나가사키長崎, 홋카이도 등지로 확대되었다.

그러나 교토京都대학 원자로실험소의 분석 결과에 따르면, 고고학상 원석으로 이용된 산지는 니가타현에 소재하는 오미青海와 이토이가와 등 극히 제한적인 지역으로 보이며, 그곳이 선사시대부터 고대에 이르기까지 전국 유적에서 출토되는 대부분의 비취 가공 유물의 원산지라는 견해 또한 밝힌 바 있다. 조몬문화론에 대한 지금까지의 인식을 크게 전환시킨 아오모리현의 산나이마루야마 유적과 홋카이도 남부에서 출토된 비취 역시 형광 X선 분석법을 거친 결과 이토이가와가 원산지라는 것이 확인되었는데, 이처럼 비취의

23 喜田貞吉, 앞의 글, pp. 67~75.

24 八幡一郎, 앞의 책, p. 96.

25 安孫子昭二, 「縄文時代の渡来文化の研究略史」, 『縄文時代の渡来文化』, 雄山閣, 2002, p. 13.

원산지와 가공 유적이 모두 동해 연안지역에 점재하고 있다는 점이 주목된다. 특히 이 지역의 비취 제품은 홋카이도 북부에 위치한 '레이분토礼文島'에서도 발견되었을 뿐만 아니라 사할린을 비롯하여 중국 동북부에서도 발굴되었다는 보고가 있어 당시 옥 제품의 교역 범위가 원거리에 미쳤다는 것을 암시하고 있다. 이는 동해가 원시시대부터 이미 바닷가를 중심으로 옥 제품을 비롯한 다양한 인적·물적 교류의 항로였을 가능성을 충분히 짐작케 한다.

이 흐름은 조몬시대 중기에서 만기晩期까지 이어진다. 조몬시대 만기 유적으로 알려진 도야마富山현 시모니이가와下新川군 아사히마치朝日町에 소재하고 있는 '사카이境A 유적'에서는 경옥으로 만든 '대주大珠'를 가공한 공방터가 발견되어 화제가 되었다. 그곳에서 비취의 원석과 가공품, 옥 제품도 대량으로 발견되었는데, 이것은 비취 옥 제품의 제작이 동해 연안지역에서 한층 전문화되었음을 엿볼 수 있는 중요한 발굴 성과이기도 하다. 이처럼 비취 제품을 가공한 흔적으로 추정되는 유적은 앞서 언급한 이토이가와를 중심으로 지금의 니가타현과 도야마현 일대 등 반경 40km 이내에 집중적으로 보인다. 그런 점에서 동해 연안지역은 조몬시대부터 이미 선진 정밀 공업지대였다고 해도 과언이 아니다. 기후적으로 동해 연안은 겨울이 되면 외출이 힘들 정도로 눈이 많이 쌓이는 지역이다. 이 지역에서 생산되는 비취는 당시 기술로는 좀처럼 쉽게 깨지지 않는 6.5~7.0 정도의 매우 단단한 경도를 보이는데, 이 지역의 기후는 장시간 끈질긴 인내심을 필요로 하는 경옥 가공 작업에 적합한 기후 조건이었다고 할 수 있다.

이처럼 비취 생산 및 가공은 동해 연안, 특히 현재 일본의 호쿠리쿠北陸지방을 중심으로 조몬시대뿐만 아니라 이후 야요이弥生시대, 고훈古墳시대까지 약 5,000년을 꾸준하게 이어온 기간 산업이라 말할 수 있다. 게다가 이 지역은 조몬시대 토기 중 문화예술 면에서 가장 화려하다고 평가받는 화염토기, 왕관형토기가 잇따라 발굴된 지역이기도 하다. 이들 토기군은 다른 지역에

* 도카치마치시十日町市 박물관

그림 2 화염식 토기(니가타현 사사야마笹山 유적에서 발굴된 심발형深鉢形 토기, 일본 국보)

서 출토되는 토기들에 비해 훨씬 고도의 기술적 감각이 엿보인다. 고고학자 야마다 마사히사山田昌久[26]가 일본의 시원문화의 형성 과정에 관해 '야요이문화가 동아시아 대륙에서 건너온 직접적 기술의 이입이라 한다면 조몬문화는 전문적 기술 이입'이라고 말하는 것처럼 당시 서일본지역, 즉 동해 연안지역은 비취의 가공기술과 옥 제품의 교역을 바탕으로 타 지역에 비해 상당히 번영된 곳이었다고 볼 수 있다.

조몬시대 중기의 대표 유물인 경옥으로 만든 대주는 크기가 5cm 이상되는 타원형 옥석으로, 목걸이형 장식품으로서 생명의 영원과 불사를 상징하는 신기로 추정되고 있다. 그런데 특이한 점은, 이 단단한 경옥의 한가운데가 끈으로 연결하기 위한 것인지 구멍이 뚫려 있다. 아직 금속기가 전래되기 전에 가공된 것인 만큼 경옥의 한가운데를 뚫는 천공 기술은 당시 고도의 기술이 아닐 수 없다. 이 기법을 전문용어로 '관추管錐기법'이라 한다. 일

---

26 山田昌久,「縄文文化の構図1」,『古代文化』48(8), 1990, p. 85.

본에서 원시에서 고대에 이르는 옥에 관한 연구의 권위자인 후지타 후지오藤田富士夫는 그 기법의 원류를 중국 남부지역으로 보고, 홍콩 부근에서 기원전 3000년대의 것으로 보이는 옥기에 이미 이 기법을 활용한 흔적이 보인다고 주장했다.[27] 일본열도에서도 경옥으로 만든 대주가 출현하는 시기는 기원전 3000년 전후인 조몬시대 전기 말에서 중기라는 점에서 볼 때 시기적으로 어느 정도 일치하고 있는 셈이다.

이러한 점에서 보면 중국에서 성행한 옥기문화가 점차 동아시아지역으로 확산되는 과정에서 그 제작기법도 함께 전파된 것으로 볼 수 있다. 해양성이 넘치는 동남아문화권에서는 흔히 바다를 매개로 크고 작은 섬들을 연결하면서 문화가 확산되어 갔다. 이러한 옥기 제작과 기술의 전파가 일본열도까지 미쳤다는 것은 동남해에서 동해로 이어지는 조류의 흐름을 매개하지 않으면 설명이 어려울 것이다. 특히 일본에서 경옥으로 만든 대주의 전성기는 조몬시대 중기 말에서 후기 초로 추정되며, 유물의 분포를 보아도 규슈 남부지역인 가고시마鹿児島현에서 홋카이도에 이르기까지 거의 전국적 분포를 보이고 있다. 따라서 옥 제품의 가공 기술 및 경옥 제품의 전파는 각 지역에 선진적인 장식문화를 촉발시키면서 지역마다 변용된 경옥문화를 만들어 갔을 것으로 보인다. 그리고 이들 지역이 대부분 동해 연안에 떠 있는 섬으로 구성된 도서島嶼지역이라는 점에서 보면 경옥 가공 문화는 동해를 교류 루트의 중심으로 하여 서일본 연안 및 내륙으로 더욱 확산되었을 것으로 보인다.

조몬시대 후기로 가면 옥 제품의 종류도 다양해진다. 굽은 옥勾玉, 관옥管玉, 대주大珠 등 다양한 소재로 만들어진 옥 제품은 서일본지역의 동해 연안

---

27 藤田富士夫, 「日本海をめぐる玉生産交流」, 『日本海学の新世紀 · 総集編』 8, 角川書店, 2008, p. 60.

* 도야마현 매장문화센터富山県埋蔵文化センター

그림 3 비취 옥 제품

인 이즈모出雲에서 호쿠리쿠지역에 걸쳐 제작, 전파되고 일본 내륙은 물론 동해바다를 건너 한반도 및 동북아시아로 퍼져 나간 것으로 보인다. 그 흐름 중 하나가 고대 한반도에도 수입된 일본제 굽은 옥이다. 굽은 옥의 형태에 대해서는 헤브루 문자의 신神을 나타내는 글자라는 설, 태아설, 상아설, 초승달설 등 다양한 해석이 있지만, 한반도의 유적에서 흔히 발견되는 굽은 옥, 신라의 고분에서 출토되는 금관 주위에 장식된 굽은 옥도 모두 일본에서 산출된 경옥이라는 점[28]에서 경옥의 제작 및 장식 문화는 동해를 교류 루트로 하여 활성화된 원시, 고대 교역문화의 산물이었다고 볼 수 있다. 그럴 경우 동해 연안지역은 일본열도에 벼농사와 금속기 문명을 동반한 야요이弥生시대 이전에 이미 동아시아 교역문화권이 형성되어 있었다는 것을 반증한다.

---

28 門田誠一, 「朝鮮三国時代における硬玉製勾玉の消長」, 『古代東アジア地域相の考古学的研

한편 앞서도 잠시 소개한 후지타 후지오는 조몬시대의 유적에서 발견된 옥 제품을 분석하여 옥의 형태 및 유행의 변천에 따라 크게 3기로 구분했는데, 제1기는 조몬시대 조기早期에서 전기(기원전 6000~4000년경)에 성행한 '결식玦飾'문화, 제2기는 조몬시대 중기에서 후기(기원전 3500~2000년경)에 유행한 '경옥제 대주大珠'문화, 그리고 제3기는 조몬시대 후기에서 만기(기원전 1500~500년경)에 걸친 '굽은 옥'과 '관옥' 문화로 구분하고 있다.[29] 먼저 초기의 '결식문화'란 조몬시대 전기 유적에서 발견되는 유물로 원석을 원형으로 가공한 다음 일부분을 잘라 C자 모양으로 만든 것인데, 주로 귀걸이 장식용 유물로 추정되고 있다.[30] 발굴 상황을 보더라도 홋카이도를 비롯하여 가고시마현까지 일본 전국에서 500군데가 넘는 조몬시대 전기 유적에서 공통적으로 출토되고 있는데 주로 동해에 면한 지역에 집중 분포되어 있다는 특징이 있다. 이 중에서도 도야마富山현과 후쿠이福井현에서 다량으로 출토된 것은 중국 저장浙江성 사해四海 유적에서 발굴된 것과 유사하다는 점에서 주목받고 있다.[31] 중국에서 이 유물은 시기적으로 조몬시대 전기와 거의 일치하는 얀샤오仰韶문화 및 룽산龍山문화를 대표하는 유물로 평가 받고 있는 만큼[32] 동해를 둘러싼 옥 제품의 교역이 광역의 범위에서 이루어졌다는 것을 시사하고 있다.

타 지역에서 출토된 원시 옥 제품의 분포를 보면 러시아 연해주지방을 비

究』, 学生社, 2006, pp. 148~149.

29 藤田富士夫, 앞의 글, p. 52.

30 浅川利一 · 安孫子昭二編, 『縄文時代の渡来文化』, 雄山閣, 2002, p. 25.

31 위의 책, p. 26.

32 山内清男 · 佐藤健夫, 앞의 책, pp. 135~147.

롯하여 북한, 중국의 중원, 남해지구, 베트남, 대만, 필리핀에 이르기까지 광역권을 형성하고 있으나, 그 원류는 아직 명확히 밝혀지지 않았다. 다만 아시아지역에서 가장 오래된 결상형 귀 장신구는 지린성을 포함한 중국 동북부 일대에서 발생한 신석기 전기 문화인 '싱룽와興隆窪'문화(8,200~7,800년 전)의 대표 유물로 평가 받고 있기도 하다. 발굴 지역도 중국의 동북부에서 네이멍內蒙구, 랴오닝遼寧성까지 분포하고 있다는 점에서 시사하는 바가 크다. 일찍이 근대 역사학자 기다 사다키치喜田貞吉도 일본의 도호쿠지방의 유물이 간토지방의 것보다 품질이 우수하고 경옥으로 만든 굽은 옥도 많다는 점을 지적하면서, 이 지방의 문화가 외래의 진보문화에 영향을 받았을 가능성을 제기하였다.[33] 이러한 견해를 계승하듯 오누키 시즈오의 최근 연구에 따르면, 결상형 장신구뿐만 아니라 극동지역에서 공통적으로 발굴되는 평저平底토기의 원형을 중국 싱룽와문화권興隆窪文化圈에서 그 기원을 찾고 있다는 점,[34] 역시 동해에 면하고 있는 지역인 야마가타山形현에서는 기원전 3000년 전의 것으로 추정되는 조몬시대 중기 유적 중 중국 고대 돌도끼가 발굴되었다는 사실을 고려해 보면, 동해 북부지역은 이미 6,000년 이 넘는 기간 동안 바다를 통한 인적·물적 교류와 원시 교역이 활성화된 하나의 교류문화권이 형성되어 있었다고 볼 수 있다.

---

33 喜田貞吉, 「奥羽北部の石器時代文化における古代シナ文化の影響について」, 『喜田貞吉著作集』 1, 平凡社, 1979, pp. 77~78.

34 大貫静夫, 앞의 글, p. 145.

4. 거목巨木 구조물과 환동해 문화 교류

일본의 조몬시대에 대해서는 지금까지 그 유적에서 이루어진 발굴 성과와 더불어 유적의 분포가 주로 동일본지역에 편중되어 있다는 점에서 이른바 '동고서저론東高西低論'의 관점이 주류를 이루어 왔다. 그리고 그것은 동아시아지역의 신석기문화와 차별되는 일본만의 독자적인 원시문화론으로 전개되는 경향이 강했다. 그러나 최근 서일본지역을 중심으로 지속적으로 축적되어 온 조몬 유적의 발굴성과에 힘입어 기존의 동일본 중심의 조몬문화론에 대한 시각도 크게 전환되고 있다. 그 중요한 유적 중의 하나가 일본열도 혼슈本州의 최북단에 위치하고 있는 아오모리현에 소재하는 '산나이마루야마三内丸山 유적'의 발견이다. 1992년부터 발굴이 시작되어 지금까지도 발굴 작업이 지속적으로 진행되고 있는 이 유적은 기원전 3500년에 해당하는 조몬시대 중기의 유적으로 추정되고 있다. 그 유적에서 발굴된 집락 수는 500곳이 넘고, 항시 정주 인구도 대략 500명에 이를 정도의 대규모라는 점에서 학계의 관심과 주목이 집중되었다. 특히 조몬시대의 일반적인 주거 형식이라 할 수 있는 수혈식 움집 주거터는 약 500곳이 확인되었다. 주거지의 길이도 직경 10m가 넘는 곳이 약 20곳이나 확인되었는데, 가장 큰 것은 직경이 30m나 되는 곳도 있었다.

이 유적이 발견되기 전까지 조몬시대의 취락 유적은 1974년에 도야마현에 소재하고 있는 후도도不動堂 유적에서 발견된 것처럼 아무리 커도 약 5×4m의 타원 형태의 부지 면적에 평균 19m² 정도밖에 안 되는 소규모의 주거지였다. 그러나 산나이마루야마 유적에서 발굴된 수혈식 주거지는 그보다 6배 이상 큰 규모였고 부지 면적만 보더라도 직경이 300m나 되는 거대한 수혈식 주거군이었기 때문에 당시 학계의 상식을 훨씬 뛰어넘는 규모였다. 또한 야요이弥生시대의 전형적인 유구遺構로 여겨져 왔던 고상高床식 건조물을 비롯하여 폭이 15m 가까이나 되는 도로망이 발견되는 등 지금까지 통상적인 조몬시대 유적에서는 전혀 보지 못했던 거대하고 고도의 기술이 적용된 유물들도 동반 출토되어 조몬시대 유적 중에서도 최대급으로 평가 받고 있다. 이 유적의 발견은 지금까지 미개적이고 고립적인 원시시대로서의 조몬시대, 조몬문화관을 '조몬문명론'·'조몬도시론'으로 부를 만큼 기존의 조몬문화에 대한 인식을 180도 바꿔 놓았다는 점에서 역사적 의의를 지닌다.[35]

그중에서도 특기할 만한 유구 중의 하나가 바로 거목巨木을 이용하여 세운 거대 건조물이라 할 수 있다. 그것을 입증할 수 있는 흔적이 지름 1m, 깊이 1m의 마치 커다란 기둥을 박은 것처럼 보이는 구멍 흔적인데, 이 구멍이 좌우로 5군데가 병렬식으로 이어져 있고 그 양쪽 끝 중앙에도 3군데 기둥을 박은 자리로 보이는 구멍이 확인되었다. 또한 그 중앙 축 선상에 4개의 화로터가 정연하게 나열되어 있어 전체적으로 보았을 때 좌우 대칭 구조를 가진 계획성 있는 집락 유적이었을 것으로 추정되고 있다. 이와 같은 대형 건조물의 용도에 대해서는 일반적으로 겨울철 공동 작업장으로 활용되었을 것으로 해석하는 견해가 제기되었으나, 일본의 문명학자 이토 슌타로伊東俊太郎의 주장에서 보듯이 종교적 의미를 가진 집회장이었을 가능성을 제기하는 견해도 설득력을 얻고 있다.[36] 그 밖에 땅에 거목을 이용하여 제작한 나무 기둥을 박아 세운 굴립주식 건조물 흔적도 약 100군데가 발견되어 약 500명 정도의 인구가 이 거목을 중심으로 집단적으로 정주한 것으로 보인다.

그런데 이처럼 거목을 이용한 건조물 흔적은 비단 이곳에서만 발견된 특

35 今村啓爾, 앞의 책, p. 174.

36 伊東俊太郎, 「比較文明学から見た日本海文明交流圏」, 『日本海学の新世紀 · 総集編』 8, 角川書店, 2008, p. 30.

징적인 현상이 아니다. 한국의 동해에 면한 서일본 북부지역의 하나인 아키타秋田현에는 조몬시대 전기의 것으로 추정되는 '스기사와다이杉沢台'라는 유적지가 있는데, 거기에서도 지름 31m, 반지름 8.8m의 거대 목조 건조물이 발견된 것[37]을 비롯하여 현재까지 서일본지역에 해당하는 동해 연안으로부터 동북지방에 이르는 지역에서 발견된 타원형 대형 목조 주거 흔적이 90군데 이상 있는 것으로 보고되고 있다. 또한 1980년대 초 역시 동해에 면하고 있는 노토能登반도의 선단 부근인 이시카와石川현 노토마을에 소재하고 있는 '마와키真脇 유적'에서 조몬시대 전기(기원전 4000년경)에서 만기(기원전 800년경)까지 장기간에 걸쳐 정주형 취락 유적지의 발굴이 확인된 바 있다. 특히 그 유적은 만기의 토층에서 지름이 약 1m나 되는 거목을 세로로 절반씩 쪼개 그 절단면이 외부로 향하도록 큰 원을 그린 것처럼 규칙적으로 배열한 흔적이 발견되어 주목을 끌었다. 거기에 사용된 나무 기둥의 두께는 약 80~96cm로, 모두 10개의 기둥을 환상環状 형태로 세워 놓았는데 그 원의 지름이 무려 7.4m에 달한다고 한다. 이와 같은 거목을 이용한 원형 열주列柱는, 인근 지역인 이시카와현 가나자와金沢시에 소재하고 있는 지카모리チカモリ 유적에서도 원의 지름이 7m나 되는 환상목주열環状木柱列이 발견된 바 있어 지역의 공통 문화였음을 짐작케 한다.

게다가 특징적인 것은 이러한 건조물이 유독 동해 연안인 니가타현, 도야마富山시 후루자와古沢A 유적, 나가노長野현의 하라무라原村의 아쿠阿久 유적 등에서도 발견되고 있다는 점이다. 이들 건조물의 용도에 대해서는 아직 확실한 정설이 있는 것은 아니다. '우드서클'이라는 견해도 제기되었으나, 원 중심에 화로 터가 없다는 점에서 현재로서는 원두막과 같은 고상건조물의 일종이 아닐까 하는 지적이 있다. 그 이유는 동해 연안의 조몬 유적지에서 종

---

37 秋田県教育委員会,『杉沢台遺跡・竹生遺跡発掘調査報告書』, 1981, pp. 16~31.

* 이시카와현 홈페이지

그림 4 마와키真脇 유적의 환상목주열

* 이시카와현 가나자와시 홈페이지

그림 5 지카모리의 거목 유적

종 고상식 건물高床式建物과 유사한 건축 방식이 야요이시대보다 일찍 발견되고 있기 때문이다. 통상적으로 고상 건물의 루트는 중국의 양쯔강지역을 기원으로 하는데,[38] 산나이마루야마 유적에서는 밤 외에 우엉, 콩, 표주박 등 일본에서 재배하지 않았던 작물과 삼베, 들깨, 칠, 피 등의 흔적이 발견되어 이를 뒷받침하고 있다.[39] 즉 식량 및 중요한 물건들을 저장, 보존하면서 이를 신성하게 여긴 종교적인 성격도 지닌 특별한 건조물이었을 가능성을 엿볼 수 있다. 따라서 앞서 언급한 산나이마루야마 유적에서 발견된 거목 건조물도 이러한 추측에 더욱 힘을 실어 주고 있다. 특히 앞서도 잠시 언급했듯이 산나이마루야 유적의 북서쪽 언덕에는 지름 1.8m가 되는 나무기둥을 박아 놓은 것으로 추정되는 토지 위에 여섯 개의 구멍 흔적이 발견되었는데, 그 구멍에 세운 거목이라면 높이가 최소한 10m 이상은 될 것으로 추정하고 있다. 또 그 위에 고상식 건조물이 세워졌을 것으로 보인다. 용도적 측면에서

38 「高床建物, ルーツは長江7000年前」, 『毎日新聞』, 1998. 12. 29.

39 安田喜憲, 『森の日本文化ー縄文から未来へ』, 新思索社, 1996, pp. 75~81.

* 繩文(JOMON JAPAN) 홈페이지

그림 6 대형굴립주건물(복원), 산나이마루야마 유적

보면 이 건조물은 천신 숭배를 위한 종교시설로 보는 견해도 있지만, 그 건조물의 위치가 일본열도 혼슈本州 북부와 홋카이도北海道 사이를 흐르는 쓰가루津軽해협을 조망하는 지점에 세워져 있다는 점에서 동해 북부를 지나는 항해선들이 이정표로 삼기 위해 세워 놓은 망루적 성격의 구조물이라는 견해도 제기되고 있다. 그러나 아직은 확실한 정설이 없어 향후 연구 성과를 기대하고 있다.[40]

이처럼 동해 연안지대에서 도호쿠지방에 이르기까지 잇따라 발견되고 있는 거목을 활용한 대형 건조물의 제작 전통은 조몬시대에만 국한되지 않는다. 같은 동해 연안에 인접한 시마네島根현에 소재하는 이즈모 타이샤出雲大社라는 신사神社의 경내에서도 지름이 3m나 되는 거대한 나무 기둥의 뿌리

---

40 特別史跡・三内丸山遺跡, http://sannaimaruyama.pref.aomori.jp/about/image/PRP_Part5_hensen_tatemono.pdf (2017년 1월 20일 검색).

가 발견되어 화제가 되었다. 이즈모 타이샤는 일본의 상대 문헌인 『고사기』와 『일본서기』에 수록된 신화에도 등장할 만큼 일본 고대의 역사 및 문화를 이해하는 매우 중요한 신사 건축물로 유명하다. 신전神殿의 규모와 구조를 살펴보면, 높이 48m에 우뚝 솟아 있는 본전本殿 건축물은 최대 지름이 130cm급의 나무 기둥 3개를 철근으로 묶어 3단으로 연결한 거대한 기둥으로 지탱되어 있는 구조이다. 이러한 구조는 앞서 소개한 동해 연안지역의 거목문화의 흐름을 계승한 양식으로 볼 수 있다. 그렇다고 하면 그 원류는 조몬시대부터 면면히 이어져 온 이 지역의 거목 건조물의 고대적 변용으로 볼 수 있다.[41] 오누키 시즈오大貫静夫의 연구에 따르면, 조몬시대 거목 대형 건조물이 발견된 유적에서는 공통적으로 극동 평저平底토기가 동반 출토되는 특징이 있다는 점에서 중국의 요서遼西문화와 관련성이 지적된다.[42]

여기서 잠시 시야를 당시 동북아시아지역의 상황으로 확대해 보면, 산나이마루야마 유적이 말하고 있는 조몬시대 중기는 현재 네이멍구자치구에서 랴오닝성 서부에 걸쳐 발전한 '홍산紅山문화'가 쇠퇴하는 시기와 대체적으로 일치한다는 점이다. 다시 말해 '홍산문화'가 쇠퇴하는 시기에 맞추어 마치 이를 계승하듯이 조몬시대의 중기 문화가 발전했다고 볼 수 있다. 야스다 요시노리安田喜憲의 주장에 따르면, '홍산문화'는 신석기문화를 기반으로 천지모신天地母神 신앙과 용龍을 신성시한 문화를 특징으로 한다.[43] 그렇다면 산나이마루야마 유적을 비롯하여 동해 연안지역의 조몬시대 중기 유적에서 출토되는 이른바 '화염식火焰式토기'는 지금까지 토기의 상부에 붙어 있는 장식이 마치 화염 모양을 하고 있다고 하여 그런 이름이 붙은 것이지만, 홍산

41 伊東俊太郎, 앞의 글, p. 32.

42 大貫静夫, 앞의 글, p. 147.

43 安田喜憲, 「越国の起源」, 『日本海学の新世紀・総集編』 8, 角川書店, 2008, pp. 77~78.

문화의 관점에서 보면 화염 모양이라기보다는 뱀 또는 용의 모습을 형상화한 것으로 볼 수도 있다. 게다가 또 하나의 특징적인 유물로 '토우土偶'를 꼽을 수 있다. 특히 산나이마루야마 유적을 비롯한 조몬시대 중기 유적에서 출토된 토우의 모양이 대부분 여성을 상징하고 있는 점에서 보면 토우는 대지모신 신앙과의 상관성을 엿볼 수 있는 중요한 근거라 말할 수 있다. 홍산문화가 '천지모신'과 '용' 신앙을 바탕으로 동북아지역에서 발전한 문화라는 점을 인정할 때 기원전 3500년경 일본열도 북부에 그와 유사한 문화가 나타난 것은 결코 우연이라고 보기 힘들 것이다. 따라서 일본열도의 동북지방에서 발전한 조몬 중기 문화는 홍산문화를 담당하던 동북아시아인들이 기후의 영향으로 인해 대량으로 동남쪽으로 이동하여 일본의 동북지방과 동해 연안지역으로 이주하거나 그들과의 교류를 통해 일본 조몬시대 중기 문화에 영향을 준 것으로 보는 것이 타당할 것이다.[44] 동해를 에워싸고 있는 환동해지역의 신석기문화는 풍부한 삼림자원이라는 생태적 조건을 기반으로 한다고 볼 수 있다. 그러한 환경이 제공한 혜택을 받아 거목을 활용한 주거 환경을 조성하고, 그 속에서 수렵과 삼림자원을 능숙하게 활용하며, 동해바다를 생활터전으로 어로 및 지역 간 교류와 왕성한 교역을 수행하며 살던 사람들의 생활이 문화적 기반이 된 것이라 할 수 있다.

5. 맺음말

일본의 조몬시대 또는 조몬문화는 일본에서 최고급最古級의 토기가 발견된 이래 일본열도에서 독자적으로 전개된 신석기문화라는 데 큰 의의가 있다.

44 위의 글, p. 78.

19세기 말 미국인 학자 에드워드 모스의 오모리패총에서 발견된 토기의 문양에서 명칭을 딴 조몬문화는 동아시아에서 직접 이입된 본격적인 농경과 금속기문화를 기반으로 전개된 야요이문화에 앞선 문화이다. 이후 서양의 과학적 연구 방법과 고고학적 성과에 힘입어 조몬문화론은 선주민론, 동고서저론, 고립된 독자문화론 등으로 전개되었다.

그러나 최근 최고급 토기의 발견과 토기 발명의 기원에 대한 논란, 서양중심 사관 및 문명사의 발전론을 극복하면서 조몬문화는 일국주의 혹은 국민국가사관을 지양하고, '동아시아론'과 '동북아시아론', 그리고 바다를 중심으로 한 '해역아시아론'으로 그 시야를 넓혀 국경을 넘나드는 거시적 관점에 입각한 새로운 조몬문화상을 구축하고 있다.

또한 서일본지역의 잇따른 고고학적 발굴 성과와 그 축적을 통한 연구의 진전에 따라 일본과 동아시아, 나아가 인류사의 특성과 다양성에 대한 인식도 깊어지고 있다. 따라서 지금까지 주로 야요이弥生시대를 중심으로 동아시아와의 교류 흔적을 찾아왔던 노력은 조몬시대를 넘어 구석기시대의 유물도 시야에 넣으면서 그 기점을 더욱 끌어올리고 인류학, 고고학, 자연과학 등 학제 간 연계와 융합을 통해 실체적 관계와 교류의 흔적을 찾으려는 연구 방법도 세분화되면서 그동안 부족했던 연구 영역을 보충하고 동시에 복수의 세계를 광역의 관점에서 보라보는 '넓은 구상력'을 제공하고 있다.

이러한 관점의 연장선상에서, 기존의 기본 문명과 주변 문명으로 구분해온 정적인 문명권 개념을 탈피하고 상호 관련성을 중시하는 문명교류권으로 파악하는 시도는 주목할 만한 성과라 할 수 있다.[45] 일본의 비교문화학자 이토 슌타로伊東俊太郎에 따르면, 일본문화는 3면의 바다에 둘러싸인 3대 문명권을 공유하고 있다고 한다. 즉 동일본의 태평양문명교류권, 서일본의

45 伊東俊太郎, 앞의 글, p. 23.

동해문명교류권, 그리고 남쪽의 동중국해문명교류권이 그것이다. 일본은 지리적 조건을 기반으로 이 3대 문명권과 끊임없는 교류와 접촉을 통해 동적인 문화를 전해 왔다는 것이 그의 논지이다. 그렇다면 그 기점이 되는 조몬문화는 동해라는 바다를 삶의 터전으로 하고 그 바다를 공유하고 있는 연안지역의 인적·물적 교류를 통해 형성된 신석기문화로 보는 것이 타당하다. 그럴 경우 동해는 어로 활동의 생존 거점임과 동시에 새로운 정보 전달을 위한 교통로이자 교역을 위한 유통 항로였다고 볼 수 있다.

한편 최근 서일본지역에서 지속적으로 발굴되고 있는 조몬 유적과 관련된 연구 성과는 기존의 조몬문화론을 근본적으로 바꾸어 놓고 있다. 조몬토기에 관한 편년 연구의 축적, 그와 동반 출토되고 있는 유물과의 관련성, 그리고 지역적 분포 상황에 관한 연구는 근대 이후 동아시아 대륙과의 부합성을 가설에서 정설로 바꾸어 놓고 있다. 공간적 영역을 넘어 후기 구석기문화와의 일체성을 찾는 통시적 노력도 주목할 만한 성과로 볼 수 있다. 동일본지역에 비해 자료적 제약과 한계가 있는 서일본에서 두드러지게 제기되는 발굴 성과에 대한 우려도 분명 존재하지만,[46] 동아시아적 관점에서 논의가 더욱 활발해질 것으로 전망된다.

그중에서도 특히 최근 광역의 동아시아권에서 농경 기원 이전에 발명된 토기의 발견은 서아시아와는 다른 동아시아의 생태 및 환경에 적응하기 위한 기술적 수단이라는 점에서 동아시아문화의 원류를 찾는 데 중대 사건임에 틀림없다. 두 번째로 토기 이외에 원시 교역의 대표 유물로 부각되고 있는 옥 제품, 특히 니가타현에서 산출되는 비취 옥 제품이 동해 연안을 따라 북쪽으로는 홋카이도의 북단, 남쪽으로는 규슈지방까지 분포되어 있는 점

46 佐々木藤雄, 「広瀬和雄『日本考古学の通説を疑う』を疑う」, http://www.komakino.jp/sasaki-tuusetuutagau.html(2017년 1월 17일 검색).

은 당시 원시적인 수준이긴 하지만 동해를 중심으로 연안 항해를 통한 지역 간 또는 바다를 사이에 둔 광역의 교역과 교류가 있었음을 시사하고 있다. 나아가 조몬문화는 이미 동아시아의 남부에 공존한 얀사오仰韶문화 및 룽산龍山문화와의 영향 관계, 또 북방의 훙산문화와 싱룽와문화와의 연계성을 말해 주고 있다. 조몬시대 중기에는 고도의 천공 기술이 적용된 경옥 가공 및 제작 문화, 그리고 지역 간 교역도 성행했던 것으로 보이며, 그 문화의 공유 영역이 광역의 동아시아에 걸쳐 있다는 점도 알 수 있다. 옥 제품뿐만 아니라 흑요석黑曜石의 원산지 및 유적 분포 상황도 이를 뒷받침하고 있다.

셋째, 환동해지역의 원시문화에 빼놓을 수 없는 거목 건조물 문화는 그 용도 및 자연환경의 생태학적 입장에서 볼 때 농경형보다는 삼림형 신석기 문화권에 속한다고 볼 수 있다. 거목을 활용한 건조물 제작 전통은 고대 이즈모 타이샤出雲大社의 신전 건축 양식에도 계승된 것으로 보아 원시에서 고대로 이어지는 장기간에 걸쳐 공유된 문화였다는 점에서 시사하는 바가 크다. 토기와 옥 제품의 연구 성과로 볼 때 조몬문화는 막연하게 동아시아 대륙에 기원을 두고 전파된 것이 아니다. 동아시아지역은 원래 유사한 환경하에 이미 넓은 범위에서 인간의 이동과 교류를 통해 공통된 문화권을 형성한 것이라 말할 수 있다. 그렇다면 같은 시기 환동해 삼림형문화권에 속하고 있는 한국, 일본, 그리고 광역의 극동지역 역시 거목 건조물 문화에 적합한 자연적 조건이라 할 수 있다. 따라서 한국의 동해안 및 동북아시아의 거목문화에도 깊은 상관관계가 있다는 점, 이울러 조몬시대 중기는 동북아시아의 훙산문화 쇠퇴기와 일치한다는 점에서 그 이동 경로에 있는 신석기시대 한국 토기문화의 관계에 관한 연구에도 커다란 촉매제를 제공할 것이다.

일본에서는 원시 및 고대 이전의 동아시아 교류에 대한 관심 및 연구가 같은 문화권에 속한 다른 나라들에 비해 오래전부터 풍부하게 이루어져 왔다. 일본의 조몬시대는 선사시대라는 이미지와 달리 우리의 상상 이상으로 광범위하고 원거리 교역이 행해진 흔적을 보여 주고 있다. 동아시아의 원시 및 초기 고대 사회가 '다민족 사회'였던 만큼 고대 동해 연안을 주 무대로 그 천혜적 환경 조건을 잘 활용하면서 연안 각지, 한반도, 연해주, 동아시아 대륙과 교류·교역을 행하고 경제력經濟力을 이어 온 주체가 누구인가에 대한 후속적인 연구에 대해서도 관심을 가져야 할 것이다.

제4장

북한 북동부 환동해 공간의 성격 : 중국과 러시아의 지정전략을 중심으로*

이영형

1. 서론

지구촌 공간의 지정학적 성격은 영구불변의 것이 아니며, 강대국의 힘이 미치는 파장에 따라 변화되는 가변의 속성을 지닌다. 지정학에서 언급되는 공간의 개념에는 해양 공간이 포함됨은 물론이다. 강대국의 국제정치 행위가 어느 공간에 무게중심을 두고 있으며, 어떠한 목적에서 정치 과정이 이루어지고 있는가에 따라 공간에 대한 성격이 변화된다. 지구촌의 다양한 공간에서 전개되는 갈등 상황과 지정전략적 게임 참가자의 개입 강도는 공간이 갖는 지정학적 성격에 따라 결정된다. 지구촌 공간의 성격을 결정짓는 과정에서 해양 공간은 더없이 중요한 의미를 지닌다. 해양과 대륙을 포함하는 공간의 지정학적 성격은 강대국의 힘의 논리에 따라 이동되는 유동성을 지니며, 특정 공간에 대한 지정학적 성격은 힘을 가진 강대국의 팽창 및 봉쇄 정책 과정에서 결정된다.

* 이 글은 졸고 「중국과 러시아의 북한 북동부 진출과 유라시아 동부지역 Pivot area의 성격」(『국제문제연구』 14(3), 2014)의 내용을 수정 및 보완하여 새롭게 정리한 글이다.

21세기 들어 미국이 지배하는 공간은 전 세계 해양과 이에 인접된 대륙의 주변부 지역에 걸쳐 있다. 소련 해체 이후 중국의 영향력이 국제무대에 확산되기 시작했다. 그리고 국제 정치경제의 중심축이 유럽에서 아시아·태평양으로 이동하기 시작했다. 대서양에서 인도양을 넘어 태평양으로 이동하고 있는 것이다. 중국의 남진 및 동진 정책이 서해와 동해를 지나 태평양으로 향하고, 러시아의 동진정책이 북한의 북동부 동해 연안에 닻을 내리고 있다. 해양세력에 의해 관리되어 오던 동해 및 서해에 대한 지정학적 성격이 변화될 수 있는 그러한 정치 환경이 만들어지고 있다. 대륙세력의 동진 및 남진 정책으로 인해 동해와 서해에 대한 지정학적 인식과 가치가 변화되고 있는 것이다. 이와 함께, 국제정치 주체들의 이해관계가 집중되어 대립 관계가 형성될 수 있는 지정학적 추축지대Pivot area[1]의 핵심원이 유라시아 동부지역(특히 한반도 중심의 환동해)에서 형성되고 있다.

유라시아 동부지역 지정학적 '추축지대'에서 주변국의 개입을 자극하는 주요 행위자가 북한이다. 북한의 정치 행태가 한반도 주변 4강을 서해와 동해로 유인하고 있다. 서해에서 전개되는 강대국의 지정전략에는 러시아가 역외자로 남게 되지만, 동해에서 전개되는 지정전략 행위에는 남북을 비롯해 주변 4강 모두가 포함된다. 대륙세력이 동진 및 남진 정책을 통해 북한의 북부지역에 안착하고, 북한 북동부 항구를 통해 동해로 진출할 준비를 서두르고 있다. 중국이 동해를 자신의 내해Inland sea로 활용하려 하고, 한·미·

1 Pivot area는 갈등 가능성이 높은 지역을 의미하지만, 이를 정확히 '어느 곳에서 어느 지역까지이다' 라는 식으로 정의할 수는 없다. 그리고 Pivot area는 결정하는 것이 아니라 결정된다. Pivot area는 자신의 힘과 동기로부터 도출되기보다는 그 국가가 자리 잡고 있는 민감한 지리적 위치 및 주변의 더 막강한 지정전략적 게임 참가자들의 행동 여하에 따라 결정된다. Pivot area를 관리하고 있는 국가는 경쟁국이 중요 지역으로 접근하는 것을 통제하거나 중대한 게임 참가자들에게 공급되는 자원을 차단할 수 있다. Z. 브레진스키, 『거대한 체스판 : 21세기 미국의 세계전략과 유라시아』, 김명섭 역, 삼인, 2003, p. 63.

일 등 해양세력이 대륙세력의 팽창정책에 공동으로 대응하고 있다. 동해가 대륙세력과 해양세력에 의해 양분되는 모습을 보이고 있으며, 양분된 북부지역에서 대륙세력인 중국과 러시아의 힘겨루기 현상이 나타나고 있다.

이 글은 중국과 러시아의 지정전략이 북한의 북동부지역으로 침투되면서 나타나는 유라시아 동부지역 '추축지대'의 지정학적 성격을 해석하는 것으로 한다. 북한이 지정전략적 게임 참가자는 아니지만, 유라시아 동부지역의 지정학적 성격을 변화시키는 데 중요한 역할을 담당한다. 특히 북한의 북동부 동해 연안이 그러하다. 따라서 동일 지역을 논의의 중심에 위치시킨다. 북한 북동부지역에서 전개되는 대륙세력의 영향력 확장 움직임이 한반도 정세 변화에 많은 영향을 미칠 수 있다. 한국의 안보정책이 해양 및 대륙세력의 지정전략으로부터 자유로울 수 없기 때문에 한국 정부는 북한 북동부의 환동해지역에서 전개되고 있는 대륙세력의 영향력 확장 움직임에 주목하고 있다. 많은 연구 과제 및 프로젝트들이 진행 중이며, 중국과 러시아의 북한 북동부 진출 현황에 대한 연구 결과물들이 생성되고 있다. 이러한 결과물의 절대 다수가 북한 북동부와 중·러 등 주변국의 관계를 경제학적 관점에서 접근하는 모습을 보인다.

이 글은 기존 연구자들이 상대적으로 소홀히 다루고 있는 환동해에 초점을 맞추어, 해양세력과 대륙세력의 영향력 확장 경쟁이 만들어 놓은 동해와 북한 북동부지역에 대한 지정학적 의미를 탐색하는 데 목적을 두고 있다. 이 글은 다음과 같이 구성된다. 제2절에서는 연구 방법론을 포함하여 유라시아 동부지역 '추축지대' 및 북한의 동해 연안에 대한 성격 문제를 다룬다. 지구촌 관리자의 지정전략에 기초되어 공간의 성격이 변화되는 모습을 정리하면서 유라시아 동부지역 및 동해 공간이 갖는 성격을 정리한다. 제3절에서는 중국과 러시아의 북한 북동부 진출 과정과 그 행태를 다루면서, 유라시아 동부지역 '추축지대'의 성격을 변화시킬 수 있는 정치 환경을 조사한다. 제4절에서는 대륙세력의 북한 북동부 진출이 갖는 지정학적 의미를 해석한다. 그리고 결론 부분에서는 상기 내용에 기초해서 한국의 바람직한 안보정책 방향을 제시한다.

2. 공간에 대한 성격과 유라시아 동부지역 '추축지대'

(1) 지정전략과 공간에 대한 성격

지정전략이란 강대국의 안보정책이 특정 공간에 영향력 확장을 기획하면서 전개되는 행태를 총칭한다. 특정 공간에 대한 의미는 공간 그 자체에만 한정되지 않고, 그 공간을 관리하게 되면서 얻게 되는 파급 효과까지를 계산해서 결정된다. 지정학적 의미에서 공간은 육지 공간만을 의미하지 않는다. 해양 공간 역시 중요한 의미를 지닌다. 공간에 대한 지정학적 성격은 특정 공간이 국제정치에 미치는 영향력 여하에 따라 결정되며, 이러한 과정에서 인접된 해양 공간이 중요한 의미를 지니게 된다. 공간에 대한 지정학적 성격은 국제정치 주체들의 지정전략에 따라 결정되는 가변의 속성을 지닌다. 그리고 공간의 지정학적 중요성 여하에 따라 국제정치 주체들의 이해관계가 충돌되거나 갈등 관계를 빚는 '추축지대'가 형성되고,[2] 이러한 공간에서 자신의 영향력을 확장시키기 위한 세력권Sphere of influence 확장 경쟁이 보다 긴밀해진다.

육지 공간에 연결되는 해양 공간에 대한 통제는 지구촌 관리에 있어 중요한 의미를 지닌다. 지난 역사를 되돌아 봤을 때, 지구촌 공간을 관리한 국

---

2 추축지대에 대한 자세한 설명은 다음을 참조. 이영형 · 정은상, 「지정학적 용어 해석과 유라시아 남부지역 Pivot area의 성격」, 『국제지역연구』 19(2), 2015, pp. 178~199.

가들 중에서 해양세력이 제외된 적은 없었다.[3] 대륙세력과 함께 지구 공간을 공동 관리한 지난 냉전기에도 해양세력의 힘이 상대적 우위에 있었다. 해양세력과 대륙세력의 세력권 확장 경쟁이 충돌된 지역은 해양에 인접한 대륙이었다. 지난 냉전기까지 중동부 유럽에 '추축지대'가 형성되었고, 동일지역을 중심으로 세력권 확장 경쟁이 치열했다. 유럽지역이 지정학적 갈등의 중심지가 되었다. 물론 유럽 이외의 지역에서 갈등 관계가 형성되는 '추축지대'가 만들어지기도 했지만 이러한 갈등 상황이 유럽의 그것에 흡수되어 특별한 지정학적 의미를 부여 받지 못했다.

제2차 세계대전 시기까지 지구촌을 관리한 영국과 현재의 패권국 미국은 공히 해양세력의 선두 주자들이다. 이들이 지구촌 해양을 관리할 수 있었기 때문에 패권국의 지위를 유지할 수 있었다. 당시 영국은 대서양과 인도양을 지배했지만 태평양을 지배하지 못했다. 따라서 지구촌이 아닌 유럽지역에서의 패권국 지위에 만족해야만 했다. 그러나 현재의 미국은 태평양까지 지배하면서 전 세계의 바다를 관리하고 있다. 그만큼 미국의 힘은 세계적이다. 냉전기 소련의 영향력이 육지 공간에 강력히 투사되었지만 지구촌 바다를 관리하지는 못했다. 미국을 중심으로 하는 해양세력이 대륙세력의 해양 진출을 차단해 왔기 때문이었다. 소련이 태평양으로 진출을 시도했지만 미국과 일본 등 태평양지역 해양세력들에 의해 저지되었다. 앨프리드 마한A. T. Mahan이 주장한 "바다를 지배하는 자가 세계를 지배한다"[4]라는 도서국가 지배론Theory of Insular Dominance이 설득력을 얻어 왔다.

---

3 T. Duong, *Hegemonic Globalisation. U. S. centrality and global strategy in the emerging world order,* ASHGATE, 2002, p. 102 참조.

4 A. T. Mahan, "The Influence of seapower upon history," Harold and Margaret Sprout, *Foundations of International politics,* New York : D. Van Nostrand Co., 1962, pp. 320~325.

탈냉전 이후 미국이 지구촌 바다를 거의 독점적으로 지배하는 모습을 보이고 있다. 성장하는 중국이 인도양과 태평양으로의 진출을 기획하게 되면서 해양세력의 견제 대상국이 되고 있다. 중국의 성장이 미국 등 해양세력이 구축해 놓은 기존의 국제질서를 위협할 수 있다는 지적이 제기되기 시작했다. 유일 패권국인 미국과 중국의 세력권 확장 경쟁이 동아시아지역에서 충돌되는 모습을 보이기 시작했다. 이에 더해서, 동방정책을 추진하고 있는 러시아와 공격적인 지정전략을 준비하고 있는 일본의 정치 행위가 더해지면서 동북아지역이 지정학적 갈등의 중심 무대로 부각되기 시작했다. 지정학적 갈등의 중심축이 유럽에서 아시아로 이동되고 있는 것이다.

결국 강대국의 지정전략과 함께 공간에 대한 성격이 변화되고 있다. 지정학적 공간에 대한 성격은 강력한 지정전략을 구사하는 게임 참가자들의 힘이 충돌될 가능성이 높은 지역에서 보다 선명해진다. 21세기 현재, 미국과 중국이 강력한 지정전략을 구사하는 게임 참가자로 부각되었고, 이들의 지정전략은 봉쇄와 대응으로 구체화되고 있다. 그리고 봉쇄와 대응이 맞붙은 지역은 유럽에서 동아시아 공간으로 이동되었고, 구체적인 충돌 지역은 남중국해와 동중국해 그리고 북한과 접한 환동해지역이다. 이들 지역이 대륙세력과 해양세력의 지정전략적 충돌 지대가 되었고, 동일 공간에 대한 지정학적 성격이 보다 전투적인 모습으로 변모되었다.

(2) 유라시아 동부지역 '추축지대'와 환동해

소련 해체와 함께 유라시아 주변부의 다양한 지역에서 갈등 관계가 형성되고 있다. 지난 냉전기에 강력하게 투사되던 소련의 영향력이 약화 및 상실되고, 유라시아 주변부 국가들이 자신들의 발전전략을 스스로 탐색하는 과정에서 나타난 현상이다. 이러한 현실을 반영하여 즈비그뉴 브레진스키Z. Brzezinski가 『거대한 체스판』에서 탈냉전과 함께 '추축지대'가 유라시아를 중심으로 서남쪽과 남쪽 그리고 동쪽 변방에서 형성되고 있음을 지적했다.[5] 유라시아 주변부의 림랜드Rimland[6]지역을 중심으로 '추축지대'가 형성되고 있으며, 지구 공간에 몇 개의 '추축지대'가 형성될 수 있음을 지적했다.

유라시아 동부지역 '추축지대'가 갈등의 중심 지대들 중에서 중요한 한 곳이 되고 있다. 탈냉전과 함께 소련을 대신해서 또 다른 대륙세력인 중국의 영향력이 유라시아 동부지역과 그 주변부 해양으로 확산되는 모습을 보이기 시작했고, 미국 중심의 해양세력이 이에 대응하는 과정에서 나타나는 지정학적 현상의 한 단면을 보여 준다. 미국 중심의 해양 질서에 중국의 영향력이 침투되면서 유라시아 동부지역의 기존 질서가 새로운 모습으로 정착되는 과정에서 나타난 지정학적 현상이다.

미국과 일본 등지에서 조성된 중국위협론China Threat[7]을 불식시키기 위한 중국의 노력에도 불구하고, 미국은 잠재적 대항 세력으로 성장할 수 있는 중국을 견제하기 위한 전략 개발에 착수했다. 중국위협론은 해양세력이 공동으로 중국의 성장을 차단할 목적과 함께 제기되었다. 이와 함께 미국은 지난 냉전기에 소련을 대상으로 취했던 대對소련 봉쇄정책Containment Policy을 중국에 적용시키고 있다.[8] 미국은 중국 주변부에서 조성되고 있는 갈등

---

5 Z. Brzezinski, *The Grand Chessboard : American primacy and Its Geostrategic Imperatives*, NY : BasicBooks, 1997.

6 Rimland란 해양세력과 대륙세력의 영향력 확장 과정에서 충돌될 수 있는 지역을 의미한다. 유라시아의 림랜드는 유럽 해안, 아라비아와 중동의 사막, 인도에서 중국 남부에 이르는 아시아의 몬순기후지역 등 가장자리의 땅을 포함한다. 이영형, 『지정학』, 엠애드, 2006, p. 235.

7 중국위협론에 대한 내용은 다음을 참조. 금희연, 「중국위협론의 실체 : 중국의 세계전략과 전방위 외교정책」, 『중소연구』 27(4), 2004, pp. 79~108.

8 봉쇄정책은 냉전기에 소련의 팽창을 유라시아 주변지역에서 저지시킨다는 목적을 가진 미국의 지정전략이었다.

관계에 개입하거나 갈등 구조를 확대 재생산하면서 개입하는 모습을 보인다. 중국의 서북부와 남부지역, 동부지역에서 미국의 관리다원주의 지정전략이 구체화되고 있는 것이다. 이러한 현실은 국제 정치경제의 중심축이 아시아·태평양으로 이동되고 있는 현실을 반영한 것이기도 하고, 중국과 러시아의 동진 및 동남진 정책에 대한 미국 등 해양세력의 대응 전략이 구체화된 결과이기도 하다. 남중국해와 동중국해, 그리고 동해를 감싸고 있는 지역 공간에 대한 지정학적 성격이 복잡하게 전개되고 있음을 의미한다.

유라시아 동부지역 '추축지대'에서 강력한 지정전략을 구사하는 대표적인 게임 참가자가 미국과 중국이지만, 일본과 러시아의 지정전략이 미국과 중국의 그것에 힘을 실어 주면서 유라시아 동부지역 '추축지대'의 성격이 보다 갈등적인 모습으로 구체화되고 있다. 유라시아 동부지역 '추축지대'에서의 갈등은 바다에 인접된 유라시아 주변부에서 형성되고 있으며, 남중국해-동중국해-서해-동해로 이어지면서 확산되고 있다. 중국과 러시아의 동진정책이 서해 및 북한의 북동부 동해에 닻을 내리게 되고, 이에 대해 한·미·일 해양 3국이 공동 방어 전선을 구축하는 모습을 보이고 있다. 한반도의 지정학적 위치에 따르는 결과물이다.

2014년 4월 23일부터 버락 오바마B. H. Obama 대통령이 일본·한국·말레이시아·필리핀 등 아시아 4개국을 방문했다. 중국의 부상 및 위협에 대응하기 위해 해양세력 연합 전선을 구축하는 차원의 방문이었다. 일본에서는 일본과 중국이 영유권 분쟁을 빚고 있는 센카쿠열도가 미·일 방위조약의 대상임을 밝혔고, 한국에서는 한미연합사령부를 방문해 강력한 연합 방위 능력과 대북 공조를 과시했다. 그리고 필리핀에서 양국 간 군사협력의 견고함을 재차 확인했다. 오바마 대통령이 28일 마닐라에서 베니그노 아키노Benigno S. Aquino 필리핀 대통령과 가진 공동 기자회견을 통해 해양세력의 목적이 중국에 대항하거나 봉쇄하는 것이 아니라 해상 분쟁 등에서 국제 사회의 규범이 준수되도록 하는 것이라고 했지만, 대륙세력은 서해와 동해를 거쳐 태평양으로 나아가는 중국을 견제하기 위한 목적이 내재된 것으로 판단하고 있다.

유라시아 동부지역 '추축지대'의 핵심 지대들 중에서 중요한 한 곳이 환동해지역이다. 동해는 해양세력과 대륙세력이 감싸고 있는 지정학적 요충지이다. 대륙세력의 팽창정책과 해양세력의 봉쇄정책이 동일 해역에서 충돌될 가능성이 높아지고 있다. 해양으로 팽창을 기도하고 있는 중국과 이에 대응하는 미국 등 해양세력의 전략적 움직임이 동해의 지정학적 성격을 갈등 국면으로 전환시키고 있다. 북한에 대한 대륙세력의 개입과 한반도에서 자신의 영향력을 확장시키려는 해양세력의 전략적 움직임이 대립각을 세우고 있다. 한·일 간 논의되어 온 한일군사정보보호협정GSOMIA이 한국을 해양세력에 묶어두기 위한 해양세력의 음모로 비추어지면서 대륙세력의 결속력이 보다 강화되는 모습을 보인다. 남한에 대한 미국의 관리, 그리고 북한에 대한 중국의 통제는 더욱더 중요한 지정학적 의미를 지니게 되었다.

북한의 미사일 위협으로부터 자신의 우방국을 보호한다는 명분 아래 미국이 사드THAAD로 명명되는 미사일방어시스템을 한국에 배치하려 한다. 사드는 고고도미사일방어체계로 미국이 추진하고 있는 미사일방어체계의 핵심 요소이다. 사드는 중단거리 탄도미사일로부터 군 병력과 장비, 인구 밀집 지역, 핵심 시설 등을 방어하는 데 사용된다. 한국에 사드 배치가 확정되면서 중국과 러시아, 북한이 강력히 반발하고 있다. 중국과 러시아는 미국과 한국이 준비하고 있는 사드가 대륙세력의 동아시아 영향력 확장을 견제하기 위한 장치로 인식하고 있다. 사드는 발사대와 함께 레이더를 필요로 한다. 사드를 위해 준비되는 레이더의 최대 탐지 거리는 통상적으로 2,000km에 달한다. 이러한 레이더는 중국의 일부 지역과 러시아의 태평양 함대가 있는 블라디보스토크Vladivostok 전역까지 탐지가 가능하다. 따라서 중국과 러시아의 반발이 다양한 모습으로 구체화되고 있다. 한반도 사드 배치에 대해 중국은 자신을 견제하기 위한 해양세력의 지정전략으로 인식하고, 러시아는 자신의 극동지역개발정책에 미칠 부정적인 파장을 우려하고 있다.

미국 등 해양세력의 다양한 움직임과 함께 중국과 러시아는 북한에 대한 영향력 확장을 꾸준히 지속해 왔다. 중국과 러시아의 북한 북동부 진출과 함께 동해 연안에 있는 북한의 나진과 청진, 김책, 단천, 홍남, 원산 등 항구들이 새로운 모습으로 개발될 준비를 서두르고 있다. 이들 항구들 중에서 중국과 러시아가 보다 많은 관심을 갖는 지역은 북한의 북동부 동해 연안에 있는 나진과 청진항이다. 중국과 러시아가 나진항 부두 사용권을 확보하고 있다. 북한 북동부 동해를 자신들의 내해Inland sea로 활용하려 하는 대륙세력의 세력권 확장 움직임이 미국과 일본 등 해양세력에게는 그들의 이익선[9]을 위협하는 지정학적 행위로 간주된다. 이러한 인식과 함께 한반도 주변 해상에서 대륙 및 해양세력이 각자 공동 군사훈련을 실시하고 있다. 중국과 러시아의 해군력, 미국과 일본의 해군력이 동해를 주시하고 있다. 북한 북동부지역과 동해 연안이 지정학적 '추축지대'로 손색이 없어 보인다.

3. 중국과 러시아의 북한 북동부 지정전략

두만강 유역을 개발하려는 움직임은 소련 해체 직전부터 시작되었다. 1991년 10월 24일 유엔개발계획UNDP의 지원 아래 두만강개발계획TRADP이 출

---

9 이익선이란 자국의 국경 안전과 발전에 영향을 미칠 수 있는 국경선 밖의 특정 지역까지를 정치적으로 관리할 수 있는 외부의 안보 방어선을 의미한다.

범되었고,[10] 2005년 9월에 대상 지역을 확대하고 공공 기금을 설립하는 등 추진 계획을 강화해 광역두만강개발계획Great Tumen Initiative, GTI으로 전환되었다. GTI의 사업 대상 범위는 중국 동북3성 및 내몽골, 몽골 동부지역(Hentii, Dornod, Sukhbaatar의 3개 주州), 한국의 동해 연안과 부산 및 울산 지역, 그리고 러시아의 연해주를 포함한다. 북한은 GTI로의 전환을 결정한 2005년의 장춘長春협정에 합의하면서 프로젝트 당사국으로 남아 있었지만, 2009년 11월 핵 문제와 관련된 국제 사회의 북한에 대한 제재 조치로 인해 협정에서 탈퇴했다.[11] GTI에는 러시아, 중국, 몽골, 그리고 한국 등 4개국이 참여하고 있다. 이러한 시기를 전후하면서, 중국과 러시아의 북한 북동부 진출 움직임이 경쟁적으로 추진되었다.

(1) 중국의 동북3성 개발과 북한의 북동부

중국의 북한 북동부 진출 및 동해 항구에 대한 영향력 확보 전략은 자신의 동부지역 발전 및 대외 수출로 확보 차원에서 추진되었다. 자신의 동북3성 지역을 개발하기 위한 '창지투長吉圖개발계획'의 일환으로 추진되었고, 북한 나진항 부두[12] 사용권에 대한 중국의 접근은 중국 훈춘시[13]에서 구상한 도

---

10 UN의 의도는 접경지역의 교역과 교류를 통한 동북아시아의 평화유지 도모에 있었다. UNDP, *Tumen NET Strategic Action Programme : Eco-regional Cooperation on Biodiversity Conservation and Protection of International Waters in NE Asia,* 2002 ; S. H. Lim, "How Beneficial Would the Construction of a Rason-Hunchun Sub-Regional Economic Cooperation Zone in the Northeast Asian Borderlands Be?," *North Korean Review,* Vol. 11, No. 1, 2015, pp. 63~81 ; 우양호 · 정문수 · 김상구, 「'동해東海의 출구' 를 둘러싼 다국적 경쟁과 협력의 구조: 중국과 북한의 '두만강 초국경지역 개발' 사례」, 『지방정부연구』 20(1), 2016, p. 119.

11 신범식, 「북 · 중 · 러 접경지대를 둘러싼 초국경소지역 개발협력과 동북아시아 지역정치」, 『국제정치논총』 53(3), 2013, pp. 432~433.

12 나진항에는 3개의 부두 시설이 있다. 이들 중에서 2호 부두는 북한이 직접 운영하고, 나진항

로-항만-구역 일체화 프로젝트에서 시작되었다.[14] 중국의 동북3성 중 남쪽에 있는 랴오닝遼寧성은 바다와 접해 있지만, 나머지 2성인 헤이룽장黑龍江성과 지린吉林성은 내륙에 위치해 있다. 해양으로 향하는 수출길이 원만하지 못하다. 동일 지역의 성장을 위해서 북한의 북동부 동해안을 활용할 필요성이 제기되었다. 특히 지린성에서 공업도시로 성장하고 있는 훈춘지역의 발전을 위해서 나진항이 필요했다.

2006년 10월, 중국이 대對북한 통상구인 훈춘시 권하圈河 통상구에 변방검사소(출입국관리사무소)를 설치했다. 권하 통상구는 중·러·북 3개국 국경에 위치해 있으며, 함경북도 나선시 원정리 통상구와 두만강을 사이에 두고 마주보고 있다. 그리고 중국은 북한과의 경제협력을 위해 2007년 '도로-항만-구역의 일체화' 프로젝트와 함께 훈춘-권하-원정-나진에 이르는 도로 현대화 계획을 추진해 왔다. 그리고 랴오닝성 다롄大連 소재 창립創立그룹이 2008년 10월에 북한으로부터 나진항 1호 부두 10년 사용권을 확보하게 되면서 동해로 진출할 수 있는 뱃길을 확보했다.[15] 이와 함께 나진항에서

1호 부두와 3호 부두는 합작을 위해 외국에 개방되고 있다. 나진항에 1~2개 정도의 부두가 추가로 개발될 예정이다.

13 훈춘시는 개방도시로 지정되어 있다. 남쪽은 두만강을 경계로 북한의 나선직할시에 접하고, 동쪽은 러시아의 연해주와 국경을 접하고 있다. 동해에서 15km 떨어져 있으며, 연해주의 포시예트Posiet와 철도로 연결되어 있다. 러시아 자루비노 항구와는 63km 떨어져 있다. 창춘-훈춘 간 고속도로가 연결되어 있다.

14 동해로의 진출을 모색하던 중국 훈춘시 정부는 훈춘에서 나진항까지 연결된 도로를 현대화하고, 나진항을 거점항만으로 확보하고, 항만 배후 부지를 산업 및 물류 단지로 개발하는 것을 골자로 한 도로-항만-구역 일체화 프로젝트를 준비해 왔다. 원동욱, 「북 · 중 경협의 빛과 그림자 : '창지투개발계획' 과 북 · 중 간 초국경 연계 개발을 중심으로」, 『현대중국연구』 13(1), 2011, pp. 43~73 ; 심범식 · 박상연, 「러시아와 중국의 나진항 3호 부두 사용권 협상 전략 비교」, 『중 · 소연구』 39(2), 2015, p. 166.

15 창립그룹創立集團은 2008년 10월 훈춘시에서 나진항에 이르는 도로를 건설해 주는 조건으

50km 정도 떨어진 지린성의 훈춘지역을 국제 물류 거점 도시로 조성하기 위한 인프라 구축 작업을 실시해 왔다.

2009년 8월 30일 중국 국무원에서 '창지투개발계획'을 국가 차원의 프로젝트로 비준했다.[16] 동일 프로젝트의 대상 범위는 지린성의 창춘長春-지린吉林-두만강(도문강圖們江)지역이다.[17] 창지투개발계획은 동북3성지역을 개발하려는 중앙정부의 정치적 의지를 엿볼 수 있도록 한다. 이 개발계획은 동북3성지역의 사회경제 발전을 위해 준비되었고, 북한의 북동부 나진항을 중국 동북지방의 거점항만으로 활용할 목적에서 준비되었다. 따라서 중국은 라선 개발과 관련된 두만강 유역 개발에 보다 많은 관심과 노력을 기울여 왔다. 이러한 관점에서 동북3성과 나진항을 이어 주는 구간에 도로와 철도 부설 및 확장 공사가 계속되었다.

2010년 말 창춘-지린-투먼-훈춘을 연결하는 고속도로 전 구간이 개통되었다. 그리고 2011년 6월 9일 북한과 중국의 경제협력벨트를 잇는 훈춘-나진항 구간 도로 보수공사 착공식이 나선에서 열렸고, 2012년 들어 동일 구간을 연결하는 50km의 도로 확장 및 포장, 그리고 교량 건설 등 개보수 작업이 마무리되었다. 창춘-지린 고속철도가 완공된 데 이어, 총 연장 360km의 지린-훈춘을 잇는 고속철도가 건설되기 시작했다. 중국은 두만강에 접한 나선특별시 원정리와 동해 쪽의 나선시 나진항을 잇는 구간의 도로 포장 및 확장 공사를 준비하면서 훈춘시-권하-원정리-나진항을 포장도로로 연결

로 나진항 1호 부두를 10년간 독점 임차했다.

16 나선지역(창지투개발 포함) 공동 개발에 대한 자세한 내용은 다음을 참조. 이종림, 「중 · 북 나선지역 공동 개발 및 대북 정책」, 2013 HK International Conference 'East Sea Rim Network and Institutionalization', 2013. 11. 14, pp. 37~47.

17 그 이후 창지투개발계획은 요녕성遼寧省과 흑룡강성黑龍江省 동부, 러시아의 연해주, 그리고 북한 북동부 해안 등을 포함하는 지역으로 확장되었다.

하려 했다. 이러한 작업은 중국이 북한의 북동부지역을 거쳐 동해 출구를 안정적으로 확보하기 위한 목적에서 추진되었다.

중국의 동해 진출은 국내 수송뿐만 아니라 국제 교역에 유익한 환경을 제공해 준다. 실질적으로 2012년 중국 동북지역 지린성의 석탄과 곡물을 북한의 나진항에서 상하이까지 해상수송을 했다. 국가 내의 내륙철도를 이용해 수송할 경우 15일이 필요했지만 동해 바닷길을 이용했을 경우 3일이면 충분했다. 물류비용 역시 3분의 1 수준으로 줄어들었다. 이처럼 동해로 진출하려는 중국의 목적은 국제 교역항 확보를 비롯하여, 자국 내의 원활한 물류와 지역 균형 발전 목적이 포함되었다.[18] 중국의 동해 진출은 자신의 지역 균형 발전, 물류 수송로 확보, 지정학 차원의 국제적 영향력 확장 등 여러 측면에서 긍정적 효과를 얻을 수 있게 된다.

중국은 나진항에 만족하지 않고, 북한의 동해 연안을 따라 남진을 계속하고 있다. 지린성 도문圖們시 소재 기업체 연변해화집단延邊海華集團이 2012년 9월 1일 평양에서 북한항만총회사와 계약서를 체결하고 청진항 해운항만합작경영회사를 공동 설립하기로 했다. 북한과 중국은 이 계약에서 연간 물동량 처리 능력이 700만 t인 청진항 3호와 4호 부두를 30년 간 공동 관리 및 이용하기로 했다. 그리고 북·중은 2015년까지 청진항 합작 경영회사의 항구 화물 운송량을 100만 t 이상으로 증가시킨다는 목표를 세웠다. 중국이 나진항에 이어 청진항까지 얻게 되면서 동해에 한 발짝 더 다가섰다.[19] 북한 북동부 및 동해 연안 항구, 그리고 동해에 대한 중국의 영향력이 한층 더

---

18 우양호 · 정문수 · 김상구, 앞의 논문, p. 120 ; A. Marton, T. McGee and D. G. Paterson, "Northeast Asian Economic Cooperation and The Tumen River Ares Development," *Pacific Affairs,* Vol. 68, No. 1, 1996, pp. 8~33.

19 「중국, 청진항 30년간 계약, 동해 뱃길 열려」, http://www.bkknews.kr/home/m1.php?mid=5&r=view&uid=2073(2017년 2월 1일 검색).

강화될 수 있게 되었다.

(2) 러시아의 동진정책과 북한의 북동부

러시아의 동진정책은 자신의 극동지역 개발과 한반도에 대한 영향력 확보 차원에서 추진되고 있다. 러시아의 동진정책은 한국의 북방정책을 유도하여 북한의 북부지역과 러시아 극동지역에서 남·북·러 3자 협력사업을 구체화할 목적에서 추진되는 한국 유도 전략의 일종이며, 북한 북동부 및 동해 연안에서 자신의 이익선을 보다 안정적으로 구축하기 위한 지정전략에 해당된다. 따라서 러시아는 북한과 다양한 형태의 경제협력사업을 모색해 왔다. 이러한 협력사업에 한국의 참여를 유도하기 위한 움직임이 계속되었다. 남·북·러 3자 협력사업이 구체화된다면, 북·중 관계의 긴밀화와 이에 따르는 러시아의 북한에 대한 영향력 상실을 만회할 수 있는 정치적 자원으로 활용될 수 있다. 러시아의 북한 북동부 진출은 아래와 같은 방향으로 구체화되었다.

첫째, 북한 진출과 경제협력에 걸림돌로 작용했던 양자 간 외채 문제를 긍정적으로 해결하면서 접근하고 있다. 북한의 구소련에 대한 채무의 환율 적용 문제로 오랫동안 양자 간 줄다리기가 계속되었지만, 2012년 9월 17일 모스크바에서 채무 조정에 대한 정부 간 협정이 체결되었다. 2012년 9월 17일 당시 북한의 러시아에 대한 전체 채무가 109억 4,000만 달러로 조정되었고, 2014년 5월 5일 블라디미르 푸틴Vladimir Putin 대통령이 북한과의 채무 조정에 관한 법률에 서명했다. 협정에 따라 전체 채무의 90%가 감면되고, 잔여 10%(10억 9,000만 달러)는 북한이 20년 동안 일정한 반년 주기의 40회 무이자로 북한 대외무역은행의 러시아 대외경제은행 계좌로 산입하는 방식으로 빚을 청산하도록 되어 있다.[20] 산입된 금액은 러시아 측의 북한에 대한 원조 차원에서 북한 영토에서 실시되는 보건, 교육, 에너지 영역의 계획

실행에 필요한 자금으로 활용된다.[21] 잔여 채무가 원조 전환 부채로 사용되기 때문에 북·러 간 공동 프로젝트가 추진될 가능성이 한층 높아졌다.

둘째, 러시아는 북한과 러시아가 공동으로 추진하고 있는 나진-하산 물류협력사업Rajin-Khasan Project을 남·북·러 3자 협력사업으로 확장시키려 했다. 러시아 극동지역의 국경도시 하산과 북한 나진항을 잇는 54km 구간의 철로 개보수, 나진항 현대화 등을 통해 2008년부터 49년간 나진항 3호 부두 등을 운영하는 복합물류사업이었다. 이를 위해 2009년 러시아가 70%, 북한이 30%의 지분을 갖는 합작회사 나선콘트랜스РасонКонТранс를 설립했고, 동일 합작회사가 나진항 제3부두를 개발하기 시작했다. 나진-하산 철도 현대화 사업이 2013년 9월 완료된 데 이어 나진항 화물터미널 개통식도 2014년 7월 18일 실시되었다. 나진항 3호 부두에 석탄을 싣는 이동식 크레인의 레일 및 연료 탱크가 완성되었고, 대형선이 정박할 수 있도록 수심을 9m에서 12m로 확장했다.[22]

2013년 11월 푸틴의 한국 방문과 함께 한·러 정상회담이 있었다. 정상회담에서 다양한 문제들이 논의되었고, 양 정상 임석하에 다수의 MOU가 체결되었다. MOU 문건들 중에서 중요한 하나는 나진-하산 물류협력사업 등 양국 간 협력 강화 방안을 담은 '나진-하산 물류협력사업 참여를 위한 MOU' 체결이다. 러시아는 북한과 70:30의 비율로 투자해 설립한 합작회사

---

20 По соглашению, 90% от суммы долга КНДР не выплачивает, оставшиеся 10% (1,09 миллиарда долларов) должны быть погашены корейской стороной в долларах США течение 20 лет 40 равными полугодовыми долями путем зачисления на беспроцентный счет Внешэкономбанка в Банке внешней торговли КНДР.

21 "Путин решил ратифицировать соглашение об урегулировании долга КНДР," http://ria.ru/world/20140505/1006610370.html(2017년 2월 1일 검색).

22 「러시아-북한, 나진항 터미널 18일 개통」, http://newfocus.co.kr/client/(2017년 2월 1일 검색).

'나선콘트랜스'에서 자신이 갖고 있는 지분 중 49% 정도를 한국이 인수하는 방안을 제시했다. 합작회사 지분 구조를 러시아 35.7%, 한국 34.4%, 북한 30%로 조정하자는 것이다. 이번 MOU 체결로 코레일·포스코·현대상선이 컨소시엄을 구성해 나진-하산 물류협력사업에 참여할 수 있게 되었다. 그 이후 남북 관계가 경색되면서 남·북·러 3자 협력사업이 제자리를 찾지 못했다.

셋째, 북·러 간 철도연결사업을 3자 협력사업으로 전환시키려 한다. 2011년 8월 24일 울란우데시市 외곽에서 개최된 북·러 정상회담에서 러시아의 대북 원유 지원과 라선 경제무역지대 투자 확대 등에 대한 합의가 이루어졌다. 그리고 정상회담에서 북한이 남·북·러 가스관건설사업을 긍정적으로 받아들였다. 물론, 2011년 8월 15일 드미트리 메드베제프Dmitry Medvedev 대통령이 광복절을 계기로 김정일에게 축전을 보내면서 러시아는 철도 연결, 가스관 부설, 송전선 건설 등을 패키지로 묶는 경제협력에 대해 긍정적으로 평가하고 있음을 전했다. 정상회담에서 합의된 내용은 실무진을 중심으로 논의되기 시작했다. 2011년 9월 28~30일 데니소프A. И. Денисов 외무부 제1차관이 김계관 외무성 제1부상의 초청으로 북한을 방문하여 북측 인사들과 회동을 갖고, 러시아에서 출발해 북한을 거쳐 한국으로 이어지는 가스관 건설과 유사한 노선의 송전선 건설, 그리고 철도 연결 등에 대해 논의했다.[23]

2013년 9월 22일, 러시아 하산에서 두만강을 건너 북한의 나진항까지 연결되는 철도 개통식이 북한의 라선공업단지에서 개최되었다. 러시아가 지난 5년 동안 자체 투자를 통해 54km 구간에서 낡은 철로를 교체하고 정차 역

---

23 "О визите первого заместителя Министра иностранных дел России А.И.Денисова в КНДР," *ИНФОРМАЦИОННЫЙ БЮЛЛЕТЕНЬ*, 30 сентября 2011, p. 3.

들을 보수 정비했다. 그리고 철길의 폭이 서로 다른 북한과 러시아 사이에 열차를 통과시키기 위해 선로 교환기를 설치하는 공사도 진행했다. 야쿠닌B. Якунин 러시아 철도공사 사장은 기념식에서 새로이 개통된 철로가 석탄 등 물자 교역에 이용될 것이라고 했다. 야쿠닌 사장은 이 구간 철로가 TSR과 TKR의 일부라며, 유럽과 아시아를 잇는 최단 루트가 될 것이라고 했다.[24] 그리고 야쿠닌은 나진항에 석유터미널 개발 가능성을 내비치기도 했다.

북한의 북동부로 향하는 러시아의 지정전략은 별 무리 없이 진행되었다. 나진-하산 간 철도 연결, 나진항 제3부두 건설, 나진항 화물터미널 공사 등과 같은 양자 간 협력사업이 구체화되면서 러시아의 북한 북동부에 대한 영향력이 보다 안정적으로 정착될 수 있는 그러한 환경이 만들어졌다. 그러나 북·러 협력사업에 한국을 참여시켜 3자 사업으로 전환하려는 움직임은 남북 관계가 경색되면서 뚜렷한 결실을 보지 못했다. 3자 협력사업을 구체화하려는 러시아의 지정전략이 해양세력의 북한에 대한 경제제재 조치로 인해 현실화되지 못하고 있다. 한국 정부의 북한에 대한 제재가 지속되는 한 남·북·러 3자 협력이 제자리를 찾지 못하게 될 것이고, 러시아의 환동해 북부지역에 대한 영향력은 제한적일 수밖에 없을 것이다.

4. 북한 북동부 및 동해 공간의 지정학적 의미

북한 북동부로 진출하는 중국과 러시아의 동진정책이 경제 영역에서 구체화되고 있지만, 지정학적 성격이 더 깊게 자리하고 있는 듯하다. 동해는 중

---

24 "РЖД соединили с дорогами Северной Кореи. Якунин поздравляет участников проекта," http://www.newsru.com/russia/22sep2013/rzhd.html(2017년 3월 8일 검색).

국과 러시아 등 대륙세력에게 대양大洋으로 나아가는 출구가 되고, 미국과 일본 등 해양세력에게는 아시아 대륙으로 들어가는 입구가 된다. 동해를 경계로 미국의 태평양 함대와 일본의 자위대가 중국 및 러시아 등 대륙세력의 군사력과 대치하고 있다. 동해 해역에서 대륙 및 해양세력이 상호 협력 관계를 유지하면서, 또 다른 한편으로는 상대방 진영의 영향력 확장을 견제하는 2중 전략을 취하고 있다. 북한 북동부에서 전개되는 대륙세력의 지정전략과 그 파장은 아래와 같은 2가지 범주의 지정학적 성격을 지닌다고 볼 수 있다.

(1) 대륙 및 해양세력의 지정학적 구획

대륙세력의 동진정책과 이에 안보 위협을 느낀 해양세력의 대응 정책이 환동해지역을 지정학적 '추축지대'로 만들어 가고 있다. 중국의 북한 북동부 진출이 북한을 비롯한 동해 해역에서 자신의 이익선을 안정적으로 설정하도록 하고, 러시아의 지정전략이 이에 더해지면서 대륙세력의 이익선이 환동해지역에서 보다 견고해지는 듯하다. 2011년 8월 4~8일 중국의 북양함대 소속 군함 2척이 북한 원산항에 입항한 사실에 주목할 필요가 있다.[25] 중국의 해군력이 자유롭게 동해로 진출할 경우, 유라시아 동부지역 '추축지대'에 이미 구축되어 있는 해양세력의 군사안보 전선이 요동치게 될 것이다. 중국의 동해 진출은 한국과 일본, 그리고 미국의 근심거리가 될 수 있다. 중국의 환동해 안보 문제 전문가들 사이에서 나진항은 기본적으로 경제적 의미를 가진 항구이지만, 한반도 유사시 군사력 전개 가능성을 배제하지 않고 있다

---

25 박종철, 「중국의 대북 경제정책과 경제협력에 관한 연구」, 『한국동북아논총』 62, 2012, p. 95.

는 사실이 이러한 우려를 증폭시킨다.[26]

러시아 역시 동해 북부 해안을 자신의 해군력이 자유롭게 이동 가능한 공간으로 만들려 한다. 러시아가 자신의 극동지역 개발과 함께 북한의 나진항에서 북·러 협력사업을 추진하고 있기 때문에, 경제 활동의 안정성을 이유로 자신의 해군 보조 함대를 동해로 파견할 수도 있다. 무역 관계의 안정성을 위해 보조 함대가 파견되든, 아니면 지역 내 영향력 확장이 주된 목적이든 상관없이 러시아 해군의 동해 진출 욕망이 생겨날 수 있다. 환동해지역에 배치된 해양세력의 군사력을 견제하기 위해서, 그리고 태평양으로 진출할 수 있는 부동항을 안정적으로 확보함과 동시에 북한에 대한 중국의 과도한 영향력 침투를 견제하기 위해서 러시아 해군의 동해 진출 욕망이 보다 구체화될 수 있다. 나진항 주변의 동해 항구에 러시아 해군의 보조 함대가 주둔하게 된다면, 동해가 러시아 해군의 전진 기지로 전락하게 될 수도 있다.

2012년 4월 중국 및 러시아가 서해에서 연합 군사 훈련을 실시했고,[27] 2013년 3월 18일부터 한·미 연합 해군의 기동 훈련이 동해에서 실시되었다. 연합 훈련은 한·미 양국군의 전투 준비 태세와 연합 차원의 상호 운용성을 증진함과 동시에 연합 전력의 작전 수행 능력을 향상시키기 위해 매년 실시된다. 중국과 러시아 역시 2013년 7월 5일부터 12일까지 러시아의 블라디보스토크 근해에서 '해상 연합-2013' 훈련을 실시했다. 해상 연합 훈련은 북한의 위협을 이유로 경계 태세를 강화하는 한·미·일을 견제하려는 목적에서 실시된 것으로 보인다. 훈련 장소가 러시아 해역이긴 했지만 훈련 규모가

---

26 원동욱, 앞의 논문, p. 59 ; 신범식, 앞의 논문, p. 451.

27 2012년 4월 중국과 러시아 해군은 서해 해역에서 한반도 유사시를 상정하고 미국 해군의 진입에 대응하는 '해상 연합-2012' 훈련을 실시했다. 연합 훈련은 한 · 미, 미 · 일 군사협력 관계에 대한 중국 · 러시아의 무력 시위 성격이 짙다. 미美태평양함대의 군사 훈련에 대응하기 위한 것이기도 했다.

크고 일본과 가까운 동해라는 점에서 해양세력이 긴장하는 모습을 보였다. 따라서 미국과 일본의 공군이 동일한 시기인 8일부터 12일까지 일본 홋카이도 서쪽 바다에서 중·러 측 훈련을 감시하기 위한 연합 훈련에 들어갔다. 미·일 연합 훈련 장소가 홋카이도 서부지역으로 중·러 연합 훈련 지점에서 불과 600km 떨어진 곳이다.[28]

대륙세력의 연합 전선 구축 움직임에 해양세력의 대응이 계속되었다. 2013년 10월 3일, 미국과 일본이 도쿄에서 외교·국방장관 연석회의인 미·일 안전보장협의위원회를 개최한 뒤 공동 성명을 발표했다. 대륙세력의 동진 정책에 대한 해양세력의 이익선 확보 전략을 논하는 결과로 이어졌다. 상기 공동 성명은 집단적 자위권 행사를 포함한 아베 신조安倍晋三 정부의 방위력 강화 구상에 미국이 지지한다는 내용을 담고 있다. 그리고 척 헤이글Chuck Hagel 국방장관과 오노데라 이쓰노리小野寺五典 일본 방위상 간의 양자회담에서 중·일이 갈등을 빚고 있는 센카쿠열도가 일본의 관할권 아래 있고, 미·일 안보 조약의 적용 대상이라는 미국 정부의 기존 입장을 재확인했다.[29]

2014년 8월 5일 일본의 집단적 자위권 문제가 포함된 2014년도판 일본 방위백서가 언론을 통해 국제 무대로 확산되었다. 일본과 밀접한 관계에 있는 다른 나라가 무력 공격을 당해 일본의 존립이 위협받고 국민의 권리가 명백한 위험에 직면할 경우 집단적 자위권 행사가 가능하다는 내용이 방위백서에 실렸다. 이러한 내용은 1890년 12월 당시 일본의 내각 총리대신 야마가타 아리토모山縣有朋가 의회 연설에서 주장한 이익선 개념을 기억하도록 한

---

28 「중-러 동해서 사상 최대 연합 훈련… 초긴장」, http://www.minjokcorea.co.kr/sub_read.html?uid=10679(2017년 2월 1일 검색).

29 「미국 '일본의 집단자위권 행사 환영'」, 『연합뉴스』, 2013. 10. 4.

다.[30] 아베 신조 정부는 중국과 러시아의 동진 및 남진 정책, 그리고 북한의 핵과 미사일 문제 등에 대해 자신의 이익선 방어를 핑계 삼아 동해를 비롯한 한반도 주변 해역에서의 군사력 사용을 가능하도록 하고 있다.

결국, 해양세력과 대륙세력의 이익선 확보 경쟁이 한반도를 중심으로 전개되고 있다. 중국의 성장과 동진 및 남진 정책, 그리고 러시아의 동진정책이 구체화되면서 냉전기에 묵시적 동의하에 구획된 서해 및 동해 분단선이 요동치는 듯하다. 기존의 동해 분단선을 중심으로 북서부지역은 대륙세력이 지배해 왔고, 남부와 동부 지역은 해양세력이 지배해 왔다. 그러나 대륙세력의 동진 및 남진 정책으로 인해 해양세력이 서해와 동해에 구축해 놓은 기존의 이익선이 불안해지고 있다. 동해에서 펼쳐지는 대륙세력의 지정전략이 한반도 휴전선 남쪽지역과 일본의 홋카이도 북부지역을 잇는 기존의 이익선을 요동치게 만들고 있다. 대륙세력이 기존의 동해 분단선을 남쪽으로 확장시키려 하고, 이에 불안을 느낀 해양세력이 맞대응하면서 동해가 지정학

---

30 1890년 12월 당시 일본의 내각 총리대신 야마가타 아리토모山縣有朋가 의회연설에서 주권선과 이익선에 대해 설명했다. "국가 독립자위의 길에는 두 가지가 있다. 첫째는 주권선主權線을 수호하는 것이고, 둘째는 이익선利益線을 보호하는 것이다. 주권선이란 강역疆域을 말함이요, 이익선이란 주권선의 안위에 밀접한 관계를 갖는 구역을 말하는 것이다." 상기 연설문에서 주권선은 일본의 국경선을 의미하며, 자신의 영토를 수호하는 국경선 방어를 의미한다. 그리고 자신의 영토를 효과적으로 보호하기 위해서 이익선을 구축해야 하며, 근린 지역에서 본토의 안위와 밀접하게 관계되는 방면도 방어해야 한다는 논리로 이어지고 있다. 일본은 자국의 안전과 발전을 위해 이익선에서 발생되는 갈등 문제를 스스로 해결해야 하며, 부득이한 경우에는 무력을 사용해서 일본의 의지를 달성할 필요가 있다고 주장한다. 당시 일본의 이익선 설정은 러시아의 남진정책(특히, 대한반도정책)을 우려한 결과였다. 1891년에 러시아 정부가 시베리아 철도를 건설한다는 계획을 발표하게 되자, 일본 정부가 대륙으로부터의 위협을 크게 느끼기 시작했다. 러시아의 시베리아 철도가 완성될 경우에 조선의 독립이 위태롭게 될 것이고, 일본의 주권선이 매우 위험한 형태로 변화될 것이라고 판단했다. 따라서 일본은 자신의 이익선을 지키기 위해서, 육·해군을 충실히 증강시켜 만일의 사태에 대비함과 동시에 영국과 독일 등 조선의 독립에 이해관계가 있는 나라들과 함께 공동 이익의 범위 내에서 연합해야 한다는 것이다. 이영형, 앞의 책, pp. 261~262 참조.

적 '추축지대'로 전환되고 있다.

(2) 대륙세력 블록 내의 내재적 경쟁과 갈등

북한의 나선경제특구개발사업이 중국과 러시아의 지정전략에 관계되고 있다. 중국의 나진항 진출에는 동북3성 개발과 동해로의 출구 확보가 중요한 의미를 지닌다. 그동안 동북3성(훈춘)이 바다로 진출하기 위해 러시아의 자루비노항이나 다롄항을 이용했지만, 북한 북동부지역 개발과 함께 훈춘-나진 도로망을 이용해 직접 나진항으로 연결될 수 있게 되었다. 러시아는 자신의 극동지역 개발과 국경 안보 관점에서 국경을 접하고 있는 북한의 북부지역을 주시하고 있다. 북한 나진항에 대한 러시아의 투자는 단순한 항만 인프라 개발에 그치는 것이 아니라, 한반도 북부지역 및 동해에 대한 지정학적 이익선 확보에 있다.[31] 대륙세력의 북한 북동부 및 나진항 진출이 경쟁 속에서 추진되고 있다.

북한의 북동부와 동해에서 조성되었거나 가까운 장래에 발생하게 될 대륙세력 블록 내부의 내재적 갈등 징후들이 목격된다. 북한 북동부지역으로 향하는 중국의 체계적이며 지정학적 접근에 대한 러시아의 안보 불안과 이에 따르는 대응이 북한에 대한 영향력 확보 경쟁으로 이어지고 있다. 블록 내부의 경쟁 상황이 동해의 지정학적 성격을 변화시키는 핵심 요인으로 작용하지는 않겠지만, 동일 지역의 정치 환경 변화에 상당한 영향력을 미칠 수 있는 변수임은 분명해 보인다. 따라서 북한의 북동부와 동해에서 형성될 수 있는 대륙세력 블록 내의 내재적 갈등 양상을 정리하기로 한다.

중국의 동진정책에 대한 위기의식이 러시아로 하여금 보다 체계적인 지정전략을 구사하도록 했다. 두만강지역 개발 움직임이 시작된 1990년대 중후

31 황진회, 「중국의 나진항 개발과 발전 가능성」, 『북한 해양수산 리뷰』 16, 2010, p. 4 참조.

반부터 북한 북부지역에 대한 중국과 러시아의 관심이 양자 간 경쟁과 마찰을 예고하고 있었다.[32] 북한에 대한 러시아의 지정전략은 중국의 북한에 대한 영향력 확장을 견제하는 목적이 강하다. 2002년 8월 블라디보스토크의 북·러 정상회담에서 푸틴은 철도연결사업을 최우선 의제로 내세웠다. 한반도에서 6·15 남북 정상회담 이후 경의선과 동해선 연결사업이 실현 단계로 발전되고 있었기 때문에, 만약 러시아가 적극적으로 나서지 않는다면 철도 연결사업을 중국에게 빼앗길 수 있다는 우려 때문이었다. 그리고 러시아는 북한에 대한 중국의 과도한 영향력을 견제하면서 포화상태에 있는 자신의 극동지역 항구를 대체할 새로운 항구의 개발 필요성에 따라 북한 북동부지역 및 나진항 진출을 적극적으로 모색해 왔다.

중국의 훈춘시가 2005년 북한 원정리에서 나진항까지 도로를 건설해 주는 대가로 나진항 3호 부두와 건설 예정인 4호 부두를 50년간 운영할 수 있는 권한을 얻으려 했지만, 2006년의 북핵 위기로 성사되지 못했다. 중국의 움직임에 맞서 러시아가 2006년부터 나진-하산 철도 연결 및 나진항 개발 논의를 본격화하여 2007년 11월 북한과 합의에 도달했다. 러시아가 2007~2008년에 한국 및 북한과 물류 및 나진항 개발에 관련된 양해각서를 체결했고, 나진항 3호 부두 사용권을 확보했다. 그리고 2008년 10월 나진-하산 철도 및 나진항 개건 착공식이 있었다. 중국은 더욱더 신중한 자세로 나진항 사용권 확보를 위해 노력했다. 중국은 랴오닝성의 연해경제벨트계획과 지린성의 창지투개발계획을 2009년 7월과 8월에 각각 발표하고, 중국 국무원이 북한에 투자를 약속하는 내용의 '중국 두만강지역 합작개발계획요강'

---

32 В. А. Бурлаков, *Проект <Туманган> и Игра Геополитических Интересов в Северо-Восточной Азии в 90-е Годы XX Бека*, Владивосток : ВГУЭС, 2007.

을 승인했다.[33] 나진항을 둘러싼 중국과 러시아의 경쟁이 자칫 양국 관계를 소원하게 만들 수 있는 상황으로 나아갔지만, 중국의 러시아 극동 및 시베리아 지역개발사업에 적극성을 보이면서 일단락되었다.[34] 그리고 2009년 10월 원자바오溫家寶 총리가 북한을 방문했고, 중국이 나진항 1호 부두의 운영권을 확보했다.

러시아의 북한 북동부 진출은 북·러 간 철도연결사업과 그 효과를 확산시키는 방향으로 구체화되기 시작했다. 러시아의 지원으로 양국 간 철도 연결을 위한 사전 작업이 계속되었고, 그러한 움직임은 2013년 9월 22일 러시아의 하산에서 북한의 나진으로 연결되는 철도 개통식이 가능하도록 했다. '러시아의 소리' 방송은 완공된 철로로 러시아 석탄이 운송될 것으로 전망했다. 러시아는 철도 연결에만 만족하지 않는다. 북·러 간 철도 연결을 토대로 북한의 북동부에 안착하고, 여기에서 다양한 협력사업을 개발 및 구체화하려 했다. 러시아가 하산에서 두만강을 건너 북한의 나진항까지 연결되는 철도 개통식을 서두르면서 나진항에 정착하려는 이유는 중국의 동진정책에 대한 맞대응 성격이 강했다. 최소한 자신의 극동지역과 국경을 접하는 북한의 북동부와 동해에서 자신의 이익선을 보다 안정적으로 구축하려는 지정전략이 깔려 있다고 볼 수 있다.

결국 중국의 북한 북동부 진출이 러시아에게 부담스러운 도전으로 간주되었다. 따라서 그동안 북한과의 협력에 미온적이었던 러시아가 보다 적극

33 박동훈, 「두만강지역개발과 국제협력: 중국 '창지투선도구' 건설의 국제환경 분석」, 『한국동북아논총』 57, 2010, pp. 191~211 참조.

34 후진타오胡錦濤 주석이 2009년 9월 23일 뉴욕에서 개최된 G20 정상회의에서 메드베제프 대통령을 만나 '중국 동북부와 러시아 극동 및 시베리아 지역협력개발계획요강 2009~2018' 을 제시하면서 러시아와의 협력 방안이 구체화되었다. 이와 함께, 중국의 북한 북동부 진출에 따르는 러시아 측의 반발을 무마시켰다. 신범식, 앞의 논문, pp. 443~444.

적으로 대북정책을 추진하기 시작했다.[35] 러시아는 중국의 영향력 확장을 견제하기 위해 에너지, 전기, 식량 등을 전면에 내세우며 북한에 대한 자신의 영향력 확장을 시도해 왔다.[36] 러시아와 북한의 정치 및 경제 관계가 보다 긴밀해졌고, 북한의 북동부 및 동해 연안에서 자신의 목소리를 키워 나갈 수 있게 되었다. 중·러 양국이 해양세력에 대응하는 차원의 정치·군사 관계에서는 협력 틀을 유지하겠지만, 북한의 북동부 내륙 및 동해 연안에서 형성될 이익선 확보 경쟁에서는 다소간 불편한 협력 관계가 유지될 수 있는 환경이 만들어지고 있다.

5. 한국의 전략적 선택 : 결론을 대신하여

북한의 북부지역과 동해 연안이 대륙세력에 의해 개발되고 있다. 중국과 러시아의 지정전략이 서해 및 동해에서 자신들의 이익선을 구축하는 방향으로 나아가고 있다. 중국의 북한 북동부 진출은 북한에 대한 영향력 확장은 물론 북한을 통해 동해 항로를 안정적으로 관리하는 데 있다. 중국은 북한의 동해 연안 항구들을 자신의 내해Inland sea로 사용하려 한다. 러시아 역시 나진과 하산을 잇는 철도 개보수 작업과 함께 나진항을 개발하고 있다. 나진항을 극동지역 물류 기지로 이용하면서 장기적으로 대북 영향력 확장 및 동시베리아 에너지 자원의 수출 중개 기지로 활용하려 한다. 그리고 중

---

35 문흥호, 「중국과 러시아의 전략적 협력과 북한」, 『중소연구』 35(3), 2011, pp. 199~225 ; В. С. Кречетова, "Мероприятия расширенной туманганской инициативы," *Пространственная Экономика*, No. 1, 2012, pp. 8~33 ; 신범식, 앞의 논문, pp. 427~463.

36 Beom-Shik Shin, "Russia' s Return to Asia: How should South Korea Respond?," *EAI Issue Briefing*, No. MASI 2011-09, 2011.

국과 러시아 공히 나진항을 군사 거점으로 활용하려 한다.

북한 북동부와 동해를 포함하는 한반도 북부지역이 대륙세력의 영향력이 강력히 침투되는 그러한 공간으로 변모되고 있다. 대륙세력이 북한 북동부를 거쳐 동해로 진출하면서 동해 연안을 지정학적으로 관리하려 하고, 해양세력이 대륙세력의 이러한 지정전략에 제동을 걸고 있다. 해양세력과 대륙세력의 지정전략이 동해를 양분시키고 있다. 대륙세력의 동진 및 동남진 정책으로 인해 해양세력이 서해와 동해에 구축해 놓은 기존의 분단선이 요동치고 있다. 대륙세력이 기존의 동해 분단선을 남쪽과 동쪽으로 밀어내는 모습을 보이게 되자, 이에 불안을 느낀 해양세력이 강력하게 대응하고 있다. 북한 북동부 및 동해 연안에서 전개되는 정치 행태를 지정학 관점에서 바라본다면, 동해가 현존하거나 잠재된 갈등지역인 지정학적 '추축지대'로 성장하고 있다.

해양세력인 미국과 일본의 환동해 지정전략이 북한의 정치 행위에 대한 대응 전략 차원에서 추진된다고 강조되고 있지만, 그 이면에는 중국과 러시아 등 대륙세력의 영향력 확장에 대한 해양세력의 봉쇄정책이라는 지정학적 성격을 지니게 된다. 일본의 집단적 자위권 움직임에 대해 미국이 지지하는 입장을 보이는 현상 역시 중국 등의 영향력 확장 전략에 해양세력이 공동으로 대응하는 지정전략에 다름 아니다. 동아시아를 포함하는 환동해 지역에서 일본의 집단적 자위권 행사가 구체적인 모습을 보인다면, 대륙세력의 대응 전략이 보다 강경해질 것이다.

동해를 중심으로 하는 해양 및 대륙세력의 대결 구도에서 블록 내의 내재적 갈등 상황이 연출되기도 한다. 해양세력과 대륙세력에 의해 양분된 동해의 상부 지역에서 중국과 러시아의 세력권 확보 경쟁이 감지되고 있다. 중국과 러시아가 국경을 접하는 북한의 북동부 및 나진항 선점을 놓고 경쟁해 왔다. 중국의 동진정책에 대한 위기의식이 러시아로 하여금 보다 체계적인 지정전략을 구사하도록 했다. 이들이 해양세력에 대한 대응 전략 측면에서는 뜻을 함께 하겠지만, 보이지 않는 경쟁 상황이 갈등 국면으로 전환될 수도 있다. 동해의 하부지역에서도 해양세력 내의 내재적 갈등이 존재한다. 과거사와 동해 문제 등이 한국과 일본의 관계를 불편하게 만들고 있다.

대륙세력의 북한 북동부 진출과 환동해에서 발생되고 있는 대결 및 갈등 상황에 한국이 방관자로 남아 있을 수는 없다. 문제 해결을 위한 대응 전략 개발에 주도적으로 참여해야 될 것이다. 한국은 중국과 러시아의 북한 북동부 진출과 동해 연안의 북한 항구에 대한 장기 사용권 확보에 고민하지 않을 수 없다. 중국과 러시아가 북한의 북부지역 및 동해 연안을 독점적으로 관리하는 그러한 상황을 차단할 필요가 있고, 그러한 관점에서 한국이 북한의 북동부지역 개발사업에 적극적으로 참여해야 할 것이다. 북한 북동부 개발사업에 대한 한국의 참여는 경제 논리가 아니라 통일 한반도를 준비하는 차원에서 접근해야 될 것이다. 한국이 참여하는 환동해 안보협의체 구성이 필요해 보인다. 미국과 일본이 러시아와 중국의 동해 진출을 우려하고 있으며, 한국은 일본의 재무장을 우려하고 있다. 이러한 문제를 안보협의체 틀 내에서 공동으로 해결해야 할 것이다.

제5장

환동해지역에서 경제적 관계의 의미

최영진

1. 들어가며

환동해지역은 동북아시아의 하위지역이지만 지정학적 중요성뿐만 아니라 지경학적 중요성도 매우 크다. 그 이유는 다음과 같다. 첫째, 환동해지역은 21세기 태평양시대에 중심 무대로 부상할 가능성이 매우 큰 지역이다. 둘째, 환동해지역은 아직 미개발 지역으로 남아 있는 동북아의 마지막 보루The last frontier이다. 셋째, 한반도의 동해안은 대륙세력과 해양세력이 교차하는 전략적 물류의 요충지이다. 넷째, 환동해지역은 국가적 차원에서뿐만 아니라 연안지역 지방자치단체의 지역경제 활성화를 위한 중요한 중층적 연결 창구가 되고 있다.[1]

환동해권의 중국 동북3성은 2000년대 초반부터 추진한 동북진흥전략에 힘입어 노후된 산업 시설을 재편하는 동시에 산업구조 개선을 적극 추진해 오고 있다. 다른 한편, 극동 러시아는 풍부한 자원을 바탕으로 경제 활성화를 통한 지역개발을 추진하고 있다. 러시아 전 영토의 36%를 차지하고 있는 극동지역에는 금, 철, 다이아몬드, 구리, 니켈, 코발트, 몰리브텐 등의 다

1 강승호 외, 『환동해 경제론』, 두남, 2014, p. 37.

양한 지하자원뿐만 아니라 산림 및 수산 자원도 풍부하다.[2] 자원 문제에 대한 지정·지경학적 분석 단위는 전략적 광물 및 이들에 대한 접근로 확보, 자원의 유통 주도권 장악 등을 둘러싼 국제 관계의 관리체제governance와 관련된다. 게다가 국가의 경제적 생명선이라 할 수 있는 시장이나 필요한 자원에 접근할 수 있는 해로의 확보도 중요한 의미가 있다.

2000년대 후반 이후 중국 정부는 창지투長吉圖계획을, 러시아 정부는 신동방정책을, 그리고 한국 정부는 유라시아 이니셔티브를 추진해 최근 이 지역에 대한 관심이 고조되고 있다. 창지투계획을 통한 중국 동북지역 교통인프라구축사업은 인접국과의 변경 지역 간 연계를 강화해 동북지역의 강점을 최대한 활용할 수 있다는 점에서 중요한 의미를 지닌다.[3] 러시아는 극동지역을 개발해 아·태 국가와 경제적 관계를 강화하고자 한다. 동시에 이들 양국은 중·러 포괄적·전략적 협력 파트너십을 확대하고 있다. 한국 정부는 궁극적으로 유라시아 진출을 주도하기 위해 환동해지역의 북방 경제권과의 협력을 적극적으로 추진하려 한다.

이 글에서는 환동해지역의 경제적 관계 변화 양상을 파악하고 향후 활성화 방향을 모색한다. 먼저 경제 활동 주체 간에 일어나는 경제적 관계를 비판적 관점에서 검토한다. 다음으로 경제 활동의 기반이 되는 항만, 도로, 철도 등의 인프라 구축 현황을 살펴본다. 이어서 환동해권에서 무역 거래와 투자의 특징을 파악한다. 현 상황은 기존 대륙 접경지역 간의 육로 교역과 해상 교역으로 크게 나뉘어져 있다. 먼저 환동해 항만을 통해 일어나는 경제적 관계, 즉 한국이나 일본과 극동 러시아의 무역과 투자에 대해 살펴본다. 이어서 국경을 맞대고 있는 중국 동북3성, 극동 러시아, 북한 간의 양자

2 박정민 · A. 스타리치코프, 『러시아 극동을 주목하라』, 한울, 2005, pp. 20~21.

3 금성근 외, 『환동해 경제권 협력강화 방안』, 부산발전연구원, 2012, p. 24.

경제 관계와 경제협력의 양상을 고찰한다. 이 지역에 새롭게 형성되는 경제특구와 노동 이주 그리고 인적 교류 현상 등을 분석하고, 환동해지역 간 잠재적 관계의 발전 가능성을 평가한다.

2. 경제적 관계의 이론적 시각

신고전주의 경제학자들은 시장 거래를 통해 이루어지는 교환의 동인을 이기주의와 기회주의로 보았다. 이와 같은 바탕하에 개인은 시장의 가격 정보에 의해 교환 여부를 결정하게 되는데, 이때 주체 간의 관계는 냉정하고 독립적이다. 이러한 시장 거래는 시장의 풍부한 가격 정보를 통해 사업을 확산시킬 수 있다는 장점이 있다. 다른 한편으로는 비효율적인 관계 속에서 기업을 불리하게 하는 거래 계약을 피할 수 있게 해주어 성과를 촉진시키기도 한다.

수정주의자들은 사회관계 구조를 거래비용이론, 대리인이론, 게임이론 관점에서 설명하고자 한다. 거래비용이론은 양자 간의 관계만을 강조하므로 관계망network의 다양성을 설명하지 못한다.[4] 대리인이론도 인간의 이기적인 성향, 즉 양자 간의 관계와 교환을 설명하기 위한 형식화된 통제를 강조하고 있다. 따라서 통제와 감시 기구의 부재로 대리인과 의뢰인의 역할이 변질되는 상황에서는 조직관계망의 형태를 설명하지 못하는 제약이 있다. 게임이론도 다수의 참여가 있는 관계망 형태의 구조를 적용할 수는 있다. 하지만 게임의 끝이 분명히 드러날 경우 장기적 협력 관계가 지속될지라도 이기주

4 O. Williamson, *The Economic Institutions of Capitalism*, New York : Free Press, 1985.

의적 개인이 협력 관계를 단절시킬 수 있다.[5]

지역생산관계망에서 기업들은 가격의 최대화보다 배태성embeddedness에 대한 고려에 더욱 만족스러워 한다. 주체들의 관점이 단기적인 이익이나 종속 관계의 창출과 같은 협의의 목표에서 장기적이고 협력적인 관계를 유지해 나가는 방향으로 변화하고 있다고 보았다. 배태성은 시장, 계약, 수직적 통합을 통해 얻을 수 없는 기회를 제공해 준다고 볼 수 있다. 우찌Uzzi는 배태성의 3가지 중요한 구성 요소로 신뢰, 세밀한 정보 교환, 공동 문제 해결 체제를 들고 있다.[6] 신뢰는 교환의 상대방이 비용에 근거해 이기적으로 행동하지 않으며 체험적으로 행동할 것이라는 믿음이다. 신뢰에 근거한 장기적인 협력 관계에서 정보의 교환은 시장 거래에서 교환되는 가격 정보나 수량 정보보다 소유적인 동시에 암묵적이다. 더구나, 장기적 협력 관계는 주체들이 직면한 문제를 해결하는 기제를 제공한다. 그럼에도 파트너에게 형성된 과도한 배태성은 파트너에게 급격한 환경 변화가 발생했을 때 신속하게 대처할 수 있는 능력이 취약하게 나타날 수 있다.[7]

미시경제적 측면에서 집적agglomeration은 관련 산업이나 동종 기업이 동일 장소에 집중함으로써 얻을 수 있는 경제적 이익을 의미한다. 동종 및 유사 기업들이 인접해 입지하는 것은 지리적 근접성으로 주체 간의 기술 및 정보 습득, 자본 축적, 인력 확보 등의 이점을 획득할 수 있다. 그래서 집적 경제의 형성은 공간적 근접성이 중요한 영향을 미친다는 것이다.[8] 집적 경제

---

5 이덕희, 『네트워크 이코노미』, 동아시아, 2008, p. 242.

6 B. Uzzi, "Social Structure and Competition in Inter-firm Networks : The Paradox of Embeddedness," *Administrative Science Quarterly*, Vol. 42, 1997.

7 이덕희, 앞의 책, pp. 243~248.

8 위의 책, p. 257.

의 외부성과 역동성으로 인해 수송비 절감이 가능하고 노동시장이 형성되며 산업 내 정보 확산 효과까지 기대할 수 있다. 더 나아가 항만에 인접한 배후 산업 단지를 유치해 항만 클러스터를 통해 국제 물류 거점으로서의 역할도 담당할 수 있다.

각 국가의 중앙정부를 포함한 각 층위의 행위자들이 복합적으로 관계망을 형성해 가는 중층적·복잡한 관계를 나타내고 있다.[9] 관계망이론은 거시적 혹은 중범위적 측면을 고려하며, 중심성centrality을 높이는 방향으로 관계망을 형성하라고 제안한다. 여기서 중심성이라는 '공간적 중앙'이 아니라 관계망상에서 '기능적 중심'을 염두에 두고 관계망을 치라는 의미이다. 비대칭적 연결망의 논의와 관련되는 중심성에 대하여 린턴 프리먼Linton C. Freeman은 연결중심성관계망에서 다른 행위자들과 연결된 숫자를 가능한 많이 증가시킴으로써 발휘하게 되는 것이라 정의한다.[10] 한편 근접중심성이란 관계망에서 행위자와 행위자 간의 거리를 가능한 가깝게 함으로써 발휘하게 되는 중심성이라 보았다. 마지막으로 매개중심성이란 관계망에서 어느 행위자가 다른 행위자들의 사이에 놓일 수 있는 정도라 정의했다.

3. 환동해지역의 항만 및 육로 인프라 기반

환황해권은 중국-일본, 중국-한국 간의 교역이 활발하게 전개되는 반면, 환동해권은 교역이 상대적으로 미미하다. 특히 한국이나 일본에서는 황해와

---

9 이창주, 『동북아 신네트워크』, 산지니, 2014, p. 202.

10 Linton C. Freeman, "Centrality in Social Networks : Conceptual Clarification," *Social Networks,* Vol. 1, 1979.

태평양 등에서 해상 운송이 활발하게 전개되고 있다.[11] 그럼에도 환동해권은 항만 인프라가 비교적 잘 발달되어 있다. 극동 러시아지역과 약 2,800km의 국경선을 맞대고 있는 헤이룽장성은 25개의 통상구口岸를 운영하고 있다. 북한은 중국과 약 1,400km의 국경선을 접하며 13개의 통상구가 있는데 이 중 지린성이 10개의 통상구를 가지고 있어 접경 무역이 용이하다.[12] 중국 동북지역-극동 러시아 및 극동 러시아와 북한 사이에도 철로가 연결되어 있다.

(1) 항만 인프라

① 극동 러시아

러시아 극동항만 중 보스토치니Vostochny, 나홋카Nakhodka, 블라디보스토크Vladivostok 항만은 러시아의 10대 항만에 속한다. 2011년의 극동지역 항만의 화물 취급량(톤)은 전국의 23.4%를 차지하고 있다. 한·러 양국 간 컨테이너 화물의 85%가 극동 러시아 항만을 이용하고 있다.[13]

극동 러시아 항만 물류의 특징으로는 에너지 연료 자원의 비중이 매우 높다는 것을 들 수 있다. 석유, 석탄의 총계가 76.8%를 차지하는데, 특히 석탄의 비중이 33.4%로 높게 나타나고 있다. 한편 컨테이너가 7.0%를 차지하며, 물량은 적지만 목재의 경우는 러시아 전체의 56.6%가 극동 항만을 통해 거래되고 있다. 러시아의 아태지역 교역화물이 증가함에 따라 극동지역

11 일본의 경우 수출입 화물의 99%를 해상 운송이 차지하고 있다.

12 림금숙, 『창지투선도구와 북한 나선특별시, 러시아 극동지역 간 경제협력 과제』, 통일연구원, 2011, p. 45.

13 이성우, 「한-극동 러시아 물류협력 방안」, Korea-Russia Far East Forum(블라디보스토크), 2012. 7. 19. 2010년 극동항만에서 처리된 한 · 러 간 교역 화물 물동량은 2,910만 톤이었다.

항만의 역할이 증가하고 있다.[14] 블라디보스토크항은 극동 최대, 전국 3위의 컨테이너 취급 실적을 기록하고 있다. 2011년 블라디보스토크 상업항 및 어업항의 컨테이너 취급량의 합계는 60만 TEU로 전년 대비 37.8%가 증가했다. 연해주 남서부에 위치하고 있는 자루비노항은 완성차의 하역항으로서 역할이 크다. 2011년에 일본과 한국으로부터 약 3만 9,000대의 완성차를 수입했다. 전용선으로 동항에 하역한 완성차를 자동차 운송 전용 화차에 편성해 모스크바까지 약 11일 만에 운송하고 있다. 포시에트항은 석탄 특화 항구로 개발하고 있다.[15]

극동 러시아에는 총 15개 석탄항이 운영되고 있다. 2012년 물동량 기준으로 보스토치니항(2,180만 톤)이 석탄 취급량에서 전국 1위를 차지하고 있다.[16] 다음으로 바니노항(1,350만 톤), 포시에트항(460만 톤), 나홋카항(440만 톤) 순이었다. 보스토치니항으로부터 수출되는 석탄은 일본, 한국, 중국뿐만 아니라 태국, 인도, 싱가포르 등으로 실어 나르고 있다. 현대상선은 1,800TEU급 컨테이너 선박을 투입해 부산항과 보스토치니항 간 컨테이너 서비스를 주당 1항차를 제공하고 있다.[17] 나홋카항에서는 현대와 기아차의 화물을 시베리아 철도 전용 열차로 수송되고 있다.

---

14 이옥남, 「러시아 극동지역의 교통시설 운영 현황 및 개발 정책」, 『동북아 · 북한연구센터 ISSUE PAPER』 15, 2012, pp. 6~7. 극동 항만에서 처리되는 대외 교역 화물은 주로 일본, 한국, 중국, 베트남, 싱가포르로 수송되고 있다.

15 M. Kholosha, "Current Status and Future Prospects of the Trans-GTR Corridors (Segments in Russia)," *ERINA Report,* No. 111, 2013, p. 53.

16 위의 글, pp. 52~53.

17 최태강, 「극동 러시아의 연해지방 항만들의 사정 및 한 · 러 협력 발전 기대」, 『시베리아 극동 ISSUE PAPER』 6, 2014, p. 6.

표 1 극동 러시아의 무역항 현황

항구	운영 주체	수심 (m)	부두 (m)	부두 수 (선석)	화물터미널 용량(만톤 : 2007 기준)	주요 처리 화물	주요 항로
블라디보스토크	정부 (20%)	6.3 ~15	4,014	17	1,000~ 1,200 (485)	석유 제품, 금속, 기계 장비, 석탄, 목재, 곡물, 광물 등	한국 일본 베트남
나홋카	에브리스 (90%)	9.5	3,560	22	900 (900:2005)	목재, 철, 금속, 알루미늄, 화학 제품, 곡물, 기계 장비, 액체 화물 등	한국 일본 대만
보스토치니	정부 (20%)	6.5 ~16.5	4,000	18	2,000 (1,635)	석탄, 시멘트, 금속, 목재, 비료, 액체 · 벌크 화물 등	한국 일본 중국
자루비노	트랜스 그룹	7.5 ~8.2	650	4	120 (205:2003)	기계 장비, 금속 제품, 완성차 등	한국 일본
포시에트	Mechel (97%)	9.5	450	3	180 (174)	석탄 등	한국 일본 중국

* 이옥남(2012)

극동 러시아 항만은 수입화물의 수송 증가로 인해 화물 처리 능력 확대가 필요한 상황이다. 따라서 자루비노, 나홋카, 보스토치니 등은 국제통관 화물 및 수출입 화물 수송을 증대하기 위해서 수송 인프라 시설의 현대화가 시급한 실정이다. 러시아 정부는 극동지역 항만의 화물 처리 능력을 2억 톤 이상으로 증가시킨다는 목표하에 현재 보스토치니-나홋카 항만 개발 프로젝트를 마련 중이다. 이에 따라 보츠토치니항은 컨테이너 허브항구로, 나홋카항은 일반 화물 및 포장 화물 전문 항구로 육성해 나갈 계획이다.[18] 향후에도 대對아태 무역의 관문이 되고 있는 극동 러시아의 무역은 주목될 것이다.[19]

② 북한의 동해안

1980년대 들어 대외 무역의 증대 방침에 따라 주요 무역항인 나진항, 청진항 등의 확장 공사가 추진되었다. 1991년 12월 정무원 결정 74호에 따라 나진, 선봉지역을 자유경제무역지대로 선정하였다. 나진항, 선봉항, 청진항 등 3개 항은 자유무역항으로 지정되어 대외 무역항구의 역할을 해왔다.[20] 그럼에도 북한 항만의 하역 능력은 3,600만 톤 내외로 1990년대 이후에도 거의 개선되지 못하고 있다.[21]

동해안의 주요 항만은 원산, 흥남, 청진, 나선 등으로 철로를 통해 러시아로 연결된다. 나진항은 1932년 축항공사를 하여 중계무역항으로 개발되었다. 나선시 동남쪽의 나진만 입구에 놓여 있는 대초도, 소초도 두 섬이 천연 방파제를 형성해 양호한 항구로서의 조건을 갖추고 있다. 나진항은 연간 하역 능력은 300만 톤이나 실제 취급량은 연간 20만 톤에 불과하며, 보관 능력은 10만 톤 정도이다. 나진항은 1973년부터 국제무역항으로 개방되었는

---

18 금성근 외, 앞의 책, p. 63. 북한의 수송 분담률을 보면, 1980년대 말 기준으로 해운은 2.2%에 불과했다(대한토목학회 편, 『북한의 도시 및 지역개발』, 보성각, 2009, p. 234).

19 辻久子, 「沿海地方港灣の物流事情」, 『ロシアNIS調査月報』 3, 2013, p. 113. VSC에 기항하는 정기 컨테이너선은 동남아 각국과 미국 서해안(오클랜드), 멕시코 등과 연결된다. 블라디보스토크 상업항에는 동남아 루트의 컨테이너선이 기항하고 시애틀 · 타코마와 사이에 RORO선이 취항하고 있다.

20 대한토목학회 편, 앞의 책, p. 220.

21 황진회, 「북한의 해운 인프라의 실태와 전망」, 『KDI 북한경제리뷰』 14(6), 2012, p. 55.

데, 북한 대외 무역의 비중은 9.3% 정도이며 주로 시멘트, 타이어, 합판 등을 취급하고 있다.[22]

청진항 인근에는 제철·제강·조선 등 대규모 공장들이 위치하고 있다. 북한 내 양항 중 하나인 청진항의 서항은 김책제철소 전용 부두로, 동항은 무역 화물 전용으로 사용된다. 특히 동항은 1983년부터 중국의 대일 중개무역을 개시해 중계 화물을 다량 취급했다.[23] 총 7개 부두로 구성된 청진항의 연간 하역 능력은 800만 톤이다.[24]

원래 군항이었던 원산항은 1976년에 무역항으로 개항하였다. 그 주된 이유는 기계, 조선, 섬유 등 배후지인 공업지구가 발달한 데 있다. 동해를 통해 평양에 접근하기가 비교적 가깝다는 입지적 이점을 갖고 있기도 하다. 1971년부터 2006년까지 원산항과 일본 니가타新潟항 간에 북한의 만경봉호와 삼지연호가 월 3~4회 운행했다.[25]

북한의 대외 항로는 주로 동해안에 형성되어 있다. 현재 북한의 부정기 대외 항로는 청진, 나선과 블라디보스토크, 나홋카를 연결하는 북·러 항로와 훈춘琿春-나선-상하이上海(닝보) 등의 북·중 항로가 있다. 2012년 5월에 북한의 최대 광물자원 수출항인 단천항은 중국 기업이 참여해 최신 접안 시설을 새로 마련하는 등 현대화 작업을 거쳐 개항하였다.[26]

---

22 대한토목학회 편, 앞의 책, p. 224.

23 항은 인공방파제로 둘러싸여 있고 난류의 영향으로 겨울에도 얼지 않으며, 간만의 차는 20~30cm이다. 강한 태풍에도 영향을 받지 않는다는 이점이 있다.

24 서종원 · 안병민, 「중국 창지투개발정책과 동북아 물류 체계 변화 연구」, 『수시연구』 6, 2011.

25 대한토목학회 편, 앞의 책, pp. 227~228. 1997년부터 청진조선연합에서 건조한 5,000톤급 만경봉 92호(적재량 1,000톤, 여객 300명)가 신규로 투입되었다.

26 「북 금광-러 김정은 전용기 맞교환」, 『Radio Free Asia』, 2014. 6. 5.

표 2 북한의 동해안 무역항 현황

항구명	최대 수심 (m)	부두 (m)	접안 능력 (만 톤)	하역 능력 (만 톤)	동시 접안 척수	인프라 시설 및 장비	대외 항로	무역 비중 (%)	비고
청진	12	2,695	1.5	800	18	철도 러시아 연결	블라디보스토크, 니가타	24.2	동항 : 일반 무역 화물 서항 : 수송
나진	11	2,448	2	300	15	러시아 화차 진입	부산	9.3	한·중 물류 운송 : 석탄
선봉	7~23	456	20	200	3	원유 도입항	블라디보스토크	10.6	승리화학 인접
흥남	6.7~13	2,061	1.5	450	9	3만 톤급 부두 건설	-	11.5	최대 화학 공업 관문
원산	6.1~7.9	3,166	1	360	3	금강산 고속 도로	니가타	2.8	군항 이용

* 황진회(2012) ; Fairplay(2008~2009)

③ 일본의 서안西岸

환동해지역의 해상 운송은 상대적으로 취약한데, 특히 일본 서안의 경우 중심 항구의 기능을 보유한 항만이 거의 전무한 실정이다. 현재 기타큐슈北九州항, 하카타博多항 정도가 일본 서안의 중심항으로 역할을 담당하고 있다. 그 밖의 항만은 1선석 당 주 1~2회 수준으로 한국 및 중국 항구와 연계가 가능한 간선항로feeder service를 형성하고 있다.[27]

27 한국해양수산개발원 항만수요예측센터, 『항만과 산업』 12, 2011, p. 85.

니가타新潟항은 서항구과 동항구로 나누어져 있다. 서항구는 니가타시에 위치하고 있고 동항구는 니가타시와 세이로 타운에 걸쳐 있다. 컨테이너터미널은 동항구에 있는데 2010년 12만 TEU를, 2011년에는 20만 TEU를 취급했다.[28]

후시키도야마伏木富山항은 2011년에 서안의 종합 거점항으로 선정되었는데 도야마공항을 배후에 두고 있다. 국제해상컨테이너선, 외항크루저선, 국제페리·국제RORO선이 취항하고 있다. 쓰루가敦賀항은 수심 14m의 국제컨테이너부두와 수심 12m의 국제RORO부두가 있다. 가나자와金沢항은 산업기계선, 컨테이너선, 페리·RORO선 용도의 3개 부두를 갖고 있다. 호쿠리쿠北陸지역의 철도 교통 체계의 정비·확충으로 이들 항구 도시들과 타 지역 간의 이동 시간이 단축되어 인적·물적 교류가 한층 활발해질 전망이다. 한편 호쿠리쿠는 물동량이 많지 않은데 3개 항이 경쟁 체제에 있어 효용성이 떨어지는 한계도 보이고 있다.[29]

혼슈本州 최서단에 위치한 시모노세키下關항은 야마구치山口현에 있는데 혼슈섬과 규슈섬 사이에 칸몬해협을 마주하고 있다. 이 항구에는 하나노초만과 신코만에 컨테이너터미널이 있다. 일본에서 가장 큰 페리터미널로, 한국과 중국으로 각각 2개 정기운항 서비스가 있으며 매주 13차례 페리가 운행된다. 한·중과 국제정기페리항로를 중심으로 견실한 항로망과 신속한 CIQ(세관, 출입국 관리, 검역) 체계를 갖추고 있다.

하카타항은 서안의 최대 항구로 후쿠오카福冈시에 있는데, 2010년에 54만

---

28 H. Arai, "Current Situation and Future Prospects of Freight Transport Infrastructure and Services between Japan and the Greater Tuman Region(GTR)," *ERINA Report*, No. 111, 2013, p. 123.

29 금성근 외, 앞의 책, pp. 68~69.

표 3 일본의 서안 무역항 현황

항구명	수심 (m)	안벽 (m)	선석 수 (개)	c/c (기)	컨테이너 (천 TEU)	항로 및 편수(주)
아키다 秋田항	13	270	1	2	34	한국(3) 중국 텐진(1)
	10	185	1	1		
니가타항	12	120	1	2	12	한국 부산(4) 중국(2) 카오슝(1) 극동 러시아 중국/부산(3)
	10	185	1			
	12	350	1			
후시키도야마항	12	280	1	1	47	러시아 한국(5) 중국(2)
쓰루가항	10	370	2	1	15	한국(2)
시모노세키항 페리	10	370	1	1	55	부산/광양(2) 부산/마산(6)
	7.5 10 5.5	260 370 213	2 2 1	1	-	한국 부산(7) 중국 칭다오(3) 중국 쑤저우(1)
기타큐슈항	12	620	2	4	330	-
	10	555	3	3		
	15	700	2	3		
	10	340	2			
하카타항	13	600	2	4	541	부산(1) 상하이(1)
	14~15	680	2	5		

* 고령(2008)

TEU의 컨테이너를 취급했다.[30] 1997년에 개설되어 상대적으로 짧은 역사를 지니고 있다. 최근 컨테이너 화물의 꾸준한 증가로 컨테이너 취급에 있어서 일본 6번째의 주요 항구가 되었다. 이 항은 부산으로의 페리 항로가 있고 상해上海로 RORO선[31] 서비스가 있다.

후쿠오카福冈현에 있는 기타큐슈北九州항은 일본 서안의 제2대 항구로 2010년에 33만 TEU 컨테이너를 취급했다. 이 항구에는 3개의 터미널이 있는데, 최근에 건설된 히비키 컨테이너터미널은 15m 깊이의 선석이 장착되어 있다.[32]

④ 한국의 동해안

한국의 컨테이너는 대부분 부산항에서 처리되어 1989년 부산항의 컨테이너 처리 실적은 930만 TEU나 되었다. 그럼에도 부산항의 전용 부두는 5만 톤급이 접안할 수 있는 자성대부두 4선석뿐이다. 자성대 전용 부두의 연간 컨테이너 처리 능력은 100만 TEU에 불과했다. 이러한 문제를 해결하기 위해 신선대부두를 건설했고 감천항에 컨테이너부두 2선석을 건설했다. 2008년 말 부산항의 컨테이너 전용부두는 31개 선석에 하역 능력은 994만 TEU로, 선석수는 7배, 시설 능력은 8배로 증가하였다.[33] 한편 울산항은 배후의 공업기지를 두고 1963년 9월 25일 국제개항장으로 지정되어 원유 도입 등을 담당하게 되었다.

2020년까지 포항 영일만항에 3만 톤급 4선석의 컨테이너부두 등 부두 시

---

30 H. Arai, 앞의 글, p. 118, 124.

31 RORO선은 Roll-on/Roll-off 선박을 의미하는 것으로서 바퀴가 달린 차량을 운송하는 선박이다.

32 H. Arai, 앞의 글, p. 118, 124.

33 한국해사문제연구소, 『21세기, 세계 물류의 중심』, 대림씨앤피, 2010, pp. 489~490.

설 16선석 개발을 추진해 환동해권 거점 항구로 부상하고자 한다.[34] 동해항도 2020년까지 1조 6,895억 원(재정 9,237억 원, 민자 7,658억 원)을 투입해 최대 7만 톤급 선박이 접안할 수 있는 부두 2개 선석 등 모두 7개 선석이 건설된다. 이 사업이 완료되면 연간 하역 능력이 2,200만 톤에서 4,000만 톤으로 증가해 물류비 절감, 고용 창출로 지역경제 활성화에 기여하게 된다.[35]

부산항의 환적 비율은 2007년 43.8%에서 2012년 47.7%로 증가했다.[36] 환적화물 유치 및 신규 물동량 창출을 위해 부산항에 피더 전용 부두(6선석)를 개발하고 배후 단지에 일본 물류 기업의 유치를 추진하고 있다. 부산항의 연계항로 수는 2002년 총 217개에서 2008년 289개로 72개, 33.2%가 증가했다. 2008년 부산항에서 연계 서비스 수가 가장 많은 항로는 일본(58개), 중국(46개) 등 동북아 항로이다.

(2) 육로 인프라

중국 동북3성에서 극동 러시아로 연결되는 도로로 헤이룽장성은 수이펀허綏芬河, 둥닝東寧, 미산密山, 하이린海林, 만저우리滿洲里, 쓰웨이室韦 등이 있으며, 지린성은 훈춘琿春 등의 도로 통상구口岸들이 있다. 북한은 철로로 극동 러시아의 하산역을 통해 교역하고 있다. 중국과의 국경역으로 연해주 그로데코보Grodekovo는 헤이룽장성의 수이펀허역과 접해 있고, 마하리노Makhalino는 지린성의 훈춘과 연결되어 있다. 양 역 간의 화물은 식료품, 곡물, 석탄 등이 주종이고, 컨테이너 운송도 증가하는 추세이다.[37] 중국과 극

34 안병민, 「환동해권 교통 · 물류환경의 변화와 향후 전망」, 『교통』 160, 2011, p. 30.

35 「동해항, 환동해권 중심항만을 꿈꾸다」, 『한국해운신문』, 2013. 4. 26.

36 해양수산부, 「2013년 해양수산부 업무 추진 계획」, 2013, p. 27.

37 서종원 · 안병민, 앞의 논문.

동 러시아는 통상구를 통해 보따리 무역이 활발히 행해지고 있다.

4. 극동 러시아지역의 교역과 투자 개황

극동 러시아는 자원의존형 경제구조를 가지고 있어 세계 시장의 경제 변화에 따라 민감하게 반응한다. 이 지역의 교역액은 2010년대 초반의 4년 연속 성장세 이후 계속 감소하고 있으며, 2016년의 경우에는 교역액이 244억 달러로 전년 대비 6.5%가 감소했다. 수출 비중은 76%(186억 달러), 수입은 24%(58억 달러)로 수출주도형 무역이 지속되는 가운데 수입의 비중이 소폭 감소하는 추세를 보였다.[38] 사할린주, 연해주 등 일부 주와 한국, 중국, 일본 3개국 중심의 교역, 원유·천연가스(수출) 및 자동차·기계장비(수입) 등 수출입 품목의 집중화 현상이 지속되고 있다. 한·중·일 3국과의 교역 비중은 극동 러시아 전체 교역의 70%를 차지했다. 극동 러시아의 무역에서 사할린주(43.9%)와 연해주(21.9%)의 비중이 약 65.8%이며, 수출 품목에서 원유·가스 수출이 차지하는 비중은 52.1%였다. 2015년 한국의 대對극동 러시아 교역은 62억 달러로 중국, 일본에 이어 3위를 차지했다. 2016년 극동 러시아의 최대 교역국은 중국으로, 전체 교역의 25.5%를 차지하며 교역액은 61억 3천만 달러였다. 한국은 55억 달러로 2위, 일본과의 무역은 52억 달러로 3위를 차지했다. 주요 수출국은 한국(26%), 일본(25%), 중국(21%), 벨기에(12%)이고, 주요 수입 대상국은 중국(39%), 미국(12.6%), 한국(11%), 일본(7%) 등이다.

---

38 주블라디보스토크 대한민국 총영사관, http://rus-vladivostok.mofa.go.kr/korean/eu/rus-vladivostok/policy/economy/index.jsp(2017년 3월 30일 검색).

표 4 극동 러시아의 대외 교역 동향(단위 : 100만 달러)

국가	2015년 1~6월				2016년 1~6월				증감율 (%)
	수출	수입	교역액	비중(%)	수출	수입	교역액	비중(%)	
중국	2,055	1,245	3,301	23.6	1,594	1,071	2,655	23.1	-19.6
한국	2,954	214	3,168	22.6	2,271	313	2,584	22.5	-18.5
일본	3,573	494	4,067	29.1	2,315	189	2,505	21.8	-38.4
벨기에	1,175	3	1,178	8.4	1,302	3	1,305	11.4	10.8
인도	365	11	376	2.7	472	10	482	4.2	28.2
미국	76	361	438	3.1	26	305	331	2.9	-24.4
이스라엘	273	-	273	1.9	264	1	265	2.3	-2.9
북한	6.8	-	6.8	0.05	2.2	2.9	5.1	0.04	-25.0
기타국	-	-	-	8.6	-	-	-	11.8	-
총액	11,111	2,985	14,097	100	8,941	2,539	11,480	100	-18.6

* 주블라디보스토크 대한민국 총영사관

2013년 러시아 극동지역에 대한 외국인 투자 유입액은 총 59억 7,170만 달러로 전년도(135억 8,310억 불)의 43.9% 수준에 그쳤다. 투자 유형별로 보면 직접투자 비중은 40%, 간접투자(국제금융기관 대출 등) 비중은 60%를 차지했다. 주요 투자국으로는 일본이 23억 4,160만 달러로 투자가 가장 많았다. 사할린주에 대한 외국인 투자는 29억 2,600만 달러로 극동 전체 외국인 투자의 49%이며, 연해주가 17억 1,270만 달러로 전년 대비 6.9배가 증가했다. 하바롭스크주도 2억 7,620만 달러로 1.6배 증가하는 등 투자가 크게 증가했다. 하지만 연해주, 하바롭스크주를 제외한 나머지 7개 주에 대한 외국인 투자는 모두 감소했다. 투자 대상 분야별로는 전체 투자액의 66%인 39.5억 달러가 사할린주, 사하공화국 내 에너지자원 개발에 집중되었으며, 연해주의 경우는 전체 투자액의 68%가 제조업에 집중되었다.[39]

교통망, 전력망, 통신망 구축 등 다자 프로젝트 분야에서 러시아는 시베리아횡단철도TSR 수송능력 확대, 바이칼아무르철도BAM 현대화, 북극해 항로 개설 준비 등을 역점사업으로 추진 중이다. 2012년 12월에 동시베리아-태평양 송유관ESPO의 제2단계가 완성되면서 약 1,500만 톤의 철도 운송 여력이 생겨났다. 새로 생긴 여력으로 석탄, 컨테이너, 곡물 등을 취급할 수 있게 된다. 새로운 석탄터미널과 곡물터미널 건설이 향후 과제이다.

파이프라인 건설업체로 시작한 러시아 SUMMA그룹은 광업, 운수, 통신 등 폭넓은 분야에서 급속히 사업을 확대하고 있는 신흥 기업 집단으로 극동 러시아에 높은 관심을 보이고 있다. 극동 러시아에서는 세 건의 운수 프로젝트에 참여하려 한다. 먼저 2012년 12월에 국유철도그룹의 21% 지분 등이 있는 운수업체인 FESCO사에 적극적으로 투자해 56%의 지분을 확보했고 향후 지분을 더욱 확대할 계획이다. 둘째, 보스토치니항에 용지를 확보해 석탄 터미널을 건설할 계획이다. 셋째, 자루비노항에 곡물 터미널을 건설할 계획이다. 현재의 트로이짜만(자루비노) 항과는 별도 회사를 설립해 운영할 것으로 보인다. 국영통일곡물회사가 곡물을 조달하고 SUMMA가 곡물보관시설을 건설할 계획이다. 곡물의 수출선으로는 일본이 포함될 것으로 보인다.

에너지 개발은 극동 러시아지역 내에 러시아-APEC 국가 간 최대 투자협력 분야로다. 대표적 사업은 사할린-1 프로젝트와 사할린-2 프로젝트이다. 러시아는 연해주 석유화학단지 건설사업(로스네프트 추진)에 APEC 국가들의 참여를 기대하고 있다. 동시베리아 및 극동지역 내 가스전 개발 차원에서 추진 중인 통합가스공급시스템UGSS 구축 사업은 장기적으로 북한을 경유한 한국으로의 천연가스 공급을 상정하고 있다.

---

39 주블라디보스토크 대한민국 총영사관, http://rus-vladivostok.mofa.go.kr/korean/eu/rus-vladivostok/policy/economy/index.jsp(2017년 3월 30일 검색).

러시아 정부는 2013년 3월에 2025년까지 '극동·바이칼 지역사회 경제발전' 프로그램을 승인했다. 이 프로그램 중에는 극동으로부터 아태지역으로의 원유 수출을 2020년에 1억~1억 1,000만 톤, 2030년 1억 1,200만 톤~1억 3,000만 톤으로 증가하는 것으로 되어 있다. 석탄도 2020년에 6,800~7,300만 톤, 2030년에 1억 톤 이상이 주로 중국, 일본, 한국으로 수출될 계획이다.

5. 교역 방식에 따른 경제적 관계

환동해지역은 물류 인프라 구축에 힘입어 다양한 교역 방식으로 경제 활동이 형성되고 있다. 한국이나 일본은 해상로를 통해 극동 러시아와 주로 교역을 하고 있다. 다른 한편 인접한 중국 동북3성-북한-극동 러시아는 육로로 교역을 하고 있다. 2013년 3월 19일부로 본격 운항에 들어간 중국 훈춘과 러시아 자루비노 및 한국 속초를 잇는 북방 '황금뱃길'을 통해 여객 수송 규모가 1년 만에 약 1만 3,000명에 달했다.[40] 향후 북한 나선시를 통한 중국의 동해 진출 또는 부산에서 나선이나 자루비노를 거쳐 유라시아나 북극해로 진출할 가능성이 있다.

(1) 해상로

① 한국-극동 러시아의 관계

2016년에 한국의 대對극동 러시아 무역이 마이너스 성장한 것은 한·극동

40 「한중러 북방 항로 1년간 1만여 명 이동」, 『Radio Free Asia』, 2014. 4. 3. 지린성 통계에 따르면 입국이 2천 851명, 출국이 1만여 명이었고, 컨테이너는 988TEU로 수입이 399TEU, 수출이 589TEU였다. 수입화물은 주로 주방용품과 섬유원단이었고 수출화물은 의류, 명태 등이었다.

러시아 무역의 3분의 2를 차지하는 한·사할린주 교역의 감소에서 기인한 것으로 분석된다. 대사할린주 수출은 기계 장비 공급 감소 등으로 84%가 대폭 감소했고, 수입도 천연가스 유입 축소로 10% 이상 감소했다. 극동 러시아 세관이 대외 교역 통계 현황을 발표한 것에 의하면, 2016년 극동 러시아지역의 교역액은 사할린주가 18억 6,000만 달러로 1위이며, 이어 연해주가 4억 2,000만 달러, 하바롭스크주가 1억 4,000만 달러, 캄차트카주가 1억 1,000만 달러, 사하주가 3,500만 달러 순이다.

극동 러시아의 주요 수출품은 석유·천연가스 등의 에너지·연료(전체 수출액의 66.8%), 수산물(20.9%), 목재(0.8%), 주요 수입품은 자동차·장비·운송기기(전체 수입액의 58%), 금속·금속 제품(8.4%), 화학·고무 제품(7.5%), 식료품·농산물(5.7%) 등이다.[41] 섬유 제품은 중국에서 인접한 연해지방, 아무르주에서 하바롭스크 지방으로 유입되고 있다. 2013년 극동 러시아의 연해주와 한국 간의 무역 규모가 전년 대비 41.5% 증가했다. 이 주에서 한국으로의 수출은 70% 이상 증가했는데 주요 수출품은 수산물, 석유 제품 그리고 가공 목재 등이었다.[42]

주택 건설 및 공항 현대화 분야에서는 한국 계룡건설이 2010년 하바롭스크시에 고급 주택(아파트 2개 동)을 건설하였으며, 현재 2차 아파트 건설 사업을 진행시키고 있다. 중국 기업의 참여하에 아무르주의 블라고베셴스크시에서는 신규 주택단지건설사업이 이루어지고 있다. 블라디보스토크에서는 한국, 일본, 캐나다, 중국 기술을 활용한 건설공사가 진행 중이다. 인천공항공사는 하바롭스크 국제공항 현대화 사업에 공항 지분 10%를 매입해 참여

41 주블라디보스토크 대한민국 총영사관, http://rus-vladivostok.mofa.go.kr/korean/eu/rus-vladivostok/policy/economy/index.jsp(2017년 3월 30일 검색).

42 「러 연해주, 북한보다 남한과 교역 활발」, 『Radio Free Asia』, 2014. 2. 26.

중이다.[43] 이 협력 관계를 통해 한국의 공항 기능 및 건설 분야의 첨단 기술이 러시아 시장에 진출하는 기회를 얻게 된 것이다.[44]

우수리스크 인근에 한국 기업이 투자한 농장이 7개가 있다. 1980년대 말 노태우 정부 시기에 연해주에 진출한 기업이 꽤 있었으나 이들 중 상당수가 러시아가 사회 변혁을 겪은 후 제도의 경직성, 인프라의 낙후, 시장의 부재, 취약한 노동력 등의 문제로 농장 경영에 실패해 철수했다. 그럼에도 한국 기업들은 아무르주-유대인자치주-하바롭스크-연해주 등을 아우르는 러시아 극동지역 내 농업(콩) 클러스터(생산부터 가공, 유통 등 전 단계를 포괄하는) 조성사업에 참여 의사를 표명하고 있다.

요컨대 한·러 교역에서는 극동 러시아지역의 비중이 41.2%를 차지할 정도로 매우 중요한 위치에 있다. 그러나 한국의 극동 러시아 투자는 이 지역의 외국인 투자 총액 중 0.7%에 불과했다. 2013년에 한국의 연해주 투자는 1,920만 달러로 전체 외국인 투자의 5%를 차지했다. 극동 러시아는 남·북·러 3각 사업의 주요 거점 지역이다. 1997년 현대호텔 진출을 시작으로 농업, 자원 개발, 제조업 부문에 투자했으나 최근 투자가 위축되고 교역도 부진한 상태이다.[45]

② 일본-극동 러시아 관계

러·일은 북방 4개 도서의 반환 관련 영토 분쟁으로 인해 경제협력에 소극적이었으나 러시아의 극동지역 개발을 추진하면서 이에 대한 관심이 증가하고

---

43 주블라디보스토크 대한민국 총영사관, http://rus-vladivostok.mofa.go.kr/korean/eu/rus-vladivostok/policy/economy/index.jsp(2017년 3월 30일 검색).

44 대외경제정책연구원, 『극동 러시아지역 투자가이드』, 2013, p. 363.

45 김은영 외, 「러시아 극동지역 경제개발에 주목하라」, 『TRADE FOCUS』 29, 2016, p. 15.

있다. 2016년 5월 러·일 정상회담에서 일본은 의료, 인프라, 에너지, 관광 등 8개 부문에 적극적인 경제협력을 제안했다.[46]

2015년 일본은 극동 러시아와 70억 달러 규모의 교역이 이루어졌다. 특히 자동차 수출은 일본의 대러 무역의 60% 이상을 차지하는 최대 품목이다. 이 중에 중고차 대부분과 신차 일부가 극동 항만에 선적되고 있다. 극동 러시아에서 최대 신차 수입 실적을 기록한 곳은 자루노비항으로, 2012년에 4만 3,733대를 선적했는데 주요 자동차업체는 마즈다, 미쓰비시, 스바루 등이다. 수입된 완성차 다수가 전용 화물 기차에 탑재되어 TSR로 모스크바 방면으로 수송된다. 최근에는 트레일러로 내륙으로 수송되는 사례가 증가되고 있다. 하바롭스크, 시베리아 각지로 향하는 것보다 우리야노프스크, 소치까지 트레일러로 운송하고 있다. 트레일러로 운송하는 것이 철도보다 수송 비용이 저렴하기 때문이다.[47]

블라디보스토크 상업항은 자동차 수입을 제2의 주요 품목으로 장려하고 있다. 이 항은 2012년에 7만 4,737대의 자동차를 선적했는데, 그중 16%인 1만 2,000대가 신차였고 나머지는 중고차였다. 신차의 주요 메이커는 스즈키였지만 2013년에 도요타차를 대상으로 한 전용 주차장 설계를 계획했다. 나홋카항도 신차 수입에 의욕을 보이고 있다. 일계 메이커의 신차를 시베리아나 중앙아시아로 트레일러나 철도로 운송하는 구상을 하고 있다.[48]

극동 러시아 수출의 60% 이상 차지하는 품목이 에너지 연료이다. 2012년 말에는 ESPO의 파이프라인이 석유 송출항인 코즈미노까지 전 구간 개통되었다. 무역 구조는 '자원수출형' 성향이 더욱 강해지고 있다. 사할린주

46 위의 글, p. 20.

47 辻久子, 앞의 글, p. 112.

48 위의 글, p. 112.

는 수출품의 90% 이상이 에너지 연료로 주로 일본과 한국으로 수출됐다.

극동 러시아 주변국과 전력망연계사업(극동 러시아-중국 동북부, 극동 러시아-북한-한국, 극동 러시아-일본 북해도)은 러시아 수출 다변화에 부응하는 것이다. 현재 구상 중인 러-일 간 전력망사업은 사할린에 4,500메가와트급 열병합발전소를 건설하여 홋가이도北海島로 약 100~300억 KV/h 규모의 전력을 송출하고자 하는 사업이다. 한편, 통신 분야 협력의 시발점은 2007년에 일본 NTT 통신사와 러시아 트란스 텔레콤사 간 체결된 홋가이도-사할린 해저케이블 매설에 관한 사업협정MOU이다. 현재 일본의 기술 도입 덕분으로 극동 러시아지역을 매개로 한 아시아-유럽 간 통신망 구축이 가능해졌다. 일본 마쓰다는 러시아 솔러스사와 블라디보스토크에 마쓰다차 조립생산공장MAZDA-SOLLERS社을 설립해 최초 단계에서 연간 5만 대를 생산할 계획이다.

일본 스미토모사는 연해주 테르네이레스사와 임업 분야 협력을 추진 중에 있다. 스미토모사 참여하에 2009~2010년 간 테르네이Терне́йский군에 목재가공공장(주택건축용 목재생산) 사업을 완료하였는데 총 사업비는 1억 7,700만 달러였다. 다른 한편으로는, 농업이 활발한 아무르주로부터의 콩 수출이 급증해 2011년 74만 달러에서 2012년에 27배 증가한 2,000만 달러가 되었다. 아무르주는 콩 클러스터 건립을 진행하고 있어 향후 일본으로의 콩 수출 공급기지가 될 전망이다.

요컨대 2008년 이후 일본은 러시아 극동지역의 최대 교역국으로 부상했으며, 대對극동 러시아 투자 비중이 70~80%에 달한다. 극동 러시아의 대일 수출 중 91%는 사할린주에 집중되어 있고 대일 수입의 92%는 연해주가 차지한다.[49]

---

49 김은영 외, 앞의 글, p. 22.

(2) 육로

① 중국 동북지역-극동 러시아 관계

블라디미르 푸틴의 신아시아정책의 배경은 무엇보다도 유럽의 퇴조 및 아시아의 부상과 발전에 기인한다. 이에 따라 중국은 '중·러 선린우호협력조약'을 체결한 10주년인 2011년에 양국 관계를 '전면적·전략적 협력 동반자 관계'로 격상하며 러시아와의 경제·외교 협력을 지속적으로 추진하고 있다. 중국은 동북아 3국 중 가장 적극적으로 러시아에 진출하고 있으며, 지정학적 우위를 활용해 경제협력을 활발히 진행하고 있다.[50] 이와 함께 경제협력 분야를 석유, 천연가스, 원자력, 석탄, 전력, 신에너지 등 영역으로 합작을 확대·강화할 계획이다.[51] 특히 2009년 9월에 양국이 체결한 '2009~2018년 러시아 연방 극동 및 동시베리아지역과 중화인민공화국 동북지역 간의 협력계획'을 들 수 있다. 이 후속 작업으로 중국 헤이룽장성과 러시아 동시베리아를 연계 발전시키는 100억 달러 규모의 경제협력을 추진하게 된 것이다. 중국 정부는 헤이룽장성을 러시아와의 경제협력 핵심 지역으로 삼아 국가개발은행을 통해 헤이샤쯔 삼각주 자유무역지구, 러시아 접경지역 개방벨트, 경협지역 건설 등의 인프라 구축에 소요되는 예산을 전폭 지원키로 하는 등 러시아와의 교역을 확대하고 있다. 헤이룽장성을 창구로 시베리아 원유, 천연가스 등 자원 수입을 확대해 동북지역 자원난을 해소하며 러시아와 경제협력을 확대해 나가고 있다.

중국의 무역액은 2013년에 112억 달러로 전년 대비 13.6%가 증가해 극동 러시아지역 최대 무역국으로 재차 부상하였고, 2015년에는 무역액이 64억

---

50 위의 글, p. 16.

51 이정철 외, 『'러시아-북한-중국 삼각관계'의 전략적 함의 : '미국 요인'과 한국에의 시사점』, 대외경제연구원, 2013, pp. 184~185.

달러로 격감했다. 러시아와 헤이룽장성은 3,000km의 국경을 접하고 있으며 25개의 통상구를 구축하고 있어, 중국 동북3성 중 헤이룽장성의 교역 비중이 높다. 헤이룽장성은 러시아에 주로 의류, 신발, 구두, 방직 제품을 수출하고 있는데, 전자 제품이나 기계류의 수출이 꾸준히 늘어나고 있다. 2011년부터 '스코보로지노Сковородино-다칭大慶' 송유관을 통해 러시아산 원유가 헤이룽장성으로 수입되고 있는데, 2012년에는 수입 비중의 79.1%에 이르렀다. 지린성은 석탄, 목재 등을 수입하고 있다.[52]

극동 러시아에 대한 중국의 투자를 살펴보면, 중국 헤이룽장성과 유대인자치주를 연결(아무르강 통과)하는 교량건설계획이 마련되어 동 프로젝트는 양국 민간기업 간 최초 인프라사업이 될 것으로 보인다. 지하자원 개발 분야에서 중국 '헤멘-극동사社'는 유대인자치주 힌간스코예Хинганское 망간 광산 개발에 참여 중이다. 또한 유대인자치주에서는 '아무르 연안 광업·제철 클러스터' 조성 프로젝트의 일부로서 킴카노-수타르스코예 콤비나트 건설사업이 착수되었다. 중국 업체인 '지오센터Geocenter사'는 마가단주에서 이루메놉스코예 금광 개발에 참여 중이다. 또 다른 중국 업체인 '고르노프로미시레나야 위즌야Gornopromishlennaya Yuznya사'는 세논 및 세레브랸노예Серебряное 금·은광 개발권과 Utro 안티몬 광산개발권을 획득하여 자원 개발에 집중하고 있다.

중국은 극동지역 내 임업자원 개발에도 관심이 매우 크다. 2009~2018년 극동 러시아-중국 동북부 지역협력 프로그램에 포함된 임업 프로젝트는 10개이다. 현재 중국은 유대인자치주(니즈네레닌스키НижнеЛенинский, 파쉬코보) 내 목재가공사업에 투자 중이고, 연해주 목재가공공장(가구용 목재원료

52 조정원, 「중국 동북3성과 러시아의 경제협력의 현황과 전망」, 『러시아연구』 23(2), 2013, pp. 344~351.

생산) 건설 프로젝트에 연변임업회사 'Shinchin'이 참여하고 있다.

푸틴은 2012년에 중국의 바람을 타고 러시아 경제를 부흥시키겠다는 구상을 피력했다.[53] 러시아는 최근 우크라이나 사태로 유럽으로의 수출을 현격히 줄이고 동북아로의 에너지 수출로 방향을 전환하고 있다. 중국이 러시아로부터 공급받는 천연가스의 가격은 1,000m^{3}당 350달러로 러시아가 유럽에 수출하면서 받는 380.5달러보다 훨씬 싼 가격이다. 중국은 러시아 파이프라인을 동북3성-베이징北京-산둥山东까지 연결해 에너지 확보에 심혈을 기울였다.[54]

2012년 10월 우수리스크에 개장한 중국 경제합작구는 50만m^{2}에 중국 상무부가 20억 위안을 투자해 형성되었다. 이곳에 25여 개 중국 기업이 입주해 있는데 경공업 위주로 신발, 의류, 목재, 건축 가공업체들이 공장을 가동하고 있다. 원자재는 중국에서 수입해 완제품을 극동 러시아와 모스크바 등에 판매한다. 노동자는 1,500명 정도인데 대부분이 중국인이고 북한 노동자도 100명 정도에 이른다.[55] 2012년 중국인 노동자의 한 달 급여는 4,000위안 가량인데, 이웃 중국 헤이룽장성의 동종 업계에 비해 약 1,000위안 높은 수준이지만 보험 등 간접비용이 없어 오히려 인건비를 절감할 수 있다.

요컨대 중국의 대러 직접 투자는 교역에 비해 저조하다. 그럼에도 중·러 에너지 분야 협력은 2013년 이후 활발히 진행되고 있다. 러시아의 파이프라인을 통해 중국에 천연가스를 공급하는 계약을 체결했다.[56]

---

53 이정철 외, 앞의 책, p. 190.

54 「천연가스 '아시안 프리미엄'」, 『중앙SUNDAY』, 2014. 6. 1.

55 「'신북방협력 시대'를 꿈꾸며」, 『KBS 취재 후』, 2014. 2. 4.

56 김은영 외, 앞의 글, p. 18.

② 북한-중국 동북지역 관계

중국의 대북 무역수지는 2013년에도 흑자를 유지했으나 2014년에는 전년 대비 2억 4,000만 달러가 감소한 7억 2,000만 달러를 기록했다. 중국의 대북 수출 품목은 주로 중간재로 분류되는 반제품(섬유 제품, 식료품 등)과 원료였다. 반면에 수입 품목은 석탄, 금속 등 광물자원과 의복·모피 제품, 식료품, 섬유 제품 등 소비재로 나타났다. 한편 북한은 석탄, 철, 구리, 금 등 지하자원을 개발해 외화를 획득하고 주민들의 생계를 해결하고 있다. 최근 국제사회의 대북 경제제재로 인해 북한의 대중 무역의존도가 90% 이상으로 더욱 심화되고 있다.[57] 북한 시장이 중국 동북3성의 시장과 긴밀히 연결되어 있음이 파악된다.[58] 중국의 대북 무역은 외연적 요인인 교역 품목의 다변화보다는 물량과 단가 변화에 의한 내연적 요인이 중요하게 작용하고 있는 것으로 반증된다.[59]

그럼에도 북중 접경지역에서 관행화되어 있는 다양한 비공식적 거래 방식을 고려하면, 북한의 대중 교역 규모는 중국 세관 통계 자료에 나타난 수치보다 훨씬 클 것으로 추정된다. 중국 기업들은 생산 설비, 원 부자재, 운영자금을 제공하면서 북한과 자원 개발, 제조업 분야에서 합작사업을 진행하고 있다. 최근 의류·봉제, 자동차 조립 등 위탁 가공사업에 활발히 진출하고 있다.[60]

---

57 「北 작년 전체 교역 중 中 비중 90% 이상… 對中 의존 여전」, 『데일리NK』, 2017. 4. 6.

58 「이념탈피 · 시장화 촉진만이 김정은 생존 유일한 길」, 『데일리NK』, 2014. 6. 12.

59 방호경 · 홍이경, 「최근 북·중 무역의 특징과 시사점」, 『KIEP 지역경제 포커스』 8(29), 2014, p. 1.

60 이종운 · 홍이경, 『북 · 중 접경지역의 경제교류 실태와 거래 관행 분석』, 대외경제정책연구원, 2013.

또 다른 형태의 북한-중국 간의 경제 관계는 중국 변경지역의 개발구를 활용하는 방식이다. 중국의 투먼圖們시 량쉐이凉水진 그리고 훈춘지역 부근에 국제 공단이 조성되고 있다.[61] 특히 투먼경제개발구의 조선공업지구에 이미 20개 기업이 입주한 것으로 알려져 있다. 투먼시는 이 공단을 애니메이션 제작을 위한 디지털산업단지로 조성할 계획이라고 밝혔다. 이곳에서 일하는 북한 노동자는 2013년에 600명이 늘어나면서 2,000명을 넘어섰다. 공단 내에 1,500명을 수용할 기숙사도 갖추었다.[62] 계약 기간은 보통 3년이고 하루 노동 시간은 아침 8시에서 저녁 7시까지(점심 1시간 제외)로 10시간을 근무한다.[63] 인형을 제작하는 봉제 업종을 비롯하여 섬유, 식품, 기계, 애니메이션, 전자, IT 등 업종도 다양하다. 훈춘에는 2014년 10월 기준으로 약 2,000명의 북한 근로자가 있었으나, 2016년 8월 현재 3,000명 정도가 있는 것으로 추산된다.[64]

북한의 나선특별시와 연결되는 두만강변의 훈춘 취안허圈河 통상구口岸에는 아침부터 수백 대의 차량이 줄을 서 있는 모습이 목격된다. 이 특별시를 오가는 중국 상인들이 크게 늘어 현재 3,000명에 이른다. 나진은 상업, 관광 중심의 서비스지역으로 개발되었고 선봉은 공업지대로 된장, 비료, 약, 이불, 피복 공장들이 들어서 있다. 중국과 연계되면서 시장화가 빠르게 진행

---

61 이창주, 앞의 책, p. 242. 이는 북한의 노동자들이 유입되어 랴오닝성의 단둥에서처럼 자본 · 기술(한국), 토지 · 운영(중국), 노동력(북한)의 복합적 공단의 형성이 가시화될 것으로 보인다.

62 「북 투먼 북한공단 입주 기업 급증」, 『Radio Free Asia』, 2014. 5. 7.

63 齊藤大輔, 「中朝國境ルポ 2013」, 『ロシアNIS調査月報』 4, 2013, p. 99.

64 최영진, 「동북아 접경지역의 경제기술개발구, 소지역협력 그리고 일대일로 : 환황해권과 환동해권 비교」, 『세계지역연구논총』 34(3), 2016, p. 107.

되고 있다.[65]

북·중 간의 도로 및 다리 등이 구축되어 물류망이 확대되고 있다. 압록강 하구에는 단둥-신의주를 잇는 왕복 4차선 다리인 신압록강대교가 완공 단계에 있어 2017년에 개통될 예정이다. 중국 지안集安과 북한 만포 사이에도 새로운 교량을 건설했다. 게다가 훈춘-나진 사이에도 고속도로 건설을 계획하고 있다.

요컨대 대북 제재 국면에서도 북한은 대중의존도가 더욱 심화되고 있다. 2017년에 지린성 허룽和龍시가 국가급 변경경제합작구사업을 본격화하면서 북한 인력을 대거 불러들여와 활용하는 대규모 경제협력을 추진하고 있다.[66] 2016년 말에 중국이 북한산 석탄 수입 할당 규제를 강화한다고 공포했으나 북한의 대중 석탄 수출이 크게 줄지 않고 있다가 2017년 3월에 그 수출액이 절반으로 하락했다.[67]

③ 북한-극동 러시아 관계

북-러 경제적 관계는 국가발전전략이 주요 협력 요인으로 작용하고 있다. 북한은 러시아와의 메가프로젝트(가스관, 철도 등 '3대 라인' 건설), 과학기술 협력, 무역 관계 개선, 노동 및 자본 분업 체계 수립 등이 북한의 '강성대국' 건설에서 특히 경제·전략적 인프라 구축에 기여할 것으로 사료된다. 푸틴 정부는 '극동개발'이 동북아와 아태지역의 경제 통합을 이룰 것으로 판단해 지역 시장으로 진출하는 데 전략적 관문으로 중국과 한반도를 중시하고 있다.

냉전 시기 북-소 관계에 비하면, 현재의 러-북 관계는 경제적 측면에서 현

65 「북한의 개혁 개방 어디까지 왔는가」, 『KBS 남북의 창』, 2013. 10. 27.

66 「중의 '노골적' 대북제재 역행… 연변서 北 인력 활용 경협 추진」, 『연합뉴스』, 2014. 5. 7.

67 「북, 중국 석탄 수입 중단 후 지난 3월 대중 수출 반토막」, 『자유아시아방송』, 2017. 5. 19.

저히 감소한 것이 사실이다. 양국 간 무역 규모의 경우, 소련 말기인 1990년 23억 5,000만 달러에서 러시아가 모라토리엄을 발표한 해인 1990년에 6,500만 달러로 4배 정도가 급격히 감소되었다. 극동개발프로그램과 동북아 복귀 전략이 본격화된 푸틴 2기 정부하에 러-북 간 경제협력 관계는 비록 완만하긴 하지만 긍정적 변화가 나타나기 시작했다. 2008년 러-북 간 무역 규모는 1998년 약 2배 증가해 1억 1,100달러를 달성하였다.[68] 2013년 극동 러시아-북한 간 무역은 2,445만 달러로 대북 수출이 2,258만 달러이고 수입이 187만 달러인데, 전년 대비 무역액이 60.9%나 증가했다. 연해주와의 교역이 2,229만 달러로 절대적 비중을 차지했다.

러시아는 2009년에 시작된 나진항 개보수사업과 나진-하산 철도개량사업에 약 2억 달러 이상을 투자하였다. 2011년 8월에 메드베데프-김정일 간의 정상회담에서 러-북 양국은 북한을 통한 시베리아-한반도 가스관 연결 프로젝트에 합의하였다. 러시아는 극동 시베리아 프로젝트를 이끌기 위해 북한에 다양한 경제 지원과 혜택을 제공했다. 2014년 4월에 트루트네프 러시아 부총리 방북 일정에 맞추어 50대의 소방차를 북한에 전달하기도 했다.[69] 북·러 간의 밀착 관계가 다시 회복되고 있는 데 기여한 대표적 사례로 북한에 대한 채무 탕감을 들 수 있다. 2012년 9월에 모스크바에서 양 정부 간에 '채무조정협정'이 체결되어 110억 달러에 달하는 북한 채무의 90%(약 99억 달러)를 러시아가 탕감해 주기로 결정하였다. 나머지 10%도 러-북 간 메가프로젝트에 재투자한다는 좋은 조건이었다.[70] 2014년 3월에 나머지 10%

---

68 이종운·홍이경, 앞의 책, p. 117.

69 「러시아, 북한 부채 탕감… 북한식 '채무외교'」, 『KBS 남북의 창』, 2014. 5. 17.

70 이종운·홍이경, 앞의 책, pp. 118~119.

는 20년에 걸쳐 분할 상환하되 채무를 북한의 에너지, 보건, 교육 등의 분야에 재투자하도록 내용의 비준안이 예산위원회를 통과해 가스관건설사업이 포함될 여지가 있도록 했다.[71] 따라서 차관을 해결하는 방식으로 러시아에서 북한을 거쳐 한국으로 연결되는 가스관과 철도 건설에 필요한 북한 내 토지 임차를 검토 중이다.[72] 그러나 2016년 유엔 제재 조치 2270호에 러시아가 적극 동참함에 따라 북한 금융기관과의 합작과 주요 광물 수입이 금지됐다.[73]

북한은 러시아 측에 중고 여객기와 금광 채굴권 맞교환을 제안했다. 해외 관광객 유치를 목표로 하고 있는 북한은 항로 추가 개설에 필요한 신형 여객기 도입이 급선무이다. 2014년 10월까지 북한의 단천항 인근에 흑연, 마그네사이트 등 광물매장지개발사업에도 참여할 러시아 기업 명단을 제출했다.[74]

북한 당국은 최근 러시아에 파견할 노동자를 수시로 모집하고 있다. 과거 러시아에 파견하는 노동자들은 주로 벌목공이었지만 최근에는 건축 노동자, 여성 봉제공, 연해주 농사일꾼 등 업종이 매우 다양해졌다. 이들의 러시아 파견 기간은 보통 3년인데 임금이 상대적으로 높아서 중국보다 더 선호하는 것으로 알려져 있다.[75]

---

71 「러, 북한 가스관 건설에 北 채무 재투자 방침」, 『데일리NK』, 2014. 3. 20.

72 「북, 가스관 협상 가능성 열어둬」, 『Radio Free Asia』, 2014. 4. 18.

73 Anthony Michell, “Cross-Border Relations and North Korea : The Age of Sanctions,” *Consensus Toward a Northeast Asian Economic Community,* Sejong : Korea Institute for International Economic Policy, 2016, p. 68.

74 「북 금광-러 김정은 전용기 맞교환」, 『Radio Free Asia』, 2014. 6. 5.

75 「북, 러시아에 노동자 파견 급증」, 『Radio Free Asia』, 2014. 4. 18.

요컨대 2014년 하반기부터 북·러 간 무역에서 달러가 아니라 루블화로 결제하며, 교역을 확대해 나가고 있는 한편, 최근 대북 제재에도 불구하고 러시아는 북한 노동자 유입을 확대하고 있다. 북한은 대중 무역 의존도가 2013년 89.1%까지 증가하면서 조선노동당 중앙위원회에서 '무역 다각화'를 강조하며 러시아와 교역을 강화하고 있다.[76]

(3) 해륙로

① 나선의 중개 중심성

두만강개발구역은 중국 중앙정부-지린성-북한 나선특별시-해양으로 나아가는 전형적인 '차항출해借港出海'의 전략적 위치에 있다. 중국은 북한의 나선시와 청진시에 항구사용권을 확보해 중국 남방으로 이어지는 물류의 길을 열었다. 이는 지린성의 관계망의 '근접 중심성'을 확장함으로써 중국 동북3성 개발계획과 북한과 연계를 추진한 결과로 볼 수 있다.

2011년 1월 1일 '국내 무역화물 다국 수송(지린성해관공고 2010년 49호)'에 의거해 중국 훈춘시의 석탄 1만 7,000톤이 북한 나진항을 거쳐 상하이 와이까오차오外高橋 부두로 운송되었고, 그 화물은 국내 화물로 인정되었다.[77] 두만강 하류지역은 중국의 남방에서 올라오는 해양 라인과 일본, 미국 등의 해양 경제, 그리고 한국까지 대륙으로 들어갈 수 있는 관문이기도 하다. 중국과 러시아가 나진항의 사용권 및 개발권을 차지하게 됨으로써 나선특별시라는 매개 중심성 내지 기능지switcher로서 가치가 상승하게 된 것은 역시 동해로의 진출권 때문이다.[78] 러시아는 북한으로부터 장기 임차한 나

---

76 「북·러, 전략적 이익 동반자 … 새 시대 맞고 있어」, 『KBS 남북의 창』, 2014. 6. 9.

77 이창주, 앞의 책, p. 203, 249.

78 위의 책, pp. 238~239.

진항 3호 부두를 컨테이너 화물 전용 터미널로 사용할 계획이었으나 2014년 6월 18일에 개장해 당분간은 러시아산 석탄 반출에 활용할 계획이다. 러시아철도공사는 시베리아 탄광에서 채굴된 석탄을 기차로 나진항으로 운송한 후에 중국 남동부와 동부 지역 발전소까지 배로 운반할 계획이다.[79]

동해상에 새롭게 등장한 중국과 이로 인해 다시 형성되는 해양관계망은 양날의 검과 같다. 중국이 동해상의 새로운 행위자로 등장하면서 환동해지역 경제권은 활성화될 가능성이 크다. 그러나 중국의 나진항 1호 부두와 4·5호 부두 개발은 현재 제도적으로 군사 활용 단계는 아니지만, 북·중 간에 제도만 개선된다면 물리적으로는 가능한 단계이다. 한국에게는 중국과 러시아가 동시에 북한을 거쳐 동해로 진출하는 관문과 같은 지정학적 위치에 있기도 하다.[80] '나진-하산 프로젝트'는, '한반도종단철도TSR·시베리아철도TSR 연결이 가능하나 2016년 3월 한국 정부의 대북 제재 조치와 함께 중단된 상황이다.[81]

② 부산의 연결 중심성

인간의 탄소에너지 소비로 인해 지구의 온난화가 발생하여 북극 빙하가 급속히 녹아내리면서 에너지자원의 대안 공급처이자 물류 면에서는 새로운 해상 교역로가 열리는 계기가 되었다. 북극해 개발이 가속화되면 아시아 내에서 위도가 높은 곳에 위치한 항구의 지경학적 가치가 상승하게 된다. 중국의 입장에서는 북한 나진항 개발에 거는 기대가 더 커질 수 있는 것이다. 북극해와 중국 지린성의 이러한 연계는 한국 부산을 기준으로 자연스럽게

79 「나진항 3호 부두 18일 개장 … 러시아산 석탄 반출 활용」, 『데일리NK』, 2014. 6. 12.

80 이창주, 앞의 책, pp. 175~176.

81 김은영 외, 앞의 글, p. 14.

중국 동북3성지역과 중국 남방 연안지역이 연결되는 해양관계망 형성에 더 큰 추동력을 갖게 될 것이다.[82]

러시아는 장기적 경제적 동력으로 북극해의 에너지 개발을 염두에 두고 있다. 이 대규모 프로젝트는 혼자서 감당하기에는 위험부담이 너무나 크다. 따라서 파트너를 찾고 있으며 앞서 언급한 중국과의 '통합적 접근법'이라는 예행연습을 통해 북극해 에너지 프로젝트의 최종 파트너를 정할 가능성이 커 보인다.[83]

북극해 비연안국인 한국이 북극의 개발 및 이용에 참여하기는 결코 쉽지 않다. 이러한 맥락에서 한국의 북극지역 진출에서 영토 북부 대부분이 북극지역에 위치해 있는 러시아와 협력은 매우 중요한 의미가 있는 것으로 사료된다.[84] 또한 부산항이 세계적인 컨테이너 항만으로서의 지위를 유지하기 위해서는 환적 화물의 증가가 매우 중요하다. 현재 중국은 항구 시설 확충으로 인해 환적 화물이 급속히 낮아지고 있다. 북극해 항로 개통 시 환동해지역에서 부산항의 위상과 역할이 제고될 것으로 기대된다.[85]

6. 나가며

환동해지역은 지정학적 상황과 지경학적 특색이 경제 관계 및 경제 활동에

---

82 이창주, 앞의 책, p. 159.

83 「아시아로 눈 돌린 러시아」, 『중앙SUNDAY』, 2014. 6. 1.

84 제성훈·민지영, 『러시아의 북극개발전략과 한 · 러 협력의 새로운 가능성』, 대외경제정책연구원, 2013.

85 금성근, 「부산의 환동해지역과의 협력과 발전 방안」, 『ESR』 13, 2014.

크게 영향을 미친다. 남북한의 분단 현실로 인해 한국은 육로를 통한 중국과 러시아로의 접근이 원천적으로 봉쇄되어 있다. 한국은 일본과 마찬가지로 해로를 통해 극동 러시아와 교역을 하고 있다. 반면에 인접 국가인 중-러, 중-북, 북-러는 육로를 통해 경제적 관계를 형성해 왔다. 북-중 및 중-러 경제적 관계가 비교적 활발한 반면, 북한-러시아의 경제적 관계는 소련 체제 붕괴 이후 매우 미약했다. 최근 북한의 무역 다각화 방안과 러시아의 한국으로의 송유관연결사업에 대한 관심이 증대되어 양국의 교역이 다시 활기를 띠기 시작했다. 그러나 북한의 핵실험과 장거리 미사일 발사와 UN 대북제제 조치로 인해 일본과 한국과의 교역 중단으로 중국 의존도가 심화되고 있다.

남북한 양자 간 경제협력 추진의 제한성과 불안정성을 극복하기 위해서는 향후 나선-하산 철도사업과 같이 초국경 개발협력을 통한 잠재적 관계의 확장성이 큰 사업에 적극적으로 대처하는 것이 요구된다. 북한의 북핵 문제 타결을 전제로 북한에 대한 일정한 영향력을 행사하고 있는 중국, 러시아 등과의 다자간 협력을 위한 기반을 구축해 새로운 전환을 모색해야 할 것이다.[86]

현 시점에서 삼면이 바다로 둘러싸인 한국은 북한과의 교류가 막히면서 정치적으로 섬 국가나 다름이 없다. 그러나 향후 철로, 즉 시베리아횡단철도와 만주횡단철도, 한반도종단철도가 연결되면 부산이 대륙의 시작점이자 종점이 될 가능성이 크다. 내륙 관계망과 해양관계망의 접점이 되는 변방 공간에서 중심 역할을 부산이 담당하게 될 잠재력이 크다.[87] 중개적 기능을 가진 북한 나선을 활용해 유라시아 대륙으로 진출하거나 연결적 기능을

---

86 원동욱 외, 『중국의 동북지역 개발과 신북방 경제협력의 여건』, 대외경제정책연구원, 2013.

87 이창주, 앞의 책, p. 246.

가진 환적 항으로서 부산의 가치를 활용해 대륙 또는 해빙하는 북극해 항로를 통해 유럽과 교역을 할 수 있을 것이다. 결론적으로 이와 같은 다양한 층위의 복합관계망이 형성되면, 동북아 한·중·일 그리고 극동 러시아의 상호 의존과 유대가 강화되어 경제 활성화에 기여할 것으로 기대된다.[88]

88 위의 책, pp. 267~268.

제6장

중·한 FTA 관세 양허가 중국의 대對한국 농산물[1] 수출에 미치는 영향 분석

박영애朴英爱·황관췬黃冠群·취엔이슈全益秀

1. 중국 농산물의 수출 현황과 비교 우위

(1) 중국 농산물의 수출 규모

중국은 WTO 가입을 계기로 대외무역이 빠른 속도로 발전하고 농산물 수출 규모가 지속적으로 확대되었다. 농산물 수출 총액이 2001년의 166억 2,600만 달러에서 2014년 744억 7,200만 달러로 4.48배가 증가하였다(표 1). 2009년 금융위기의 영향을 받아 수출액이 감소된 것을 제외하고 지속적인 성장세를 유지하고 있다. 하지만 2012년 후부터는 그 증가세가 완만해졌다.

(2) 중국 농산물 수출의 지역 구조와 상품 구조

① 중국 농산물 수출의 지역 구조

2014년 중국 농산물 수출 순위 중 10위권 국가는 일본, 홍콩, 미국, 한국, 베트남, 태국, 말레이시아, 대만, 러시아 연방, 독일이다(표 2). 2007~2014년 기간에는 중국 농산물 수출의 4위권의 국가는 거의 변화가 없다. 일본, 미국, 한국과 홍콩은 중국 농산물의 주요 수출 국가이다.

---

1 중국에서는 대농업大農業에 농산물, 수산물, 축산물이 모두 포함된다.

표 1 중국 농산물 수출 상황(2001~2014년)

연도	수출 한도(억 달러)	수출 한도 비례 증가율(%)
2001	166.26	
2002	187.95	13.04
2003	221.57	17.88
2004	241.21	8.86
2005	287.11	19.03
2006	325.41	13.34
2007	388.62	19.42
2008	422.58	8.74
2009	408.82	-3.25
2010	516.07	26.23
2011	646.12	25.2
2012	661.69	2.41
2013	701.53	6.02
2014	744.72	6.15

* WTO database 참고

일본은 중국의 제일 큰 농산물 수출국이다. 하지만 2007~2014년 사이에 그 점유율은 매년 내려가고 있다(그림 1). 원래 미국이 중국의 제2의 대對농산물 수출국이었으나 홍콩에게 추월당해 3위가 되었다. 중국의 대미국 농산물 수출액은 감소하는 추세로, 2007년의 11.97%에서 2014년의 9.96%로 하강하였다. 홍콩이 중국 농산물 수출 시장에서 차지하는 점유율은 계속 상승 추세를 보이고 있는데, 2007년의 4위에서 2013년과 2014년에는 2위가 되었다. 중국 대한국 농산물 수출 비중은 7%로 안정되어 있으며 지속적으로 4위를 유지하고 있다.

표 2 중국 농산물 수출 시장 10위권 국가(2007~2014년)

순위	2007	2008	2009	2010	2011	2012	2013	2014
1	일본	일본	일본	일본	일본	일본	일본	일본
2	미국	미국	미국	미국	미국	미국	홍콩	홍콩
3	한국	홍콩	홍콩	홍콩	홍콩	홍콩	미국	미국
4	홍콩	한국	한국	한국	한국	한국	한국	한국
5	독일	독일	독일	인도네시아	인도네시아	말레이시아	말레이시아	베트남
6	러시아	러시아	말레이시아	독일	말레이시아	태국	태국	태국
7	말레이시아	말레이시아	러시아	말레이시아	베트남	베트남	베트남	말레이시아
8	네덜란드	네덜란드	인도네시아	러시아	독일	러시아	대만	대만
9	인도네시아	인도네시아	베트남	베트남	러시아	독일	러시아	러시아
10	대만	대만	네덜란드	태국	태국	인도네시아	독일	독일

* 중국 상무부 참고

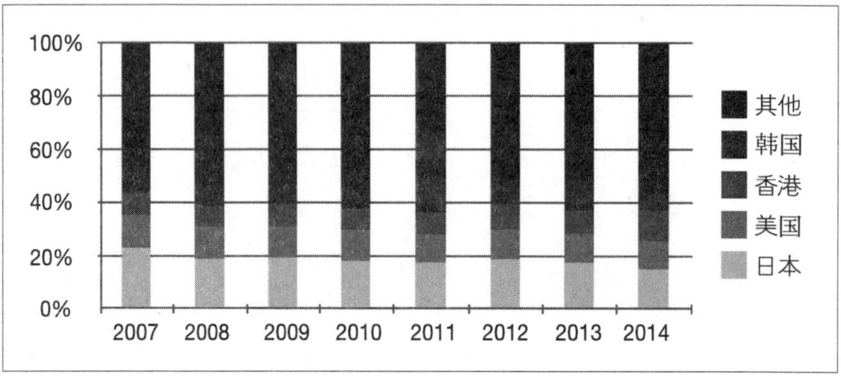

* 중국상무부 ; WTO database 참고

그림 1 중국 농산물의 수출 시장 점유율(2007~2014년)

(3) 중국 농산물의 수출 구조

HS 분류로 농산물의 범위를 규정하면[2] '농산물'은 HS의 제1장부터 제24장(HS01~HS24)을 지칭한다. 각종 농산물이 농산물 수출에서 차지하는 점유율에 근거하여 8위권의 농산물을 주요 농산물 수출 종류라고 할 때, 중국의 주요 농산물 수출 종류는 HS03, HS07, HS08, HS12, HS16, HS20, HS21, HS23이다. 2012년, 2013년, 2014년에 이 8가지 농산물의 총수출액이 중국 농산물 총수출액에서 차지하는 비중은 각각 69.97%, 74.85%, 0.12%이다. 8가지 농산물 중에서 HS03이 차지하는 비율이 가장 높은데, 2001~2014년간 15~16% 정도를 유지하고 있다. HS07, HS16과 HS20이 차지하는 비율은 10~14% 사이이며, HS08, HS12, HS21과 HS23에서 차지하는 비중은 3~6%이다. 중국의 이 8가지 농산물의 수출액은 매년 증가하고 있다. 그중 HS03의 증가 속도가 제일 빠르다는 것을 그림 2를 통해 알 수 있는데, 2001년의

---

2 '국제통일상품분류제도The Harmonized Commodity Description and Coding System(약칭 HS코드)' 는 해관협력이사회가 국제무역통계의 표준화를 추진하기 위하여 설정한 무역 상품 표준 통계 체계이다. 현재 세계 각국의 무역 상품 분류 통계의 기반이라고도 할 수 있다.

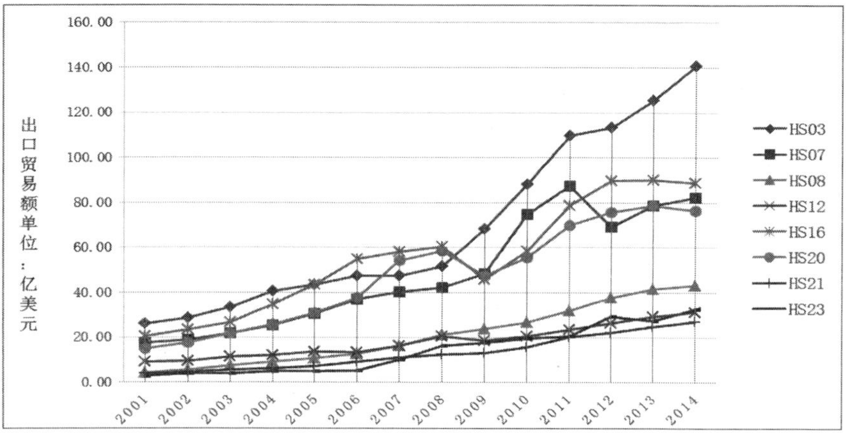

* UN COMTRADE ; WTO database 참고

그림 2 중국의 주요 농산물 수출 추세(2001~2014년)

25.91억 달러에서 2014년의 140.74억 달러로 증가하였다. HS07, HS16, HS20의 수출액은 안정적으로 증가하고 있지만, 2006년부터 기복이 비교적 크다. HS08, HS12, HS21과 HS23의 수출액은 안정적으로 상승하고 있다.

(4) 중국 농산물의 비교우위지수RCA[3]

현시비교우위지수는 한 나라의 특정 상품 수출의 비중과 세계 전체 수출에서 특정 상품의 수출 비중 간의 비율이므로, 한 나라의 상품 혹은 산업의 국제 경제력을 가늠할 수 있다.[4] 이를 공식으로 표시하면 다음과 같다.

---

3 HS분류 체계(HS1~HS24)는 두 자릿수까지 코드를 정하고 거기에 25가지 항목 분류 코드를 추가한다. 모든 유형의 농산물(총 49가지 항목)의 비교 우위에 대하여 추산하고, 중 · 한 각국이 가지고 있는 비교 우위의 농산물 유형을 찾아낸다. 이 글에서는 HS01에서 HS24까지 열거하여 분석하였다.

4 조세공, 「중 · 한 FTA의 추진 전망 분석」, 『경제무역』, 2012. 7, pp. 27~32.

$$RCA = \frac{X_{cw}^{k}/X_{cw}^{t}}{X_{ww}^{k}/X_{ww}^{t}} (3\text{-}1)$$

$$RCA = \frac{X_{hw}^{k}/X_{hw}^{t}}{X_{ww}^{k}/X_{ww}^{t}} (3\text{-}2)$$

(3-1)에서 X_{cw}^{k}는 중국 k상품의 수출액이고 X_{cw}^{t}는 중국 농산물 수출 총액이다. (3-2)에서 X_{hw}^{k}는 한국 농산물의 수출 총액이고 X_{ww}^{k}는 한국 농산물 수출 총액이다. X_{ww}^{k}는 세계 k상품의 수출 총액이고 X_{ww}^{t}는 세계 농산물 수출 총액이다. 만약 RCA가 2.5보다 크면 해당 상품은 극히 강한 비교우위가 있고, RCA가 1.25~2.5 사이에 있으면 해당 상품이 비교적 강한 우세를 가지고 있다는 것을 의미한다. RCA가 0.8 이하이면 해당 상품은 비교적 열세에 있다고 볼 수 있다. RCA가 1보다 클 경우 해당 농산물은 비교우위를 가진다고 본다.

2001~2014년 중국에서 비교우위를 갖는 농산물은 HS03(어패류), HS05(기타 동물성 생산품), HS07(채소), HS09(커피·차·향신료), HS14(기타 식물성 생산품), HS16(육·어류 조제품), HS20(채소·과실의 조제품)이다. HS05, HS07, HS14, HS16, HS20의 RCA 평균은 많이 높다. HS05, HS16, HS20 이 세 가지 농산물의 RCA는 매년 평균 2.5 이상이고, HS07은 2003년 RCA가 2.47, HS14는 2010년 RCA가 1.94이다. 매년 RCA가 평균 2.5 이상이면 매우 높은 비교우위에 있는 것이다. 그중 HS05와 HS14의 RCA는 파도 형식으로 하강 추세를 보이고 있고 HS16의 RCA는 주기성을 띠며 움직이고 있다. HS07과 HS20의 RCA 수치는 매년 파도 형식으로 상승하고 있고, HS03 농산물의 RCA는 매년 추락하고 있다. 2008년과 2009년에는 증가폭이 비교적 큰데, 그 이후부터는 매년 증가 속도가 느려지고 있다. HS03의 비교우위는 '약간 높음'에서 '매우 높음'으로 변하였다. HS09의 RCA는 매년 하강하는데 비교적 높은 비교우위에 있다.

총체적으로 24개 종류의 농산물에서 RCA가 높아진 농산물이 10개이고,

그림 3 중국 대한국 농산물 수출액(2001~2014년)

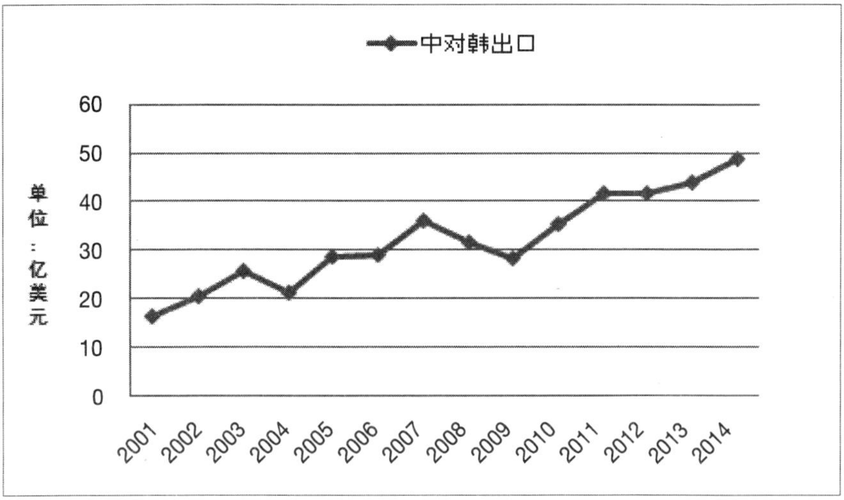

* WTO database 참고

RCA가 내려간 농산물은 14개이다. 비교적 우세한 농산물 종류 중 RCA가 높아진 것이 3개이며, 내려간 것이 4개이다. 중국은 비교우위를 갖고 있는 농산물 종류가 많지만 현시비교우위지수는 하락 추세이다.

2. 중국의 대對한국 농산물 수출 규모와 구조

(1) 중국의 대한국 농산물 수출 규모

2001~2014년에는 중국의 대한국 농산물 수출액이 지속적으로 증가했다. 그림 3에서와 같이 2001년의 16.38억 달러로부터 2014년 48.62억 달러로 증가하였다.

(2) 중국의 대한국 농산물 수출 구조

중국의 대한국 농산물 수출은 주로 HS03, HS07, HS10, HS12, HS20, HS23

표 3 중국의 대한국 수출 주요 농산물 비율(2001~2014년, 단위 : %)

연도\코드	HS03	HS07	HS10	HS12	HS16	HS20	HS21	HS23
2001	37.29	5.75	21.91	5.24	1.40	3.23	3.23	4.98
2002	33.69	4.84	35.35	5.57	1.45	3.14	3.16	4.64
2003	26.33	6.06	40.68	5.34	1.51	3.10	2.80	3.32
2004	38.61	9.12	16.14	5.83	4.30	5.50	3.55	4.46
2005	28.90	6.96	30.30	4.95	4.59	5.44	3.26	3.46
2006	31.81	8.84	14.19	5.62	4.99	7.60	3.47	4.12
2007	26.60	7.84	25.82	6.50	4.13	7.54	3.29	5.69
2008	28.05	9.09	4.37	11.75	3.94	8.49	4.03	11.73
2009	26.26	9.28	6.08	10.64	3.12	7.07	3.52	10.61
2010	26.76	13.36	4.36	6.21	3.44	7.36	3.20	8.07
2011	25.39	12.91	5.96	7.65	3.49	7.45	3.06	7.91
2012	22.24	11.86	2.05	8.56	3.34	7.52	3.32	9.15
2013	19.69	11.60	6.84	7.81	3.05	7.14	3.21	12.31
2014	20.86	9.77	4.15	7.42	2.84	6.39	2.93	10.90

* UN COMTRADE 참고

** 이 표의 수치는 농산물 수입 총액에서 각종 농산물 수입액이 차지하는 비중임

로, 2012년과 2013년, 그리고 2014년에 6가지 농산물 중 중국에서 한국으로의 수출 총액이 차지하는 비중은 각각 74.18%, 75.56%, 74.43%이다. 이 6가

그림 4 중국의 대한국 수출 농산물의 규모와 추세(2001~2014년)

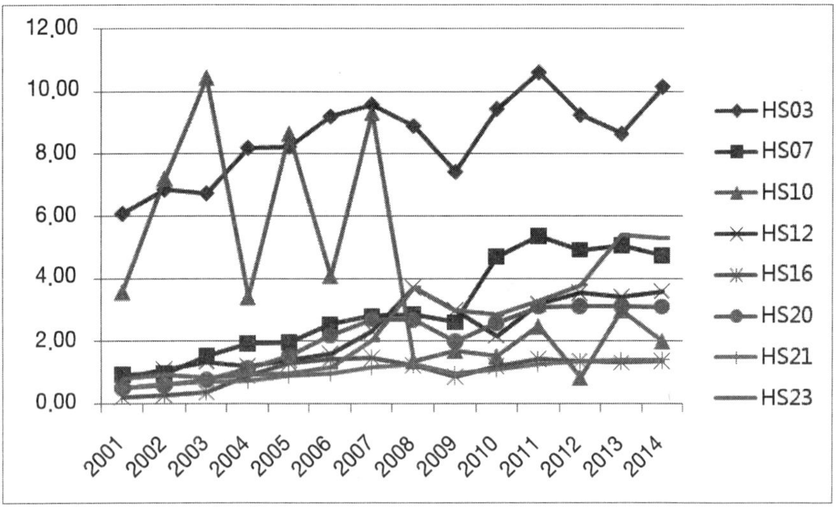

* UN COMTRADE 참고

지 농산물 중 HS03이 차지하는 비중이 가장 크지만 2001년의 37.29%에서 2013년의 19.69%로 하강하는 등 그 비율은 하강하는 추세이다. 그다음으로는 HS07와 HS23인데, 비례치는 각각 12~15%, 11~15% 구간이다. 나머지 HS10, HS12, HS20의 비례치는 2~11% 구간이다. 중국의 대한국 농산물 수출의 구조는 비교적 안정적이다.

중국에서 한국으로 수출하는 주요 농산물 중 수출 규모가 제일 큰 것이 HS03이다. 2014년에는 10억 1,400만 달러에 달하였는데, 다른 농산물과 비교해 봤을 때 상대적으로 높다. 그림 4에서와 같이 파도형 상승 추세를 나타내고 있다. HS10의 수출액도 파동이 비교적 크다고 볼 수 있다. 2001년부터 2008년까지 3차례의 큰 파동을 겪었는데 2008년 이후에 수출 규모가 크게 떨어졌으며, 그 후 비교적 낮은 수준의 수출액을 나타내고 있다. 나머지 농산물의 수출 규모는 상승 추세에 있다.

3. 중국의 대한국 농산물 수출지수 분석

(1) 중국의 대한국 수출 농산물 무역결합도지수

무역결합도지수TCD는 양국 무역의 긴밀도를 측량하는 데 쓰이는 종합적인 지수로, 한 국가(혹은 지역)가 다른 국가(혹은 지역)에 대한 수출 총액에서 차지하는 이율과 다른 국가의 수입액이 세계 수입 총액에서 차지하는 비율을 말한다. 지수가 낮을수록 양국 무역 네트워크가 더 느슨하다고 볼 수 있다. 그 공식은 다음과 같다.

TCD_{ab}는 a국(혹은 지역)이 b국가(혹은 지역)에 대한 무역결합도를 나타내고, X_{ab}는 a국이 b국에 대한 수출액을 나타내며, X_a는 a국의 수출 총액을, M_b는 b국의 수입 총액을, M_w는 세계 수입 총액을 나타낸다. $TCD_{ab}>1$은 a와 b 양국의 무역 연계가 비교적 긴밀하다는 것을 의미하고, $TCD_{ab}<1$은 a와 b 양국 간 무역 연계가 비교적 느슨하다는 것을 의미한다.

중·한 양국 농산물 무역 연계의 긴밀도를 고찰하기 위하여 앞의 공식 중 변량을 수정해 보았다. 농산물의 수출액 대신 수출 총액, 농산물의 수입액 대신 수입 총액, 세계 농산물 수입액 대신 세계 수입 총액으로 대체하였다. 그 결과 2001~2014년 사이 중국이 한국에 대한 무역결합도지수가 하강 추세를 나타냈다. 2001년의 4.69에서 2014년에는 3.49로 하강하였다(그림 5). 중국은 한국에 대한 TCD 평균치가 4.29이고, 한국은 중국에 대한 TCD 평균치가 1.13이다. 2001~2014년에 한국은 중국에 대한 무역결합도지수가 비교적 평온하고 큰 변화가 없다.

한국에 대한 중국의 농산물 무역결합도지수는 중국에 대한 한국의 무역결합도지수보다 높게 나타난다. 이것은 농산물 무역에 있어서 중국이 한국에 대한 의존 정도가 상대적으로 높다는 것을 의미하는데, 그 정도는 약화되고 있는 추세이다. 또한 한국은 농산물 무역에서 중국에 대한 의존 정도

그림 5 중·한, 한·중 농산물 무역결합도지수(2001~2014년)

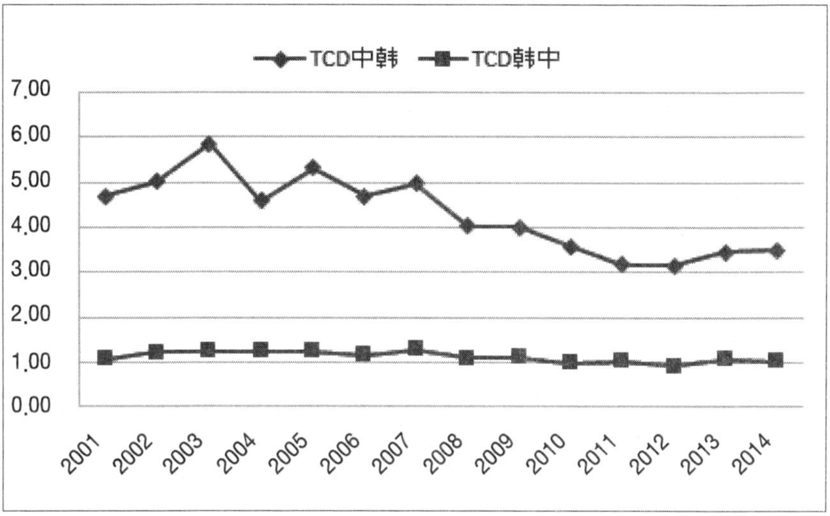

* UN COMTRADE 참고

가 상대적으로 낮기 때문에 비교적 안정적이다.

(2) 중국의 대한국 농산물 수출의 무역경쟁력지수

무역경쟁력지수Trade Specialization Coefficient, TSC는 특정 상품의 수출액과 수입액의 차이 및 전체 무역액을 이용하여 비교 우위를 나타내는 지수로, 무역 파트너 국가 간 무역 우세를 반영한다. X_{ij}는 i국의 j상품 수출액을, M_{ij}는 i국의 j상품 수입액을 나타낸다. 공식은 다음과 같다.

$$TSC_{ij} = \frac{X_{ij} - M_{ij}}{X_{ij} + M_{ij}}$$

TSC가 -1부터 1, 0.8부터 -1 사이이면 상품이 높은 경쟁력을 갖고 있다는 것을 의미한다. 0.5~0.8 사이는 특정 상품이 비교적 높은 경쟁우세를 갖고

표 4 중국 농산물의 한국에 대한 무역경쟁력지수(2001~2014년)

연도\코드	HS03	HS05	HS07	HS09	HS14	HS16	HS20
2001	0.32	0.58	0.79	0.92	-0.20	0.99	0.89
2002	0.29	0.55	0.81	0.92	-0.01	0.98	0.88
2003	0.28	0.55	0.80	0.91	-0.22	0.98	0.88
2004	0.27	0.59	0.72	0.93	-0.34	0.99	0.90
2005	0.20	0.64	0.71	0.91	-0.16	0.99	0.90
2006	0.20	0.68	0.66	0.90	-0.30	0.98	0.90
2007	0.16	0.64	0.67	0.87	-0.19	0.98	0.90
2008	0.17	0.69	0.76	0.86	-0.09	0.97	0.90
2009	0.31	0.63	0.64	0.88	-0.27	0.98	0.87
2010	0.34	0.53	0.66	0.83	-0.52	0.97	0.85
2011	0.33	0.62	0.65	0.79	-0.48	0.96	0.84
2012	0.35	0.64	0.48	0.73	-0.36	0.96	0.85
2013	0.35	0.63	0.51	0.80	-0.35	0.96	0.84
2014	0.36	0.65	0.52	0.76	-0.32	0.95	0.82

* UN COMTRADE 참고

있다는 것을 나타내며, 0~0.5는 비교적 낮은 경쟁우세를 가지고 있다는 것을 나타낸다. TSC<0은 특정 상품이 경쟁열세에 있다는 것을 나타낸다.[5]

2001~2014년에 중국이 비교우위를 가지고 있는 농산물 유형 중 한국보

5 국제 경제 관계의 연구에서 비교우세와 경쟁우세를 자주 혼동한다. 비교우세를 가지고 있는 제품이 경쟁우세도 있다고 착각하는데 꼭 그렇다고 볼 수는 없다. 중국이 한국으로 수출을 확대하려면 수출하는 농산물이 비교우세만 있어야 할 것이 아니라 동시에 한국에 대한 경쟁우세도 있어야 한다.

다 강한 경쟁력이 있는 상품으로는 HS09, HS16, HS20이 있다(표 4). HS05와 HS07의 TSC는 0.5~0.8를 유지하고 있는데, 이는 한국에 비해 강한 경쟁력을 가진 상품들이다. HS03는 TSC가 낮은 편으로 0.1~0.4이다. HS14의 TSC는 지속적으로 경쟁열세에 놓여 있다.

(3) 중국의 대한국 농산물 수출의 무역보완지수

무역보완도지수Trade Complementarity Index, TCI는 무역에 있어 수출과 수입의 구조가 얼마나 상호 보완적인지를 보여 주는 지표이다. 그 공식은 다음과 같다.

$$TCI^a_{ij} = RCA^a_{xi} * RCA^a_{mj}$$

TCI^a_{ij}는 수출국이 i이고 수입국이 j일 때 양국이 a의 무역에서 상호 보완성을 나타낸다. RCA^a_{xi}는 수출로 측정하는 i국의 a상품이 국제무역에서 현시비교우위를 나타내고, RCA^a_{mj}는 수입으로 측정하는 j국의 a상품이 국제무역에서 현시비교열세를 나타낸다.

$$RCA^a_{xi} = \frac{X^a_i \;/\; X_i}{X^a_w \;/\; X_w}$$

X^a_i는 I국 a상품의 수출액을, X_i는 i국의 수출 총액을 의미한다. X^a_w는 전 세계 a상품의 수출액을, X_w는 전 세계 수출 총액을 나타내는 것이다. M^a_j는 j국의 a 수입액을, M_j는 j국의 수입 총액을 나타낸다. RCA^a_{xi}가 클수록 i국 a상품의 비교우위가 뚜렷하고, RCA^a_{mj}가 클수록 j국 a상품의 비교열세가 뚜렷하다. TCI^a_{ij}가 클수록 양국 간 무역의 상호 보완성이 더 강하고, 작을수록 상호 보완성이 약하다.

이 공식 중 변량 함의를 재설정해 보았다. i국 a류 농산물의 수출액과 i국

그림 6 중·한 농산물 무역보완지수(2001~2014년)

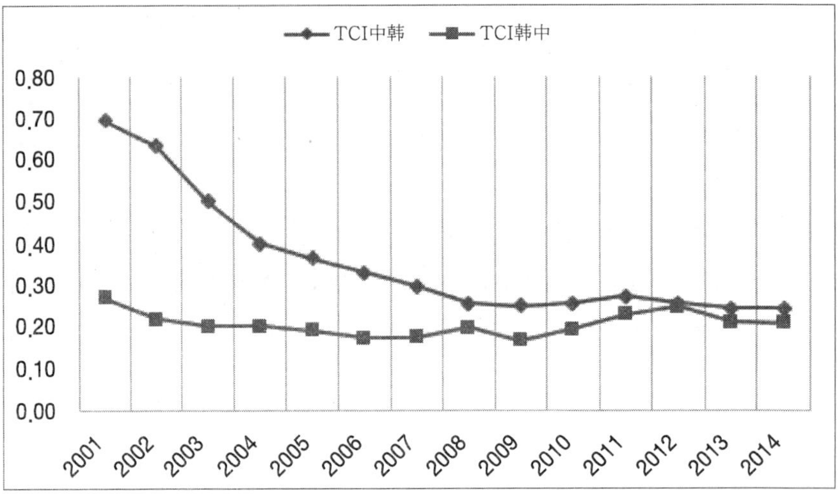

* UN COMTRADE 참고

의 농산물 수출 총액을 표시하고, 전 세계 *a*류 농산물의 수출액뿐만 아니라 전 세계 농산물의 수출 총액을 표시하였다. 또한 *j*국 *a*류 농산물의 수입액을 표시하고 *j*국의 농산물 수입 총액을 표시하였다.

중국의 한국에 대한 농산물 무역보완지수가 2001~2004년에 급속도로 하강하였는데, 2001년의 0.7에서 2004년의 0.4로 하강하였다. 2004~2008년에는 하강 속도가 약간 완화되었다. 2008년부터 지수 변화가 비교적 안정적이어서 0.26 정도를 유지하였고, 그 변화의 폭도 0.02를 초과하지 않았다(그림 6 참조).

2001~2004년에는 한국의 대중국 농산물 무역보완지수 변화가 그리 크지 않다. 2014년 중국과 한국의 농산물 무역보완지수는 모두 1보다 낮은데, 이는 양국의 농산물 무역에 있어서 상호 보완성이 낮다는 것을 뜻한다. 2008~2014년 중국의 대한국 농산물 무역보완지수는 한국의 대중국 농산물 무역보완지수보다 약간 높고 또한 감소하는 추세를 보이고 있다. 하지만

그림 7 중국의 대한국 주요 농산물 수출 무역보완지수

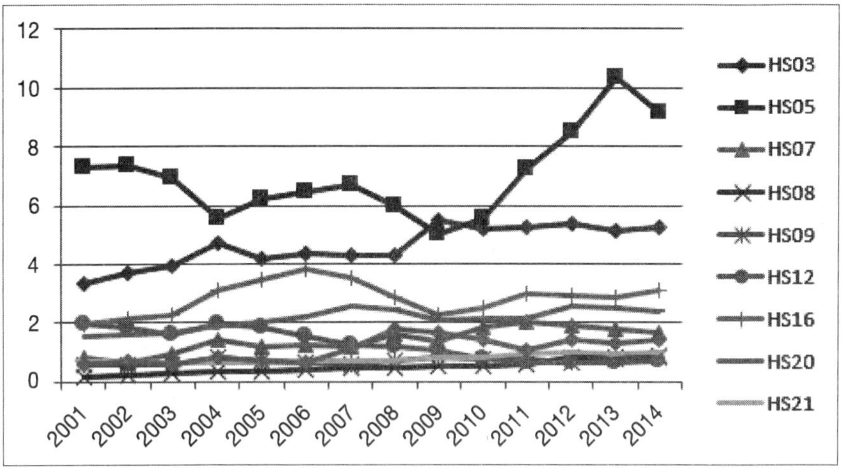

* UN COMTRADE 참고

한국의 대중국 농산물 무역보완지수는 2001년부터 매우 낮은 수준에 머물러 있고 큰 변화 없이 안정적이다.

중국의 한국에 대한 주요 농산물 수출 무역보완지수는 다양한 변화를 나타내고 있다(그림 7 참조).

첫째, HS05(기타 동물성 생산품)의 무역보완지수 파동은 비교적 크다. 2013년에 최고치가 10.34에 달하였는데, 이것은 이 유형의 농산물과 한국의 수입 간 보완성 및 한국과 협력할 가능성이 매우 크다는 것을 보여 준다. 둘째, HS16(육·어류 조제품)의 무역보완지수가 3.79에서 2.24로 하락하였다. 셋째, HS20(채소·과실의 조제품)의 무역보완지수는 비교적 안정적으로 2~3을 유지하고 있다. 넷째, HS07(채소), HS08(과실·견과류), HS09(커피·차·향신료), HS12(채유용 종자·인삼), HS21(기타의 조제 식료품), HS23(조제 사료)의 무역보완지수는 0~2 사이를 유지하고 있다. 이 중 HS12의 TCI는 하강하는 추세를, HS23은 상승 추세를 나타낸다. 기타 네 가지 유형의

표 5 중·한 농산물 비교우위지수(2001~2014년)

코드\연도	2001	2002	2003	2004	2005	2006	2007	2008	2009	2010	2011	2012	2013	2014
HS01	1.31	1.11	1.01	0.97	0.76	0.68	0.70	0.93	0.76	0.67	0.73	0.68	0.66	0.61
HS02	0.68	0.50	0.42	0.41	0.35	0.32	0.27	0.26	0.25	0.27	0.24	0.21	0.20	0.21
HS03	2.10	2.13	2.21	2.55	2.28	2.24	2.10	2.34	2.88	2.92	3.02	3.08	3.13	3.10
HS04	0.22	0.21	0.20	0.18	0.18	0.19	0.22	0.28	0.17	0.15	0.15	0.16	0.14	0.15
HS05	6.54	5.75	5.71	6.75	5.91	5.46	5.37	6.05	5.46	5.13	5.38	5.53	5.31	5.18
HS06	0.14	0.14	0.13	0.17	0.17	0.20	0.23	0.26	0.31	0.31	0.28	0.32	0.31	0.45
HS07	2.67	2.56	2.47	2.75	2.77	2.87	2.71	2.81	2.97	3.54	3.71	3.08	3.04	3.05
HS08	0.50	0.56	0.62	0.71	0.65	0.71	0.80	0.98	1.05	0.94	0.96	1.08	1.08	1.04
HS09	1.49	1.47	1.46	1.81	1.47	1.30	1.21	1.33	1.37	1.21	1.05	1.06	1.30	1.24
HS10	1.02	1.46	2.08	0.54	0.95	0.60	0.80	0.21	0.23	0.17	0.14	0.09	0.10	0.09
HS11	0.65	0.62	0.64	0.73	0.73	0.79	1.25	1.09	1.01	1.07	0.86	0.85	0.81	0.77
HS12	1.50	1.40	1.27	1.31	1.37	1.21	1.11	1.02	0.92	0.80	0.74	0.71	0.73	0.74
HS13	1.06	1.05	0.86	0.80	0.99	1.21	1.65	3.06	3.41	3.35	3.45	2.09	3.48	4.08
HS14	3.45	3.66	2.98	3.27	3.04	3.06	2.74	3.33	2.60	1.94	2.66	3.22	2.77	2.87
HS15	0.19	0.13	0.12	0.14	0.21	0.25	0.15	0.21	0.15	0.13	0.13	0.13	0.15	0.16
HS16	4.36	4.37	4.34	5.13	5.11	5.52	5.20	5.00	3.89	4.22	4.58	4.82	4.55	4.32
HS17	0.32	0.44	0.34	0.42	0.53	0.47	0.58	0.70	0.68	0.66	0.65	0.63	0.73	0.83
HS18	0.08	0.08	0.09	0.11	0.16	0.16	0.16	0.20	0.11	0.15	0.19	0.19	0.22	0.24
HS19	0.79	0.73	0.70	0.78	0.75	0.76	0.70	0.68	0.64	0.65	0.70	0.65	0.59	0.56
HS20	2.51	2.52	2.60	2.91	2.93	3.06	3.58	3.75	3.10	3.10	3.20	3.36	3.23	3.03
HS21	0.76	0.75	0.73	0.74	0.71	0.80	0.84	0.89	0.88	0.88	0.94	0.99	0.98	0.98
HS22	0.52	0.46	0.39	0.44	0.36	0.47	0.30	0.30	0.31	0.31	0.29	0.33	0.30	0.35
HS23	0.47	0.58	0.49	0.58	0.49	0.47	0.74	0.98	1.01	0.93	0.82	1.01	0.84	0.94
HS24	0.61	0.64	0.71	0.71	0.64	0.62	0.63	0.71	0.74	0.78	0.74	0.75	0.74	0.69

* UN COMTRADE 참고

TCI는 비교적 안정적이다. 이 6가지 유형의 농산물의 무역 상호 보완성은 비교적 약하다.

4. 중·한 FTA 한국 농산물 관세 양허 분류

(1) 중·한 FTA의 특징

첫째, 중국과 한국의 FTA 체결 내용에는 기본적으로 화물 관세 양허에 대한 내용뿐만 아니라 복무, 투자, 정부 조달, 지식재산권, 전자 상무 등의 영역이 포함되어 있다.

둘째, 중국은 비교적 높은 수준의 상품 자유화를 실현하고 있는 반면, 한국은 비교적 낮은 수준의 상품을 개방했다. 이것은 한국 농업과 중국 제조업의 민감성이 반영된, 상대적으로 낮은 수준의 FTA라는 것을 보여 준다.

셋째, 화물 관세의 양허 모델이 다양하다. 관세를 즉시 양허하는 것, 제품의 민감도에 따라 다른 과도기 설정, 예외 처리, 관세 부분 양허, 즉 제품 관세를 어느 정도의 수준까지 양허시키고 관세를 양허하지 않는 것, 관세 할당 관리와 제외, 즉 한국이 쌀(곡식, 낟알, 백미, 현미, 찹쌀, 쌀가루, 쌀 혼합품 등 총 16개 세번)을 일정 범위에서 제외시켜 놓은 것 등이 있다.

넷째, 화물 관세 양허 기간이 길고 관세 양허 대상이 상대적으로 적다. 중·한 FTA는 쌍방이 민감한 제품을 보호하는 과정 중 관세 양허의 범위를 줄였고 관세 양허 기간을 연장하였다. 한국은 1만 1,272개 세번(수입액 736.7억 달러)이고, 중국은 7,428개 세 번(1,417억 5,000만 달러)인 제품이다. 20년 내 순차적으로 그 관세를 해소하여야 하는데, 화물관세 양허 기간이 길어 즉시 5년을 추가하여 관세를 해소할 비율은 낮다. 10~20년 관세 해소의 비례와 예외 처리의 비례는 높을 뿐만 아니라 WTO의 '합리 기한'[6]

을 초과하였다.

다섯 번째, 한국은 농산물의 부분 자유무역을 실시하였다. 세번과 수입액 표준에 따라 자유화율이 각각 64%와 42%인데, 한국이 체결한 농산물 자유화, 즉 세번과 수입액 표준 78.1%와 89%의 평균보다 많이 낮다.[7]

여섯 번째, 다양한 화물 관세 양허 모델을 취하였다. 예를 들면, 1,611개의 세번 가운데 한국농림축산식품부에서 매년 생산액의 85개의 품목 중 78개를 관세 양허 범위에서 제외했다. 그리고 중국 수입 의존도가 높은 제품은 할당액을 관리하는 방식으로 현행 관세율을 유지하였다. 즉 저관세 수입 할당액을 증가하는 동시에 현행 관세율을 유지한다. 예를 들면, 콩, 참깨, 고구마 가루 등이 이에 해당된다. 하지만 이것은 중국의 새로운 할당액에 증가가 없는 것으로, 현행 관세율은 288%가 넘는다. 사료 등 원료는 중국에서 수입한 농산물을 사용한다. 10년이란 기간으로 관세율을 130%까지 양허시켰고(부분 양허), 중국 수입 의존도가 높은 세번에만 현행 관세율이 50%보다 낮다. 5년 내에 관세율을 10% 양허시켰는데(부분 양허), 그 종류로는 당류, 마른 고사리, 송이(냉동) 등이 있다. 한국 농업에 미치는 영향이 작지만 중국 수입 중에 민감세번은 앞으로 20년 안에 관세가 등비로 양허될 것이고, 중국 수입액이 비교적 적은 세번은 15년 안에 관세율이 등비로 양허될 것이다. 이것들은 약재, 도라지, 기타 과일을 포함한다. 중국산 사료, 종자용 농산물, 가공 식품은 일반 세번으로 분류되었으며, 중국 수입 비중이 높은 세번은 5년 혹은 10년에 관세를 등비 양허하고 3% 이하 저세 세번은

---

6 '합리적인 기한'이 어느 정도인지의 문제에서 WTO는 "이 기한은 오직 예외의 상황하에서 10년을 초과한 것" 이라고 해석하고 있다. 이외에도 "만약 과도성 협정의 회원국들은 10년 기간이 불충분했을 때 상품무역위원회에 더 긴 기한을 요청하되 충분한 설명을 제출해야 한다" 라고 설명하고 있다.

7 한국과 미국 혹은 한국과 EU의 FTA의 농산물 자유화율은 매우 높다.

즉시 관세를 철폐할 것이다.

비록 한국의 신선한 농산물은 관세 양허의 범위에서 제외되었지만 1,611개 농산물 세번 중 1,022개, 즉 36.1%가 초민감 세번(581개)과 27.4%의 민감 세번(441개)이 20년 안에 관세가 양허될 것이다. 중국이 주시하고 있는 33개 세번은 할당액 관리와 부분 양허의 방식을 취하였으며 한국 시장을 확대하는 가능성을 제고하였다. 장기적으로 볼 때 시장 확대와 세번 개방을 위주로 하고 중국에서 한국으로의 농산물 수출은 지속적으로 증가할 것이다.[8]

(2) 한국 측 농산물 세금 양허 분류

한국농산물 양허 대상은 2012년 세번 10위 순위에 따라 분류를 진행하였다. 각 목록마다 대응하는 기준세율과 세금을 양허한 분류가 있다. 10위 세번 코드를 귀납하여 HS코드하의 두 자리로 모든 농산물을 HS01부터 HS24로 세율 양허를 통계하였다. HS코드 10위 세번은 각기 다른 세금 양허 분류가 있기에 제일 보편적인 방법을 사용하고, 빈도수가 가장 큰 세금 양허 분류를 대신하여 HS코드 두 자리 세번 분류를 선택하는 것이다(표 6).[9] 그 결과, 농산물 HS01에서 HS24까지 짧은 기간 안에(5년 이내) 세율을 0까지 양허할 수 있는 것은 HS01, HS05, HS14, HS15, HS18, HS19, HS23이다. 이

---

8 이 비례는 한미 FTA의 12.2%보다 많이 높고, 한국과 EU의 FTA는 14.5%, 한국과 캐나다의 FTA의 18.5%, 한국과 칠레의 FTA의 29.7%, 한국과 오스트레일리아 FTA는 38.5%의 비중을 보인다.

9 HS01을 예로 들면, 한국 관세 양허 안에서 세율이 즉시 0으로 되는 빈도수인 26, 관세가 원래대로 유지되고 변하지 않는 빈도수는 15, 5년 동안 점차 0까지 양허되는 빈도수는 10, 10년 동안 차츰 0으로 양허될 빈도수는 10, 15년 동안 점차 0까지 양허되는 빈도수는 3, 20년 동안 점차 0까지 양허되는 빈도수는 11이다. 빈도수가 가장 큰 세금 양허 유형이 HS01의 세금 양허 유형을 대표하는데, HS01의 세금 양허 유형은 즉시 세율을 0으로 양허하는 것이다.

표 6 한국 농산물 세금 양허 분류(2014년 한국이 중국에서 수입하는 각종 농산물의 비중)

코드	주요 상품	관세 양허 유형	각 농산물 수입이 전체 농산물 수입에서 차지하는 비율(%)
HS01	산 동물	0	0.24
HS02	육과 식용 설육	E	0.00
HS03	어패류	15	26.10
HS04	낙농품 · 조란 · 천연꿀	E	0.06
HS05	기타 동물성 생산품	5	4.50
HS06	산 수목 · 꽃	20	0.96
HS07	채소	E	12.22
HS08	과실 · 견과류	E	1.10
HS09	커피 · 차 · 향신료	15	0.63
HS10	곡물	E	5.19
HS11	곡물의 분과 조분 밀가루 · 전분	E	1.00
HS12	채유용 종자 · 인삼	15	9.28
HS13	식물성 엑스	E	1.28
HS14	기타 식물성 생산품	5	0.06
HS15	동식물성 유지	5	0.64
HS16	육 · 어류 조제품	20	3.56
HS17	당류 · 설탕과자	E	2.25
HS18	코코아 · 초콜릿	5	0.73
HS19	곡물, 곡분의 조제품과 빵류	5	3.51
HS20	채소 · 과실의 조제품	E	8.00
HS21	기타의 조제 식료품	20	3.66
HS22	음료, 주류, 식초	10	1.13
HS23	조제 사료	5	13.64
HS24	담배	15	0.27

* UN COMTRADE 참고

7종류의 농산물은 중국 수입액이 모든 농산물 수입 총액에서 차지하는 비율이 23.32%로 낮다. 그리고 많은 농산물은 모두 장기간 관세 양허(10~20년), 또는 영원히 세금을 양허하지 않는 범위 안에 있다. 예를 들어 HS02, HS04, HS07, HS08, HS10, HS11, HS13, HS17, HS20 9종류의 농산물은 영구적으로 세금을 양허하지 않는 예외의 범위 안에서 처리될 것이다. 또한 중국의 수입액은 총농산물 수입 총액의 31.1%를 차지할 것이다.

5. 중·한 FTA 관세 양허가 중국의 대한국 농산물 수출에 주는 영향

WTO 통계에 의하면, 2014년 중국은 평균 최혜국 관세금 세율이 9.6%이고 한국은 13.3%으로 다른 나라보다 높다. 한국의 농산물 관세율은 52.7%에 달하기도 했다(표 7 참조). 중·한 FTA가 발효된 후 대부분의 농산물은 장기간에 걸쳐 세율이 대폭 하강하거나 취소될 것이다. 이것은 중·한 양국의 농산물 무역을 신속하게 확대시킬 것이다. 또한 한국은 본국에서 생산하기에 원가가 비교적 높은 농산물을 중국에서 대량으로 수입할 것이므로 양국의 경제 무역 발전에 유익하다고 볼 수 있다.

중국과 한국 양국의 무역결합도지수로 볼 때 중국의 한국에 대한 농산물 무역결합도지수는 한국의 중국에 대한 무역결합도지수보다 많이 높다. 이것은 농산물 무역 부문에서 중국이 한국에 의지하는 정도가 상대적으로 높다는 것을 의미한다. FTA 체결 후 중국이 한국으로 농산물을 수출하는 데 더욱 유리하다. 중·한 양국의 무역보완지수로 볼 때 중국의 한국에 대한 무역 상호 보완성은 매년 하강 추세를 보이고 있지만, 한국의 중국에 대한 상호 보완성은 기본적으로 큰 변화가 없다. 하지만 양국 모두 그 지수가 1보다 낮기에 농산물의 무역 상호 보완성은 낮다. FTA가 성사된 후 장기간 내

표 7 세계 주요국의 관세율 비교(2014년 평균 최혜국 관세율, 단위 %)

분류	중국	한국	일본	미국	유럽연합	오스트레일리아	캐나다	러시아
모든 상품	9.6	13.3	4.2	3.5	5.3	2.7	4.2	8.4
농산물	15.2	52.7	14.3	5.1	12.2	1.2	15.9	11.6

* WTO Tariff Profiles 참고

에 농산물 관세가 양허됨에 따라 중·한 양국의 농산물 무역의 상호 보완성이 앞으로 높아질 수 있고, 농산물 무역의 규모 또한 확대될 것으로 보인다.

비록 중·한이 체결한 FTA는 모든 농산물을 놓고 볼 때 단기간(0~5년) 내에는 오직 20%의 농산물만 세금이 양허될 것이다. 63.5%를 차지하고 있는 민감한 농산물의 경우에는 짧은 시간 내에 중국의 한국에 대한 농산물 수출 규모가 확대되기는 어렵지만, 장기적으로는 대부분의 농산물 관세가 양허될 것이므로 중국산 농산물의 대한국 수출에는 유리할 것이다.

구체적으로 볼 때 중국에서 한국으로 수출하는 주요 농산물은 HS03, HS07, HS10, HS12, HS16, HS20, HS21과 HS23 총 8가지이다. 첫째, HS03(어패류) 농산물이다. 이 농산물은 중국과 한국이 수출상 모두 비교우위를 가지고 있다. 중국 HS03의 RCA는 상승 추세를, 한국 HS03의 RCA는 하강 추세를 보이고 있는데, 이것은 중국이 HS03을 수출하는 데 비교우위가 한국과 비교하였을 때 매년 증가하고 있다는 것을 말한다. 무역보완지수 면에서 볼 때 중국은 한국에 대한 HS03 수출의 무역보완지수가 매우 높은데, 이것은 중·한 양국이 HS03 농산물에 강한 상호 보완성을 가지고 있다는 것을 의미하므로 중·한 양국의 무역 협력성이 매우 크다고 볼 수 있다. 중·한 FTA가 발효되면 중국은 단기적으로는 한국에 대한 HS03 수출 규모에 큰 변화를 가져오지 못하겠지만, 장기적으로는 관세 면제에 따라 한국에 대한 중국의 HS03 수출 규모가 큰 폭으로 확대될 것이다.

둘째, HS07(채소) 농산물이다. 이 농산물은 비교적 우세 지수의 시각에서 볼 때 중국 HS07의 RCA는 매년 평균 2.5씩 상승 추세를 보이고 있다. 이것은 매년 비교우위가 증가하고 있다는 것을 의미하지만, 반면 한국 HS07의 RCA는 0.8보다 작고 비교우위가 약하다는 것을 의미한다. 무역보완지수면에서 볼 때 중국은 한국의 HS07에 대한 수출이 비교적 큰 상호 보완성을 가지고 있다. HS07은 세율을 유지하는 범위에 속한다. 2010년에 중국에서 한국으로 수출하는 HS07이 대폭 상승하였고, 그 뒤로는 큰 변동 없이 일정 수준을 유지하였기 때문에 FTA의 체결은 이 유형의 농산물 수출에 거의 영향이 없을 것이다.

셋째, HS10(곡물) 농산물이다. 한국은 여전히 민생의 양식 작물의 보호가 존재하고 있다. 한국은 쌀을 비롯하여 16가지 곡물 제품에 예외적으로 미개방 처리를 하고 있다. 쌀 등 양식작물은 초민감 제품으로, 현재 관세율이 변하지 않고 있다. 중·한 FTA의 발효가 영향을 미치긴 하지만 그 정도가 크지는 않을 것이다.

넷째, HS12(채유용 종자·인삼) 농산물이다. 중국과 한국은 모두 비교적 HS12의 현시성 우세치가 낮으므로 수출을 놓고 볼 때 비교우위를 갖고 있지 않다. 중국의 대한국 무역보완지수가 해마다 떨어지고 있는데, 이것은 중·한 양국이 이 농산물상의 협력 강화가 필요하다는 것을 의미한다. HS12의 세금 양허 유형은 15년에 등비로 0까지 양허할 것이다. 그러므로 FTA의 실시가 이 유형의 농산물에 단기간 내에는 큰 영향을 미치지 못할 것이다. 그러나 장기간으로 볼 때 관세의 양허로 인하여 한국은 이 유형의 농산물을 대량으로 수입할 것이고, 이 농산물 또한 한국에 비교적 우세로 제고될 것이다.

다섯 번째, HS16(육·어류 조제품) 농산물이다. 중국에서 한국으로 수출하는 것은 주로 노동집약형의 추가 공산물이기에 밀봉 포장한 육류, 어류, 갑각류 등 농산물은 중국이 한국보다 매우 큰 비교 우위를 차지하고 있다. 한국에서 이 유형의 농산물 RCA는 비교적 낮고 해마다 하강 추세를 보이고 있다. 경쟁력 비교에 근거하면 중국이 한국에 대한 이 유형 제품의 TSC는 1에 근접하며 매우 높다. 중국의 이 유형 제품의 수출은 큰 경쟁력이 있다고 볼 수 있다. 중국은 한국으로 이 유형의 농산물을 수출하는데, TCI는 2009~2014년에 작은 파동이 있었지만 기본적으로는 상승 추세였다. 이것은 중·한 양국 간 HS16의 상호 보완성이 비교적 강하다는 것을 의미한다. HS16의 세금 양허 종류는 20년 등비로 0까지 양허하였다 그러므로 짧은 시일 내에 중국이 이 유형의 제품을 수출하는 규모에는 큰 변화가 없겠지만, 20년 후 관세가 0까지 양허할 것으로 미루어 보건대 중국에서 한국으로의 수출은 제고해야 할 것이다.

여섯 번째, HS20(채소·과실의 조제품) 농산물이다. 한국은 본국 농업을 지지하기 위하여 농민의 이익이 침해 받지 않도록 보호하는 차원에서 야채, 과일 등의 관세를 양허 부문에서 예외로 하고 있다. 이 유형의 농산물은 FTA 관세 양허 범위에서 제외하고, 기본 세율이 변하지 않도록 유지하게 하였다. 그러므로 FTA의 체결은 중국에서 한국으로 이 유형의 농산물을 수출하는 데 큰 영향을 미치지 않을 것이다.

일곱 번째, HS21(기타의 조제 식료품) 농산물이다. 커피, 과일 음료, 농축차, 정제 즙, 꿀 등의 가공 제품은 한국이 중국에 비해 비교적 우세를 점하고 있다. 이와 같은 농산물은 중국에서 한국으로 수출되는 비중이 작다. 이 유형의 세금은 20년에 걸쳐 등비가 0까지 양허할 것이다. 이에 따라 FTA의 체결과 성사가 중국이 한국으로 이 유형의 농산물을 수출하는 데 있어서 단기간 내에는 큰 영향이 없을 것이라는 것을 알 수 있다. 하지만 장기간을 놓고 봤을 때 점점 관세가 0까지 떨어짐에 따라 이 유형 제품의 수출 규모는 확대될 것이다. 중국이 이 유형에 비교우세를 가지고 있지 못하기에 상승 폭도 크진 않을 것이다.

여덟 번째, HS23(조제 사료) 농산물이다. HS23을 놓고 볼 때 중국과 한국은 비교우위를 갖지 못한다. 또한 두 국가 모두 RCA가 1보다 낮다. 하지만 중국의 무역보완지수가 한국의 이 유형 농산물 수출보다 크다. 이것은 양국이 협력할 수 있는 공간이 매우 크다는 것을 의미하는 것이기도 하다. 이러한 농산물은 세율이 5년에 걸쳐 등비가 0까지 양허하는데, FTA 체결에 따라 단기간 내 중국이 한국으로 수출하는 규모는 큰 폭의 상승이 없을 것이다.

6. 중국의 대응 조치

첫째, 중국은 단기간 내에 농산물 비교우위와 가격우세를 이용하여 적극적으로 농산물의 수출을 증가시켜야 한다.

둘째, 전략적 시각으로 한국의 기술적인 무역 장벽에 대응하는 조치를 강구해야 한다. 20년 안에 한국은 중국 대한국 농산물 수출 관세를 취소할 것이고, 상대적으로 안전, 건강, 환경 등의 요인들을 이용하여 위생, 방역, 시험, 인정 등 비관세 무역과 기술 장벽을 강화할 것이다. 그러므로 중국은 대응 방안과 조치를 강구해야 한다. 국내외 농산물의 표준 정보를 수집하고 적극적으로 국내 전문가들과 국제 농산물 표준화를 제정하여 더 많은 농산물 국제 표준 발언권을 획득하도록 노력함과 동시에 국제 농산물 정보, 특히 한국의 농산물 표준 정보를 국내 해당 수출 기업에 전달해 주어야 할 것이다. 또한 한국 농산물의 기술 법칙, 합격 절차 등을 파악하여 장벽으로 인한 이익 손해를 피해야 한다. 한편 농산물 생산 과정을 규범화하며 농산물의 원산지, 농업에 사용되는 물질, 농산물 생산, 농산물 포장, 농산물 표지판, 농산물 경영, 감독 검사 등과 관련된 기준을 제정하거나 강화해야 한다. 농산물 품질 인증을 하고 질량 안전 확인 체제를 세워 육류, 수산물, 채소, 과일 등을 검사할 수 있는 제도를 만들어야 한다.

셋째, 정부 주도하의 토지 은행 혹은 중간 관리 기관을 통해 경작지의 집약화 경영을 촉진하고 창의적으로 농업 경영을 추진함으로써 생산 원가를 낮추고 농산물의 국제 경쟁력을 키워 수출을 확대해야 한다. 콩(발아용), 참깨, 고구마 전분 등 한국의 저관세 수입 쿼터의 확대분을 이용하여 수출을 늘려야 한다. 고사리(건조), 당면, 옥수수(종자용), 사탕류 등은 5년 내에 관세가 10% 양허될 것이므로 수출의 증가를 기대할 수 있다. 옥수수, 한약재, 인삼, 담뱃잎, 녹두, 도라지, 도토리, 목이버섯 등 15%의 농산물은 20년 내에 등비로 관세가 양허되고 2020년 1월 1일부터는 관세가 제로로 될 것이다. 532개 33%를 차지하는 옥수수, 고기류, 인삼, 마늘, 꿀 등의 신선한 농산물은 예외로 처리되므로 중국은 규모화 발전 전략을 제정하고 수출을 촉진하여야 할 것이다.

넷째, 농산물의 가공률을 제고하여 가공의 정밀화와 강공화를 추진하고 농산물 가공의 표준화 및 원료 생산을 강화해야 한다. 농산물 초급 가공 중심의 시스템에서 벗어나 용두 기업이나 대형 기업 기단을 지지해야 한다. 또한 각종 장비를 제고하여 제품의 부가가치, 품질 등을 정비해야 할 것이다.

다섯 번째, 진일보된 브랜드 창업을 추진해야 할 것이다. 농업국가 표준 체계와 농산물 브랜드가 자리 잡을 수 있도록 지속적으로 제고하여야 한다.

여섯 번째, 농업 표준화 전략을 실시한다. 한편으로는 국제 선진표준을 참고로 하고 제정표준과 실시표준을 통과하게 하여 농업 생산 전-중-후의 모든 과정을 표준화 생산 및 표준화 관리 궤도로 올려놓는다. 대외로 ISO/TC249, 국제식품법전위원회 등과 농산물에 관련된 국제표준화조직기구와 국내인삼표준제정의 상관 단위 간의 관계를 조화롭게 해야 할 것이다. 다른 한편으로는 국제표준화 무대에서 주도권과 발언권을 획득하여 신동북아 국제표준의 리더국으로 발돋움해야 할 것이다. 현재 국제표준은 선진국가가 주도하고 있는데 중국은 응당 농업 표준화를 가속화하여 국제표준 시장을 확보하고 표준 대국이 되어야 한다.

일곱 번째, 중·한 농산물 표준화 협력을 강화하는 것이다. ISO 등 국제조직에서 제정한 국제표준이 국제무역 중의 중요한 조건이 되었다. 그러므로 중·한 양국은 관련 연구 및 표준화 분야에서의 협력을 강화해야 할 것이다.

현재 중국의 수출업체는 기술 장벽에 부딪힌 국가가 상대적으로 집중되어 있다. 미국·유럽 연합·일본 등 선진국을 제외하고 한국의 기술 장벽 역시 매우 높다. 그러므로 중·한 양국은 공동 연구 등을 통해 적극적으로 글로벌 스탠다드를 추진하면서 양측 모두 농업 개발과 표준화된 통합을 강화해야 한다.

제7장

동북아시아 지역화 및 지역주의 전개 과정의 비대칭성

권세은

1. 서론

동북아시아는 다른 어떤 지역보다 상호 협력이 증대되고 있지만 정치·안보 부분에서 갈등의 수준이 높은 지역이다. 이 지역에는 영토 분쟁, 역사 논쟁, 북핵 문제 등 안정을 해칠 수 있는 존재론적 갈등이 상존하고 있다. 게다가 이 지역 내에서 신뢰 관계가 형성되거나 지역질서를 규정할 수 있는 다자 기구가 아직 형성되어 있지 않다. 소련 붕괴 후 이 지역에서 미·중·일·러 강대국의 지정학적 전략, 특히 미·중 주도권 확보 전략이 복잡하게 전개되면서 불안정성이 확대되고 있다. 이런 현상을 이른바 '아시아 역설Asia's Paradox'이라 한다. 이는 지역화regionalization와 지역주의regionalism의 전개 과정에서 비대칭성에 대한 표현으로 볼 수 있다. 경제 및 사회 분야에서 상호 의존도가 높아지는 반면 정치·안보 분야에서 갈등이 심화되는 현상을 개념화한 것으로 동북아시아의 불안정성을 상징하는 이미지로 자리 잡고 있다. 특히 이런 모순은 최근에 확대되고 있는 반세계화 경향과 결합되면서 매우 복잡한 양상을 띠고 있다. 동북아시아 지역적 특성을 비판적으로 고찰하는 것이 이 글의 목적이다.

영국의 유럽연합EU 탈퇴와 도널드 트럼프Donald Trump의 미국 대통령 당

선으로 자국우선주의, 신중상주의가 세계적 현상으로 확대되고 있는 듯하다. 반대로 20세기 후반부터 시대적 현상으로 등장했던 세계화 경향은 점차 주춤할 것으로 예상되고 있다. 반세계화, 국가주의, 글로벌 보호무역주의 등 정치·경제 동맹에 기반을 둔 전통적 현실주의 논리가 꿈틀대고 있다. 특히 미국, 중국, 러시아, 일본에서 강한 리더십을 바탕으로 하는 자국이익주의가 대중들의 지지를 받게 되면서 동북아시아 지역주의 전개 과정이 혼란을 겪고 있다. 국가이기주의 담론은 현실에서 권위주의 리더십을 정당화하기 때문에 지역주의 형성에 부정적 영향을 미치게 된다. 도널드 트럼프 미국 대통령은 각종 자유무역협정FTA과 환태평양경제동반자협정TPP 등을 수정하면서 미국우선주의America First 정책을 추진하고 있다. 블라디미르 푸틴Владимир Владимирович Путин 러시아 대통령은 크림반도 병합, 우크라이나 침공 등 북방유라시아 제국의 부활을 꿈꾸고 있다. 시진핑習近平 중국 국가주석은 일대일로一帶一路, 역내포괄적동방자협정RCEP, 남중국해 영유권 강화 등을 통해 정치·경제·사회 등 전 영역에서 중화패권을 노리고 있다. 아베 신조安倍晋三 일본 총리는 미·일 동맹을 통해 동북아시아에서 영향력 확대를 시도하고 있다. 특히 고고도미사일방어체계 사드Terminal High Altitude Area Defense, THAAD의 한반도 배치 문제를 둘러싸고 한국과 중국의 마찰이 심해지면서 지역 내 협력 분위기가 냉각되고 있다.

이런 현상에 대한 해석에는 다양한 시각들이 존재한다. 한편에서는 경제적 상호 의존이 높아지는 동시에 안보적 갈등 또한 높아지는 형태인 현실주의의 심화로 또는 약육강식 질서의 반복으로 개념화하는 경우이다. 다른 한편으로는 일시적 혼란을 겪겠지만 결국 돌이킬 수 없는 세계화 흐름에서 지역의 상호 의존이 증대되어 상호 협력이 일상화되는 새로운 형태의 지역질서 형성으로 개념화하는 경우이다. 새로운 형태의 지역질서가 형성되고 경제·사회적 상호 의존 관계에 적합한 정치·안보적 협력 관계가 구축되는 형태가 지역민의 희망일 것이다. 하지만 현실에서는 경제·사회적 상호 의존과 정치 안보적 갈등이 동시에 전개되는 현실주의와 상호 의존의 형태가 중첩되면서 그 관계의 성격, 중첩의 정도가 지속적으로 변할 것으로 본다. 이런 변화 과정에서 국가를 비롯한 다양한 행위자들이 새롭게 형성되는 지역 질서 형태에서 주도권을 장악하려고 끊임없이 투쟁할 것이다.

동북아시아에서 지역화와 지역주의 개념은 세계화 현상과 긴밀히 연결되어 있다. 20세기 후반부터 시작된 세계화는 동 시대를 규정하는 개념으로 사용되거나 국가전략, 국가정책으로 작용하고 있다. 세계화는 시대적·공간적 현상을 설명하는 핵심 개념으로 자리 잡으면서 다양한 분야에서 보편화되었다. 세계화 맥락에서 지역주의 또한 긍정적이든 부정적이든 자유민주주의 논쟁을 비롯하여 온갖 시사적인 논쟁에 이르기까지 주요 주제로 자리 잡게 되었다. 특히 유럽에서 유럽연합의 출범과 더불어 지역주의는 국가주의 이후 지역 거버넌스 형태와 연결되면서 많은 관심을 받게 되었다.

지역주의 개념의 다층성과 다의성은 오늘날까지도 여전히 증대되고 있다. 그 해명은 그 개념에 종속되는 개별 현상들이 야기한 구조적 변화에 대해 역사적·사회경제적 분석을 통해서만 가능할 수밖에 없다. 『코젤렉의 개념사 사전』 번역서 서문에 따르면 '개념'은 정치·사회적 의미의 연관들로 꽉 차 있어서 계속해서 다의적으로 머무르는 단어이다. '기본 개념'은 그중에서도 특히 정치·사회적 현실과 운동에 강력한 영향력을 행사한 개념을 가리킨다. 기존 개념화 작업이 시대적 배경과 역사적 맥락을 초월한 순수 관념을 상정하여 그 의미를 밝히는 데 치중하고 역사를 하나의 총체적이고 통일된 실재라 가정했다면, 코젤렉의 논의에서 그 작업은 정치·사회적 맥락 속에서 전개되는 의미의 변화 양상에 주목하고 있다.[1]

---

1 외르크 피쉬 외, 『코젤렉의 개념사 사전 1 : 문명과 문화』, 안삼환 역, 푸른역사, 2010, pp. 5~6.

동북아시아의 특성을 파악하는 과정에서 개념화 작업의 중요성이 이미 제기되어 왔다. 한국을 비롯한 동아시아는 자신들의 전통 정치 및 사회 현실과의 갈등 속에서 유럽의 근대 정치 및 사회 현실을 받아들여야 하는 과정에서 유럽의 근대 정치 및 사회 개념들을 자신들의 전통 언어로서 번역해야 하는 어려움을 겪어야 했다.[2] 개념은 다양한 시간과 상이한 내용을 갖는 여러 차원의 역사적 실재들로 해체될 수밖에 없기에 개념이 역사적·지역적으로 구성된다고 볼 수 있다. 마찬가지로 지역 개념 또한 다양한 관계가 형성하는 장場이기 때문에 시공간 의존적이다. 지역의 구조는 맥락의존성 context dependency, 시공간의존성time and space dependency의 특징을 갖기 있기 때문에 다른 지역 특성과 구분되는 개념화 작업이 필요하다.

장으로서 동북아시아를 개념화할 경우 지역을 실체론substationalism으로 인식하기보다는 관계론relationalism으로 이해해야 한다. 그 지역성을 세계화라는 구조적 측면으로 환원하거나 혹은 관계자關係者의 주체적 실천으로 환원하여 파악할 수 없다. 실체론 관점에서 구조를 중심으로 이해할 경우 객체이자 행위자의 창조적 실천을 포착할 수 없게 되고, 또한 행위자 중심으로 이해할 경우 역사적이고 구조적 차원을 포착할 수 없게 된다. 지역 현상의 객관성, 법칙성을 자명한 것으로 간주하는 것이 아니라 구체적이고 경험

---

2 하영선, 「변화하는 세계와 개념사」, 『세계 정치』 25(2), 2004, p. 7. 하영선은 "근대 한국이 19세기의 변화하는 세계를 바로 보고 미래를 제대로 마련하기 위해 근대 유럽 국제질서의 기본 개념인 주권, 부국강병, 세력 균형, 민주주의, 영웅, 경제들을 어떻게 받아들였는지 넓은 의미의 개념사적 시각에서 검토한 결과 우리는 당시 개념 논쟁의 삼면전에서 완패했음을 보여 준다. 우선 19세기의 문명사적 변화를 과거의 경험과 미래의 전망 속에서 제대로 개념화하는 데 실패했다. 위정척사파는 미래의 전망을 제대로 내다보는 데 실패했으며 개화파는 과거 경험의 무게를 너무 가볍게 봐서 실패했다" (같은 논문, p. 10)라고 평가하고 있다. 결국 전통과 근대의 중층적 성격을 제대로 파악하여 대응하지 못했기에 한국은 주권을 상실했고 현실을 스스로 개념화하고 미래를 실천할 수 있는 권리를 상실하게 되었다.

적 세계에서 형성되는, 구조와 행위자 간 상호 관계의 장에서 지역성을 포착하는 방법이 효율적일 것이다.

오늘날 상호 모순적으로 해석되고 있는 동북아시아 지역화와 지역주의에 대한 이해가 지역성을 파악하는 데 있어서 필수적이다. 관계론, 과정론, 장이론 등 관계적 존재론relational ontology에 기댈 경우 동북아시아 지역화와 지역주의 비대칭적 과정을 효율적으로 파악할 수 있게 된다. 그 복잡한 현상에 대한 성격 규정은 향후 전개되는 미래 예측이라는 측면에서 중요한 작업이 될 것이다. 보편적 환경으로 제시되고 있는 세계화에 대한 고찰, 동북아 특성으로 제시되고 있는 지역화와 지역주의 전개 과정의 불일치에 대한 고찰이 그 출발이 될 것이다.

2. 관계망, '장field'으로서의 지역

지역과 지역성을 개념화conceptualization하는 작업은 그 지역의 정치·사회적 맥락 속에서 진행될 수밖에 없다. 동아시아, 동북아시아, 환동해 등과 같은 지역에서 세계화, 지역화, 지역주의 등과 같은 개념은 시대적·공간적 배경과 역사적 맥락을 초월한 순수 관념을 상정하거나 통일된 실체로 가정할 수 없다. 지역성은 세계적 경향과 지역의 역사적·공간적 특성의 관계 속에서 끊임없이 변하고 있기 때문이다.

지역성을 개념화하는 과정에서는 관계 장場의 논리를 전제한다. 피에르 부르디외Pierre Bourdieu에 따르면, '장'은 관계자의 실천과 사회적 조건이 교차하는 지점에서 설정되는 개인들이나 제도들에 의해 점유된 관계들의 지배 또는 종속, 협력 또는 대립의 연결망이다.[3] 한편 사미즈 히로시清水博는 '장'

3 부르디외 논의에서 '장champ' 은 실천과 사회 공간이라는 거대한 세계가 교차하는 지점에서

이 '장소' 속에서 관계자에 의해 자기조직되어 관계자의 활동을 종합하는 작용을 하는 것이라 개념화하고 있다. 관계자는 '장소'를 매개로 해서 자기언급적인 '장'을 창출하고 이것을 자기구속 조건으로 하고 있다.[4] 장 논리에서 세계를 관계망으로 보는 시각이 형성된다. 행위자의 관계는 상호 소통하며 언제나 '장'을 통해 드러나게 되는데, 행위자가 소통하고 의미를 갖게 되는 지점에서 세계는 하나의 새로운 장으로 바뀌게 된다. 새로운 장은 다른 장의 영향이 부재한 진공 상태에서 형성되는 것이 아니라, 다른 장과의 관계 속에서 형성되기에 시공간적 특성의 영향을 받게 될 수밖에 없다.

근대 학문 체계에서 지역은 점과 선으로 이루어진 물리적·절대적 공간으로 환원되어 실체로 인식되었다. 하지만 지역은 단순히 물리적 공간만이 아니며 항상 그곳에 관계하는 사물들과 함께 생성·발전·소멸하게 된다. 자연과 인문 환경적 공간이자 사회적 공간이며 상징과 기호들로 가득한 문화적 공간이다. 종합적으로 정리하면, 지역은 절대적·상대적·권력적 공간 등 다양한 공간의 총체로서 관계의 장이라 할 수 있다.[5]

관계의 장에서 행위자들은 상호 소통하며 의미를 갖게 되는 지점을 창조

만들어지는 위치들의 공간이다. 장은 고유한 이해관계와 내기물stake, 그리고 그 내기물을 차지하기 위한 투쟁에 기꺼이 참여하는 행위자들로 이루어진다. 장의 구조는 투쟁 속에 가담한 제도들 사이에서 참여한 행위자들 사이의 역학 관계의 한 상태 혹은 과거 투쟁에서 축적되어 향후 전략 방향을 결정하는 특수한 자본의 한 분포 상태로 정의될 수 있다. 장은 균질한 상태가 아니라 유동적이고 상호 대립하면서 집중 혹은 확산하는 역할과 지위들의 불균등한 지형을 이룬다. 그런 의미에서 장은 정적이라기보다는 투쟁적 힘들의 동적인 공간이며, 이 투쟁적 힘들이 장의 유지 혹은 재편을 초래한다. 김동일, 「부르디외와 라투르의 대질과 수정 : 사회과학 지식 체계에서 장이론의 가능성과 한계」, 『사회과학연구』 18(2), 2010, pp. 48~50.

4 사미즈 히로시, 『생명과 장소 : 창조하는 생명의 원리』, 박철은 · 김강태 역, 2010, 그린비, p. 33.

5 권세은, 「지역 연구 대상으로서 환동해지역의 설정」, 『아태연구』 17(2), 2010, pp. 32~33.

하게 된다. 하인리히 롬바흐Heinrich Rombach의 '공창조성Konkreativität' 논리는 모든 것을 생동적인 관계망으로 간주한다.[6] 우리가 살고 있는 세계는 다양한 사태들이 상호작용하면서 형성되는 하나의 사건event이다. 각각의 행위자 또는 과정이 자신의 조건들을 스스로 산출하며 자신의 길을 개척해 나가는 공창조적 자가생성적 사건으로 볼 수 있다. 여기서 창조란 본질적으로 공창조적이고 재창조적이다. 이 창조 과정에서 주체는 '나'나 '너' 또는 '사태'가 아니라 형성되어 가는 공창조적 생기 사건, 즉 '자가생성적'인 과정이 바로 주체인 것이다. 이런 논리에서 보면 세계화·지역화가 어떤 한 주체에 의해서 형성되는 것이 아니라 다양한 관계로부터 출현되고 있는 하나의 생기 사건으로 볼 수 있다.

모든 존재는 생성과 소멸의 과정에 있고 또한 상호 유기적 관계에 있다는 앨프리드 화이트헤드Alfred Whitehead의 '과정 철학'이나 '유기체 철학', 세계는 다양한 사태들이 상호작용하면서 형성되는 하나의 사건으로 해석하는 하인리히 롬바흐Heinrich Rombach의 '구조존재론', 사회는 행위자들의 실천이 전개되는 다수의 장으로 이루어진다고 파악하는 부르디외의 장이론theorie des champs 등에서 기본적 전제는 바로 '관계적 존재론'이라 할 수 있다. 관계적 존재론에서 모든 관계는 항상 장을 통해 출현한다. 장에서 존재는 불변의 실체나 중립적 현존으로서가 아니라 유한하고 과정적이고 관계적인 생기사

6 구조존재론은 존재 자체를 관계론적이고 역동적인 '사건'으로 사유한 하이데거의 현상학적 존재론을 창조적으로 계승·발전시킨 존재론이라 할 수 있다. 구조존재론은 그 특성을 '구성틀'이나 '역동성'이 아니라 '생성'에서 찾는다. 롬바흐가 강조하고자 하는 바는 생성이란 개별 주체에 의해 일방적이고 자의적으로 야기될 수 있는 것이 아니라 나와 너, 나와 재료, 나와 사태, 인간과 상황, 인간과 자연, 인간과 현실 등 그 '구조의 생성'에 참여하고 있는 것들이 서로 어우러지면서 구성된다는 것이다. 구조존재론에 대해서는 다음을 참고. 전동진, 「구조존재론 : 인간과 자연의 공창조성의 철학」, 『존재론 연구』 15, 2007 ; 전동진, 『생성의 철학 : 하이데거의 존재론과 롬바흐의 생성론』, 서광사, 2008.

건으로 인식되어야 한다. 관계망에 행위자의 그 구체적 실천 과정에서 중립적인 세계가 아닌 의미의 세계가 형성된다고 볼 수 있다.

지역을 다양한 국가, 사회 세력, 권력의 주체들이 교차하는 그물망으로 가정하면 동북아시아지역은 정치, 경제, 문화 관계망으로 구성되는 지역화된 장이라고 개념화할 수 있다. 이때 지역의 변화란 다양한 관계자들이 자신들의 조합을 바꾸어 형성되는 독특한 창조적 과정이다. 이렇게 동북아에서 세계화의 내재화interiorsation 과정과 내재화된 특성의 외재화exteriorization 과정이 다른 지역과 구별되게 한다.

지역화와 지역주의의 논의에서 동북아시아는 시간적 및 공간적으로 조건화된다. 동북아시아는 실천을 통해 새롭게 재구성되는 공간이다. 현실지리적 개념을 반영하여 지역을 개념화할 경우 그 범위를 현실적 관계망이 형성되는 다양한 소지역으로 재구성을 할 수 있다. 기존에는 동아시아가 '하나'이며 실재이고 그 지역정체성이 계속된다는 사고가 지배적이다. 하지만 특정 공간의 다양한 상호 관계성의 범주화 또는 담론화는 다수의 동아시아를 가정할 수 있다. 지역, 국가, 지방 등 다양한 차원에서 형성되는 중층적인 상호 관계성으로의 범주화는 동북아시아, 중앙아시아, 동남아시아, 그리고 동북아시아 내에서도 환황해권, 환동해권, 대륙권, 해양권 등 다양한 지역을 형성하게 된다. 예를 들어, 동북아의 한 형태인 환동해East Sea Rim란 오늘날 '동해'라고 불리는 바다를 둘러싼 공간을 말하는데, 일정 부분 동북아라는 공간과 중첩되는 부분도 있지만 러시아 극동지역과 몽골지역, 나아가 미국을 주요 관계자로 포함하는 의미에서 기존의 동북아시아 개념과 일치하지는 않는다. 또한 이는 전통적으로 사용되는 한·중·일 중심의 국가 단위 개념이나 유교나 한자와 같은 문화정체성 개념보다는 다양한 범위, 즉 국가, 지역을 포괄하는 현대적 측면에서 현실지리[7] 개념으로 사용된다. 오늘날 이 지역은 문명론적 관념, 지정학적 관념, 지경학적 관념, 사회문화적 관념 등이 결합되면서 상상적 또는 실체적으로 개념화되기도 한다.

3. 동북아의 지역화와 지역주의

20세기 후반부터 세계화는 우리들의 일상으로 자리 잡았다. 이런 현상은 단순히 정치·경제적 측면에서만 나타나는 것이 아니라 사회의 전 부분에서 나타나고 있다.[8] 지역화는 이런 세계화 흐름이 지역적으로 재현된 형태라 볼 수 있다. 지구적 차원에서 세계화 흐름에 따라 지역적 차원에서 협력이 본격화되었다. 유럽연합EU을 필두로 북미자유무역지대NAFTA, 남미공동시장MERCOSUR 등 대륙 차원에서 지역주의가 전 세계적으로 확산되어 갔다.

---

7 동아시아라는 개념은 단순한 지리적 연관뿐만 아니라 정치적 · 경제적 · 사상적 · 문화적으로 연결되어 있다. 동아시아는 지정학적, 지경학적, 지문화적 측면에서, 과거-현재-미래 측면에서 현실지리 특성으로 이해될 경우, 그 영역은 현실적이자 미래 지향적 지역 구분이다. '현실지리' 란 지역이 정치, 경제, 안보, 환경, 평화 문제에서 실제적으로 관계를 가지고 있으며 운명 공동체적 성격을 띠고 있다. 김희교, 「극동, 동아시아, 동북아시아의 함의」, 역사비평편집위원회 엮음, 『역사용어 바로쓰기』, 역사비평사, 2006, pp. 308~311 ; 와다 하루키, 『동북아시아 공동의 집』, 이원덕 역, 일조각, 2003, pp. 81~83.

8 1990년대 이후 세계 교역 규모는 크게 증가했다. LG경제연구원에 따르면, 1995년 4조 9,014억 달러에서 2015년 16조 4,415억 달러로 세 배 넘게 불었다. 1980년 544억 달러였던 외국인직접투자FDI 규모는 1995년 3,415억 달러, 2016년에는 1조 7,621억 달러로 커졌다. 사람도 많이 이동했다. 유엔 국제이주보고서는 지난해 이민자 수가 2000년보다 41% 증가한 2억 4,400만 명에 달했다고 분석했다. 세계의 생활수준은 전반적으로 개선됐다. 특히 신흥국 노동자의 소득이 크게 늘었다. 최근에 세계화는 전례 없는 도전을 받고 있다. 신흥국이 성장해 국가 간 불평등은 줄었으나 국가 내 불평등이 증가했기 때문이다. 신흥국 내 중산층은 늘었지만 선진국 노동자들의 처지는 달랐다. 실질임금이 거의 오르지 않는 상태가 지속된 데다 2008년 글로벌 금융위기 이후 저성장이 계속돼 불만이 누적됐다. 불만은 표심으로 연결됐다. 팍팍한 살림살이와 공동체 와해가 모두 외국 · 외국인 때문이라고 주장하는 이들이 세를 얻는 중이다. 「세계화, 더 이상 선 아니다… 선진국발 보호무역 광풍 분다」, 『한국경제』, 2017. 1. 2.

세계화 경향은 동북아시아지역 성격을 크게 변화시켰다. 이 지역은 중국과 러시아의 개방·개혁, 아시아권의 경제 발전을 경험하게 된다. 안보 환경이 개선되고 경제적 상호 의존도가 심화되고 인적·물적 교류가 증대되면서 지역화가 급격히 진행되었다. 지역 내 정치·안보 협력에 대한 관심 및 경제적 협력에 대한 관심이 증대되어 지역협력과 지역주의에 대한 논의로 이어지게 되었다. 특히 이런 시대적 변화에서 '동아시아', '동북아시아', '환동해'라는 개념은 탈냉전 담론 및 탈근대 담론과 연계되면서 실제實際를 넘어 담론discourse으로까지 발전하게 되었다. 글로벌 시대의 도래와 다른 대륙의 경제통합체의 출범과 같은 지역주의 출범이 동아시아지역에서의 지역주의를 추동하게 되면서 지역주의, 지역 통합이 새로운 시대 담론으로 등장한 것이다.

최근 20~30여 년간 동북아시아의 지역화 정도는 크게 높아졌다고 볼 수 있다. 동시에 경제협력체, 안보협력체 등 동북아 지역주의에 대한 논의가 증대되어 왔다. 하지만 그 수준이 확대되지 않고 있는 것이 현실이다. 동북아에서의 지역화가 지역주의로 발전하지 못하고 있는 상태가 이 지역에의 협력이 어렵다는 측면을 보여 주고 있다. 그러나 이 지역에서 국가주의의 온존, 상이한 국가 발전 수준, 비대칭적인 국력 등과 같이 지역협력의 저해 요인에도 불구하고 지역주의의 기초는 마련되고 있는 것이 과거와는 다른 점이다. FTA 관련 논의,[9] 교역과 투자의 확대, 지역공동체 논의[10] 등과 같은 일

9 2000년대에 접어들면서 한·중·일 FTA, EAFTA(ASEAN+3), CEPEA(ASEAN+6) 등 동아시아 경제협력에 대한 다양한 논의가 진행되고 있다.

10 공동체론은 기획 속성이 강하다. 경제협력의 필요성에서 출발한 '경제공동체' 논의, 특정 국가의 패권을 견제하고 역내 영토 분쟁, 해양 분쟁, 자원 경쟁, 국제 테러, 군비 경쟁 등과 같은 제반 안보에 대한 위협에 공동으로 대처하려는 정치-안보 차원의 '안보 공동체' 논의, 사회-문화 차원의 상호 이해 증진 및 협력을 추구하는 '사회-문화 공동체' 논의 등은 세계화 차원의 지역주의 대두에 대응하기 위해 동아시아 지역주의가 필요하다는 현실적 이해를 내세우고 있다. 동아시아 담론과 리뷰에 대해서는 다음 글 참조. 박상수, 「한국발 '동아시아론'의 인식론 검토 : 동아시아연

련의 과정에서 일정 정도 지역의 발전에 대한 인식을 공유하고 있다. 특히 정치·안보적 차원에서 갈등이 심각하다는 점을 고려할 때 이런 협력은 긍정적 의미를 지닌다.

이 지역에서 지역주의는 매우 느리게 진행되고 있지만 사회적·경제적 측면에서 지역화가 상이한 지역을 대상으로 중층적으로 형성되고 있다. 동북아에서의 이런 전개 양상을 이해하기 위해서 우선 지역화와 지역주의, 지역화와 세계화 관계에 대한 새로운 차원의 인식이 필요하다. 지역화는 자연발생적인 과정으로, 지역주의는 의도적인 과정으로 이해할 수 있다. 지역화는 국경을 넘어 전개되는 교류를 포괄하면서 지역민이 결부되는 사회와 시장 주도화 과정에 속하는 것이며, 다양한 사회적·경제적 네트워크를 형성하게 된다. 반면 지역주의란 다수의 국가 및 지역을 포괄하는 특정 공간에 다자간 교류와 협력의 틀을 제도화하는 시도를 말한다. 따라서 지역주의는 기본적으로 개별 국가들의 조약 및 협정을 통해 위로부터 주도되기에 주요 행위자는 국가라 할 수 있다.

지역주의가 세계적으로 확산된 이유는 무엇일까? 우선, 중국과 러시아의 개방경제 체제로의 전환, 냉전 체제의 종식으로 인한 다극화 시대의 도래이다. 국가 이익을 규정하는 데 있어서 이념적 요소가 사라지게 되면서 실질적 이해관계가 밀접한 지역 내 국가들의 협력이 중요하게 되었다. 두 번째 요인은 경제적 세계화이다. 세계 시장에서 경쟁의 심화와 경제 자유화는 지역 협력을 추동하였다. 경쟁의 심화로 인해 서구 시장에 대한 접근이 어려워지면서 비서구 국가들이 그들만의 연합을 형성하기 시작했다.[11] 마지막으

구, '초국가적 공간' 으로부터 접근하자」, 『아세아연구』 53(1), 2010, pp. 73~100 ; 박승우, 「동아시아 공동체 담론 리뷰」, 『아시아 리뷰』 1(1), 2011, pp. 61~110.

11 유현석, 『국제 정세의 이해』, 한울아카데미, 2009, p. 99.

로 정치적 민주화이다. 비민주적 정권에서 지역은 대체로 폐쇄적이며 다른 국가와의 협력에 적극적이지 않았다. 반면 민주적 정치 체제에서는 경제적·사회적으로 타 국가와의 협력을 선호하는 세력(시장, 지방정부 등)이 존재하게 되고, 이 세력은 국가정책에 중요한 영향을 미치게 된다. 이렇게 정치적 자유와 민주화는 국가 간 협력이 자라날 수 있는 중요한 토양이 되었다.

세계화 시대에 지역화는 무역과 투자와 같은 시장경제 논리에 따라 국가 간 경계를 넘어 사실상의 지역을 통합하는 과정이다. 이런 지역화가 목적 지향적인 지역주의를 선행하는가 아니면 공식적 지역주의가 지역화를 가속화시키는가라는 주제는 다양한 결합 형태를 낳게 된다. 따라서 지역주의와 지역화의 불일치에 대한 이해는 지역의 경계, 범위의 재설정, 재인식을 필요로 한다. 자연적으로 형성되는 지역화의 범위는 기본적으로 시장 논리에 따라 지역주의에서 규정하는 지역의 범위보다 넓게 형성될 수도 있다. 세계화와 함께 보편적으로 나타나는 지역주의는 그 지역적 특성에 따라 다양한 형태로 발전되고 있으며, 그 정도 또한 다양하다. 따라서 지역주의를 공식적 제도화에 초점을 두고 목적론적으로 또는 결과론적으로 이해하기보다는 지역 구성원들이 다양한 과제에 직면하여 상이한 형태의 제도화 과정으로 이해할 필요가 있다.

오늘날 지역주의는 국가 단위의 협조 체제 구축이라고 하는 전통적 개념을 넘어서고 있다. 1950~1960년대 지역주의가 국제관계 맥락에서 전개되었다면, 1980년대 후반 이래 지역주의는 정치·경제적 맥락에서 전개되고 있다. 특히 신지역주의는 기존의 국가 단위로 조직된 협력 형태보다 초국가주의transnationalism에 한층 깊이 연계되어 있다는 점이 특징이다. 다른 한편으로는 경제적 상호 의존과 국경을 매개로 한 교류 프로젝트 등에 따라 비국가 행위자를 중심으로 다양한 횡국가 네트워크들이 형성되고 있다. 따라서 지역주의는 다의적으로 개념화될 수 있다. 이는 영역에 따라 경제적 지역주의, 정치적·군사적 지역주의 그리고 전 영역을 포괄하여 다루는 포괄적 지역주의까지 다양하다. 또한 통합 및 제도화 정도에 따라 지역협력체의 결정이 강제성을 갖지 않는 단순 지역협의체에서부터 역내 국가들이 상당한 권한을 지역협력체에 양도한 초국가적 연합체까지 다양한 형태가 존재한다.[12]

지역주의에 대한 인식적 기초는 실체론substantialism과 관계론relationalism으로 구분될 수 있다. 실체론에서는 지역이 명확한 경계와 정체성을 가지게 되는데, 이 경우 모든 현상은 주체, 즉 개별적 존재의 활동으로 인식된다. 이런 전통적 논리에 따르면 지역주의가 국제관계적 관점에서 이해되면서 국가의 정책적 행위로, 국가 영역의 확대 정책으로 된다. 반면 관계론에서 지역주의는 항상 관계 속에서 재구성되면서 탈국가주의, 초국가주의를 지향하게 된다. 근대 시기 지역주의는 기본적으로 경계선을 갖고, 경계선 내의 공간에 대한 절대적 지배권을 갖게 된다. 반대로 오늘날 지역주의 논리에서는 어떠한 형태로든 국가의 경계를 넘어서지 못하면 기존의 국제관계 성격을 벗어나지 못하게 된다.[13] 따라서 지역주의는 기본적 가치를 공유하면서 일국을 넘어서는 조건에서 논의가 진행되어야 한다. 이럴 경우 그 행위자는 국가뿐 아니라 시민, 시장 등 다양한 관계자로 확대될 것이다.

동북아시아 지역주의 논의는 냉전 체제 해체 이후 이 지역에서 새로운 평화 질서를 구축하기 위한 움직임과 밀접한 관련을 맺고 있다. 기존 냉전 질서를 대체할 새로운 지역질서 형성 가능성을 모색해 왔다.[14] 동북아시아에서 국가 간의 갈등은 서로를 매개로 독특한 상호작용을 통해 자신의 체제를 재생산하는 구조에서 발현되어 나타나고 있다. 지역화 과정과 지역주의

12 위의 책, p. 97.

13 권세은, 「환동해, 변방을 넘어」, 최재선 엮음, 『환동해 경제학』, 블루앤노트, 2015, p. 54.

14 이남주, 「한국에서의 '진보' 와 동아시아 협력」, 『창작과 비평』 34(3), 2006, p. 362.

과정을 객관화하고 중립화할 수 없는 특성이 이 지역에 존재하고 있다. 종종 지역주의 논의에서는 존재론적 특성을 인식론적 특성으로 환원하거나 또한 인식론적 특성을 존재론적 특성으로 환원하는 오류를 범하게 된다. 지역의 현재적 특성을 반영하는 현실 지리적인 존재론적 특성과 반反헤게모니, 공동체주의와 같은 심상지리적인 인식론적 특성에서 서로 다른 차원의 담론이 형성되고 있는 것이다.

동북아시아에서 국가주의와 탈국가주의라는 이중적 경향은 이 지역에서 질서의 모순 때문이 아니라, 세계화 경향의 시간대와 이에 반응하고 적응하는 지역 시간대의 부정합 때문이다. 특히 동북아시아지역에서 근대화와 세계화는 내재적으로 진행되기보다는 압축적으로, 그리고 왜곡된 채 최종적으로 완성된 형태로 수용된 측면이 있다. 따라서 근대화에 이어 등장한 세계화라는 세계사적 시간대의 압박과 지체된 지역 시간대의 상충에서 오는 현상으로 볼 수 있다. 지역주의를 지역의 현실을 고려하지 않고 정치적·사회적 맥락을 무시한 상태에서 그 발전을 도식화하는 것은 무리다. 지역의 상호 협력의 제도화나 공동 번영을 위한 계기는 점진적이고 계기적으로 발전할 수도 있지만 국가주의, 지역주의가 중층화되면서 극렬한 상충 과정을 겪으면서 동시적으로 발전할 수 있기 때문이다.

4. 지역성의 중층성

동북아시아 지역주의의 수준과 특성은 다양하게 묘사되고 있다. '열린 지역주의open regionalism', '비공식 지역주의informal regionalism', '연성지역주의soft regionalism', '반응적 지역주의reactionary regionalism', '네트워크 지역주의network regionalism' 등 다양하게 개념화되고 있다. 이는 지역주의의 취약성보다는 보편화될 수 없는 동북아시아의 지역 특성으로 결과보다는 과정으로 해석될 수 있다.

지역주의 수준의 취약성 원인으로 내적 요인과 외적 요인이 주로 제시되고 있다. 내적 요인으로는 역내 국가들의 규모의 비대칭성, 체제의 상이성, 문화적 다양성 등이 있다. 특히 지역주의에 대한 각국들의 인식에 있어서 다양성[15]이 주요 요인으로 지적되고 있다. 각국들은 힘의 논리가 지배하는 현실주의에 기대어 지역협력을 논의하게 되면서 협력이 결국 개별 국가의 주권, 민족정체성의 경계를 넘어 새로운 집합정체성을 형성하는 수준으로 이어지지 못하고 있다. 외적 요인으로는 이 지역질서의 형성과 유지에 핵심적 역할을 하고 있는 미국의 존재를 들 수 있다. 냉전시대 이후에도 여전히 동북아시아에서 미국의 패권 유지 정책은 기본적으로 양자 간 동맹 체제에 기초하고 있다. 그런데 이런 양자적 관계가 미국에 의해서 구축되었기 때문에 그 속성이 근본적으로 비대칭적이다. 미국은 이 지역의 불안정한 요인을 다자주의 틀에서보다는 세력 균형의 틀에서, 세계적 수준에서 해결하려고 하기 때문에 역내 지역주의의 발전에 적극적이지 않다.

비외른 헤트네Björn Hettne가 제안한 '지역성regionness' 개념[16]의 도움으로

---

15 중국은 거대 경제 규모라는 장점을 활용하여 다자주의보다는 주요 지역을 협의체로 묶고 각각의 협의체를 주도해 미국에 맞서는 이른바 '1+N' 전략을 펴고 있다. 여기서 1은 중국, N은 역내 국가들을 의미한다.「중국의 왕도와 1+N」,『중앙일보』, 2014. 7. 26. 중국과 러시아의 경우, 지역 내에서 다자협력보다는 양자 협력 또는 '1+N' 전략을 펼치고 있다. 중국은 중앙아, 동남아, 서남아, 동북아 등에서 다양한 형태의 지역주의를 추진하면서 경제력을 중심으로 양자 협력 또는 '1+N' 전략을 전개하고 있다. 또한 러시아의 경우 자원 및 에너지를 무기로 다자 협력보다는 양자 협력 또는 '1+N' 전략을 선호하고 있다. 권세은, 앞의 글, 2015, p. 55.

16 지역성 정도에 따라 5단계로 구분하고 있다. 첫째 수준은 자연 지리적 단위로서 지역 공간, 즉 사회에 의해서 조직되지 않는 원형지역proto-region인 지역 공간regional space 단계이다. 둘째 수준은 다양한 요소들이 상호작용하는 초보적 사회 시스템으로서 초기 지역primitive region인 지역복합체regional complex 단계이다. 이는 사회적sociological 수준으로 지역성의 초기 단계

동북아시아의 복잡한 특성을 다양한 수준으로 분해해 볼 수 있다. 이는 '영토성territoriality'에 대한 대안적 개념으로 고안된, 다원화·다층화되고 있는 지역의 실재를 설명하는 개념이다. 이 개념을 동북아시아에 적용하면 지역화 수준의 차이를 포착할 수 있다. 동북아시아에서 지역성 수준은 아직 초기 지역인 지역복합체regional complex 및 국가화 수준과 다양한 측면에서 조직된 협력이 이루어지는 제도화institutionalization 수준, 지역사회regional society 수준이 중첩된 단계이다. 미약하나마 행위 주체로서 지역 통합을 향하는 지역화의 논의가 시작되고 있는 수준인 것이다. 제도화 단계에서는 지역 사회가 형성되어 정치, 군사, 경제, 문화 등의 측면에서 조직된 협력이 이루어지게 된다. 국가, 시장, 시민사회의 행위자가 다양한 수준의 네트워크를 형성하고 다양한 형태의 미시지역micro-region을 형성하는 상태이다. 이 수준에서 지역 제도화가 진행되는 공식지역formal region과 사실상 지역화가 진행되는 실재지역real region이 혼재되어 나타난다. 아직 동북아시아에서는 분명한 지역정체성을 지닌 행위 주체로서 지역 통합으로 향하는 지역이 독자적 정체성을 구축하고 행위자로서 능력을 구비하는 지역공동체 수준, 지역화 수

로 볼 수 있으며 근대 국민국가 형성기 지역에 해당한다. 셋째 수준은 지역사회regional society로서 국제사회가 형성되는 단계로, 정치 · 군사 · 경제 · 문화 등의 측면에서 조직된 협력이 이루어진다. 공식적인 지역을 형성하는 조직된 협력이 이루어지는 제도화 단계이다. 여기서 진정한 지역은 잠재적 측면에서만 규정될 수 있다. 이 단계에서 국가, 시민사회, 시장 등 행위자의 다원화가 진행되며 지역화가 다차원에서 진행된다. 또한 횡국가 네트워크들이 주도하는 다양한 형태의 미시지역micro-region이 형성된다. 지역조직의 제도화는 공식지역formal region과 사실상 지역화가 진행되는 실재지역real region이 혼재된 상태로 나타난다. 넷째 수준은 지역공동체regional community로서 공식지역과 실재지역 간 상호작용을 통해 지역이 분명한 정체성을 지닌 행위 주체로서 변화하는 단계로서 지역통합을 향하는 지역화 수준regionalisation이다. 다섯째 수준은 정책 결정 구조 및 지역정체성을 갖는 지역국가region-state로서 초국가체 단계이다. Björn Hettne and Fredrik Soderbaum, "Theorising the rise of regionness," *New Political Economy*, Vol. 5, No. 3, 2000, pp. 462~468.

준regionalization 단계로 전개되지 못한 상태이다. 물론 분권적이고 중층적인 거버넌스를 특징으로 하는 지역 기구가 시장 통합, 안보, 치안, 사회 정책을 담당하는 지역국가region-state로서 초국가체supernational entity 수준까지는 요원하다고 볼 수 있다.

동북아시아 지역화 과정은 층화stratified된 형태로 존재하게 되는데, 그 지역성을 관념화하는 과정에서 공간 단위에 대한 전통적 인식, 즉 '개인-국가-국제'라는 개념이 자리하고 있다. 이 개념화 과정에는 고정, 폐쇄, 구심력 등이 주요 내용인 근대 '영토 패러다임'이 지배적이다. 한편 조직된 협력이 이루어지는 제도화 수준에서는 초점이 유동, 개방, 분산, 원심력을 주요 개념으로 하는 '네트워크 패러다임'으로 이동하게 된다. 동북아시아에서 이런 국가화-제도화-지역화 수준이 중첩되면서 지역의 현상이 매우 복잡하다. 따라서 그 특성을 주권 국가와 국민 경제의 관점에서 파악하는 영토성 개념으로 환원하거나 국경을 초월한 새로운 사회관계의 형성을 중심으로 환원할 수 없다. 탈냉전을 이야기하지만 이 지역에서는 현실주의적인 세력 균형 논리가 지배하고 있기 때문이다. 하지만 그 구성 요소가 분해-재구성되고 있다는 점은 분명하다.

조직된 협력이 제도화되기 이전 단계인 국가화 수준에서 지역화는 사회적·시장적 수준에서 높게 나타난다. 세계화에 대한 적응 방법에서 각국은 한편으로는 국제사회의 무정부성, 힘의 논리를 요소로 하는 현실주의 논리에 기대면서, 또 다른 측면에서는 지역협력이라는 자유주의적 논리를 수용하게 되기 때문이다. 이런 현상은 조직된 협력이 제도화되지 못하고 지역성에 대한 신뢰가 형성되지 않은 상태에서 최소한의 국가의 안전을 확보하기 위한 방법과 세계화 현상에 적응하려는 정책이 결합되면서 나타나게 된다. '현상으로서의 세계화'에 대한 '정책으로서의 세계화'라 볼 수 있다.

현실주의 논리에 따르면, 동북아시아에서 지역주의는 민족국가의 외연적 확대 정책으로 해석할 수 있다. 이런 시각에 따르면 동북아시아 국가들이 보여 주는 지역 통합에 대한 규범적 담론과 행동적 불일치는 국가의 전략적 행위의 산물이다.[17] 따라서 1997년 동아시아 금융위기 이후 가속화된 지역 통합 담론에도 불구하고, 각국이 결정적 행동을 취하지 않는 이유는 동아시아 협력 규범에 국가들이 소극적으로 동일화하고, 민족주의의 외연적 확대로서 지역 통합을 이해하였기 때문이다.

동북아시아에서 지역화의 발전은 역내 국가들의 수출주도형 정책에 영향을 받았다. 한국을 중심으로 역내 국가들 간의 관계를 살펴보면 상호 의존도가 급속히 높아졌다는 것을 알 수 있다.[18] 역내 교역의 특징을 종합[19]하면 먼저 전반적으로 역내 교역의 비중이 높아지고 있음을 알 수 있다.

---

17 김미경, 「조직된 위선과 동아시아 지역 통합 : 동아시아 지역 통합의 제도적 저발전에 대한 이론적 소고」, 『아세아연구』 53(4), 2010, pp. 187~217.

18 특히 한 · 중 관계는 수교 이후 상호 의존도가 매우 높아졌다. 양국의 교역액은 지난 1992년 64억 달러에서 2013년 2,500억 달러로 20년 사이에 40배 가까이 늘었다. 이처럼 중국은 한국의 최대 수출 대상국이자 무역 파트너로서 자리매김하고 있다. 한 · 중 간 인적 교류도 급속히 증가해 2013년 기준 약 830만 명(한국인 방중 396만 9,000명, 중국인 방한 432만 7,000명)에 이른다. 양국에 체류하고 있는 국민도 각각 80만 명에 달한다. 한국과 러시아의 관계는 본격적으로 교역이 시작된 이래 1992년 1억 9,000만 달러에서 2013년 226억 달러로 약 200배 이상 급속히 증가해 왔다. 한 · 일 관계의 밀접도(2012년 기준)를 보면 긴밀하다는 것을 알 수 있다. 교역량에서 일본은 한국의 제2위 교역국, 한국은 일본의 제3위 교역국이다. 양국 간 인적 교류를 보면, 2012년 한해 약 566만 명으로 방한한 해외 입국자 중 일본인 비중은 1위이고, 방일한 외국인 중 한국인 비중도 1위였다. 권세은, 앞의 글, 2015, p. 52.

19 국가별로 보면 동북아시아지역 의존도가 가장 높은 나라는 한국으로서 2010년 수출 31.1%, 수입 32.0%가 중국과 일본에 의존하고, 일본의 경우는 수출 27.5%, 수입 26.2%가 중국과 한국에 의존하고, 중국의 경우 수출 12.0%, 수입 22.9%가 일본과 한국에 의존하고 있다. 이창재, 「한 · 중 · 일 FTA : 전망과 과제」, 『한 · 중 · 일 FTA의 경제 · 안보적 함의와 동북아 평화 체제 구축에 미치는 영향』(국가안보전략연구소 학술회의 자료집), 2011, p. 13. 한편 1990년대 중반까지 40%대에 머물던 한국의 무역의존도는 이후 지속적으로 증가하여 2000년 60%대까지 상승했고, 2010년대에는 90%대까지 상승했다. 일본의 무역의존도는 1990년대 10%대를 유지하다가 차츰 증가하

동북아시아 지역주의는 1997년 아세안의 확대와 1997~1998년 아시아 금융위기 과정에서 본격화되었다. 태국을 시작으로 경제위기가 주변으로 확대되면서 동아시아 국가들은 경제의 상호 의존성을 자각하게 되면서 협력의 필요성을 공감하게 되었다. ASEAN+3(한국, 중국, 일본) 정상회의를 계기로 이 지역에서 비공식적 상호 의존을 넘어 공식적인 협력체를 모색하게 되었다. 특히 역내 국가 간 상호 지원을 위한 스왑협정Swap Agreement인 치앙마이이니셔티브Chiang Mai Initiative가 다른 부분보다 빠르게 발전하였다. 그 후 경제 부문에서 역내포괄적동반자협정RCEP과 환태평양전략적동반자TPP 등이 본격적으로 추진되어 왔다. 민감한 주권 문제나 정치 문제보다는 가시적으로 상호 이익을 보장하는 경제 부분에서 지역주의가 활발히 논의되어 왔다. 하지만 정치 안보 부분의 지역주의 발전은 더디게 진행되고 있다. 1994년 출범한 정부 간 다자안보포럼인 아세안포럼ARF이 동아시아 유일의 다자기구임에도 불구하고 중요한 역할을 하지 못하고 있다. 포괄적 측면에서 거대 협력체인 아시아-유럽회의ASEM, 동아시아공동체 형성을 위한 동아시아정상회의EAS가 존재하지만 중요한 성과를 내지 못하고 있다.

각국들은 다양한 지역주의[20]를 추동하고 있다. 우선 한국은 대륙의 중국

여 2003년에 20%대를 넘어섰다. 그 이후 꾸준히 증가해서 2008년 30% 초반으로 증가하고 있다. 중국의 무역의존도는 가파른 증가세를 나타내고 있다. 1990년대 30%대에 머무르던 무역의존도가 2003년 이후부터 50%를 넘어섰다.「무역의존도가 뭐죠?」,『한국일보』, 2009. 12. 4.

20 중국은 안보 부문에서 '아시아의 안전은 아시아인이 지켜야 한다' 는 것을 명분으로 '아시아 교류 및 신뢰구축회의CICA' 의 확대를 도모하고 있고, 투자 부문에서는 '아시아인프라투자은행AIIB' 을 추진 중이다. 교역 부문에서는 '역내포괄적경제동반자협정RCEP' 을 이끌고 있다. 러시아는 옛 소련권 국가들의 연합체인 '유라시아경제연합Eurasian Economic Union' 의 확대, 아·태지역에서 미국이나 중국과 동등한 영향력을 확보하고자 '신동방정책New Eastern Policy' 을 추진하고 있다. 이런 강대국들의 정책에 맞서 일본은 보통국가화를 지향하면서 '환태평양경제동반자협정Trans-Pacific Partnership' 에 적극적이다. 한국이 추진하는 '유라시아이니셔티브Eurasia Initiative' 정책은 새롭게 형성되고 있는 세력 구도에서 중화세력과 해양세력, 그리고 북방세력 간

과 북방의 러시아, 해양의 일본과 미국을 연결하는 교량 국가로서 지역주의 정책을 추진하고 있다. 한국은 수출 지향적 산업 구조를 취하고 있어 지역주의 발전이 절실하다. 또한 안보적으로 한반도 평화 체제 구축 및 미국과 중국 패권 경쟁의 완화를 위해 지역협력에 가장 적극적이다. 중국은 협의적 동북아시아 범위를 강조하고 있다. 중국은 동북아시아지역을 정치, 군사, 안보적 갈등이 상존하는 지역으로 인식하면서 지정학적 측면을 강조하는 반면에, 동남아시아지역을 지경학적 측면에서 인식하는 경우가 지배적이다. 일본과 한국 및 동남아로 이어지는 국제적 경제 분업 체계를 중국의 경제 발전에 적극 활용하는 데 유리하기 때문이다. 동북아지역은 지정학적 갈등 구도가 잔존하는 지역인 만큼 중국의 입장에서는 자국의 경제 발전에 유리한 안정적인 환경을 조성하는 데 주력하면서 지역주의의 발전에 다소 소극적이다. 한편 일본은 동북아 지역협력과 함께 동남아 지역협력을 함께 중시한다. 일본이 인식하는 동북아는 몽골, 만주, 한반도, 일본, 중국과 러시아 동부를 포함하며 광의의 개념으로는 미국을 포함하는 경우도 있다.

동북아시아 지역주의 담론[21]은 21세기 동아시아 시대적 특성과 역내 국가들의 국내 정치 상황, 대외 전략과 결부되면서 대중적 관심을 받고 있다. 게다가 이 담론들은 특정 이데올로기와 결합되면서 다양한 논의를 낳고 있다. 이 담론들은 현실주의 시각에 따라 조건화된 위선으로 또는 국가주의를 표

균형을 잡아 한반도 안전과 번영을 담보하고자 하는 정책으로 볼 수 있다.

21 모든 담론은 근본적으로 정치성을 띤다. 따라서 기존 담론에 대한 비판이란 담론 자체의 논리적 정합성이나 내재적 가치라는 관점에서보다도 그 외부적 환경, 즉 그 의도나 역할과 같은 정치성을 지적하고 숨겨진 동기나 의도를 폭로함으로써 실제에 다가가는 양식이다. 동북아시아 국가들은 세계화에 직면하면서 한편으로 국가 영역의 확장으로서, 다른 한편으로는 집합 영역 창출로 지역을 인식하게 되었다. 그리고 동아시아지역의 집합정체성에 대해 고민하기 시작했다. 이렇게 패권주의 담론, 공동체 담론, 정체성 담론, 대안 체제 담론 등이 형성되었다.

명하기도 하고, 다른 한편으로는 탈국가주의, 상호 협력 제도화를 표명하기도 한다. 현실주의 담론은 동아시아 지역주의 논의 속에서 중국 패권주의와 일본의 국가주의를 찾아 강조하고 있다. 중화주의를 강화하는 중국의 관방 이데올로기, 일본의 국가주의 이념의 복원과 같은 시대착오적 논리가 포함되어 있다는 점을 논리적 근거로 제시하고 있다.

동북아시아에서 국가주의 및 정치 안보 담론이 아직까지는 지배적이다. 국가주의, 민족주의 담론은 세계화를 '현상으로의 세계화'와 '정책으로서의 세계화'로 구분해서 인식한다. 이 논리에 따르면 '현상으로의 세계화'는 정치·경제·사회·문화 등 전 부분, 즉 우리 일상생활에서 나타나고 있다. 하지만 이런 세계화에 각국들은 자신을 보장하는 정책적 수단을 모색하고 있다. 특히 세계화를 수용하거나 추종할 것을 요구받는 주변부 국가들에서는 국가주의나 민족주의의 재결집으로 이에 대응할 개연성이 높다고 본다.[22]

세계화는 한편으로는 국민국가에 대한 해체적 압력으로 나타나지만, 다른 한편으로는 세계화 도전에 맞서기 위한 재국민화, 재민족화 경향을 추동할 수 있다.[23] 이런 현실주의 맥락에서는 동북아시아에서 냉전의 종식이 국가주의 해체라기보다는 재활성화로 이어질 수도 있다. 또한 지역정체성이 형성되지 않는 상태에서 존재론적 차원의 갈등은 자유주의 접근으로 해결하기 어렵다. 존재론적 갈등은 국민국가로서의 정체성과 직접 관련된 문제로, 국민국가 정체성에 대한 인식이 변화하지 않는 한 해결되기 어려운 사안이다. 대표적으로 영유권을 둘러싼 갈등이 이에 속한다. 하지만 현실주의 논리처럼 동아시아 갈등이 모두 존재론적 차원의 문제와 연결되어 있는 것 또

22 조성환, 「세계화 시대 동아시아 민족주의 : 신민족주의의 분출과 동아시아주의적 모색」, 『세계지역연구논총』 32(2), 2005, p. 338.

23 위의 논문, p. 339.

한 아니다. 표면적으로 존재론적 차원의 문제처럼 보이지만 경제적 요인, 국제 정치적 요인, 국내 정치와 국내 갈등 요인과 연결되는 경우도 많다.[24] 종종 안보 담론이나 지정학 담론들은 이런 비존재론적 차원의 문제를 존재론적 차원의 문제로 만들고, 이를 위해 민족주의를 동원하는 경우가 많다. 담론은 다양한 이질적 요소들이 결합된 담론 구성체, 담론의 장을 형성하게 된다. 담론의 장은 특정한 역사·사회적 맥락과 조건을 통해서 형성되고 재생산된다. 특정 담론의 장 형성은 필연적이라기보다는 구체적인 국면에서 우연적으로 결정되는 데 권력 작용이 필연적으로 개입된다.

동북아시아 지역주의를 보편적이고 본질적으로 개념화할 수 없다. 이 지역주의는 특정 시간과 공간 속에서 구성된 상황적 지역주의다. 지역주의의 개념화에서 지역주의의 복수적 위치들의 수만큼의 복수적인 시간성temporality이 존재한다고 보는 것이 더 타당하다. '현장'은 단순히 상이한 공간성spatiality을 표현하는 개념이 아니라 역사적·사회적 맥락 속에서 결정되는 다수의 지역주의를 개념화한다. 여기서 지역주의는 보편적인 것이 아니라 특정한 시간과 공간 속에서 구성된 지역적이고 상황적인 하나의 '현장'으로서의 지역주의다.

5. 결론

동북아시아 지역화와 지역주의의 전개 과정에서 비대칭성, 이른바 '아시아 역설Asia's paradox'이 지역 불안정성 및 지역주의의 취약성에 대한 이미지로

24 이남주 · 배기찬, 「동아시아공동체 추진과 민족주의 극복 방안」, 동북아역사재단 편, 『동아시아공동체 논의의 현황과 전망』, 동북아역사재단, 2009, p. 389.

간주되고 있다. 이는 지역화 발전 단계의 중층적 현상 때문이라 볼 수 있다. 동북아시아 지역성은 국가화와 지역화의 수준의 중첩성에서 찾을 수 있다. 고정적·실체적 질서를 향하는 '감아 들임' 논리와 새로운 질서가 형성되는 창발적 '펼침'의 논리가 중첩되어 있는 것이다. 이런 상황에서 지역성에 대한 근대적 인식과 탈근대적 인식이 중첩되는 것은 당연하다. 특정한 시간과 공간 속에서 구성된 지역적이고 상황적인 하나의 '현장'으로서 동북아 지역화 단계나 지역주의 수준은 폐쇄·위계 등에 기반을 둔 '영토 패러다임'에서 개방·협력에 기초하는 '지역주의 패러다임'까지, 가상적인 양 극단 논리 사이 어느 지점에 위치하고 있다. 개념화 과정에서 원형으로 상상하는 '지역주의' 개념은 지역에 따라 시대에 따라 유동적이다.

관계적 존재론에 따르면 지역은 그 존재를 가능하게 하는 장을 전제하게 되는데, 그에 따라 여러 층위가 존재한다. 국가화-지역화 수준이 중첩되면서 지역성이 변하고 있다. 이 지역성을 국가 속에 갇혀 버린 공간 개념에서, 민족 경제의 관점에서 파악하는 영토성 개념으로 환언하여 국가화 수준으로 이해할 수는 없다. 또한 국경을 초월한 새로운 사회관계를 중심으로 지역성을 파악하는 지역 국가 개념으로 환언하는 것 또한 한계가 있을 수밖에 없다. 지역성을 구성하는 논리와 그 구성 요소가 시간적·공간적으로 계속 변화하고 있기 때문이다. 지역을 구성하는 일정한 조건들은 어떤 공간 및 시간에서 나타날 수도 있고, 어떤 공간 및 시간에서는 나타나지 않을 수도 있다.

지역주의를 보편적이거나 본질적으로 개념화할 수는 없다. 지역주의는 특정 시간과 공간 속에서 구성된 상황적 지역주의로 볼 수 있다. 동북아시아에서 지역주의가 느리게 진행되고 있지만 경제적 지역화는 상이한 지역을 대상으로 형성되고 있다. 동북아시아에서 지역화와 지역주의의 불일치는 세계화에 적응하려는 동북아시아의 유형으로 볼 수 있다. 따라서 동북아시아에서의 시장과 국가, 지역화와 지역주의, 지역화와 세계화 관계에 대한 새로운 차원의 인식을 필요로 하고 있다.

동북아시아 지역성에 대한 인식에서 상호 모순적인 담론이나 논리가 형성되고 있다. 현 시점에서 이 지역에는 한편으로는 발전주의, 국가중심주의, 영토중심주의와 같은 담론이, 다른 한편으로는 탈국가중심주의, 대안체제론, 공동체론 등과 같은 담론이 동시에 나타나고 있다. 양쪽 모두가 이 지역의 현상을 설명하는 담론이지만 동시에 조건화된 현상만을 설명하는 담론에 지나지 않는다. 마찬가지로 동북아시아 지역화와 지역주의의 발전에 있어서 비대칭성에 대한 설명에서 다양한 논리들이 제시되고 있다. 기본적으로 동북아의 실재에 대한 해석에는 다양한 논리가 존재한다. 동북아시아 지역성을 논할 때 국가주의나 민족주의의 발호와 같이 지나치게 비관적이거나 국가주의 부정과 같이 지나치게 긍정적인 관점은 위험할 수 있다. 특히 현실에 기반을 둔다면서 지나치게 현실주의 논리에 치우칠 경우, 상상된 개념을 실체로 인정하는 결과를 초래할 수 있다.

세계화는 국경을 뛰어넘는 시장을 통합하여 상품, 자본, 노동의 자유로운 이동을 가능하게 하였다. 지역화는 주로 경제적 측면에서 진행되지만 지역주의는 지정학적, 감정적 차원에서 진행된다. 지역성에 대한 해석은 실제에 대한 객관적 묘사라기보다는 주관적 구조물이다. 따라서 지역의 실재를 파악하는 우리들의 인식을 제약하는 조건들이 너무 많고 복잡하다. 동북아시아지역은 심상지리 개념과 현실지리의 변증적 관계에서 형성되는 장場이다. 동북아시아 지역화 과정은 주로 현실지리 개념으로 이해될 수 있다. 하지만 '동북아'라는 존재가 명명될 때 인식론적으로 담론의 성격을 띠게 되며 역사성을 가지게 된다. 인식론적 측면에서 그 특성에 대한 이해나 역사성을 규정하는 다양하게 조건화된 담론들이 등장하게 된다. 따라서 동북아시아의 지역주의 담론은 일정 정도 관념과 미래의 희망을 가정하게 된다.

전통적인 국가주의 전개 과정이 점점 약해지고 새로운 형태인 지역성이

성장하는 중첩된 장에 동북아시아가 위치하고 있다. 전통적인 국가주의 경향과 새로운 형태의 지역주의 경향에서 '아시아 패러독스'를 이해할 수 있다. 이 '아시아 패러독스'는 새로운 형태의 지역화와 지역주의의 관계성, 새로운 형태의 지정학에 대한 반영인 것이다.

제8장

동북아지역 거버넌스의 동력, 패턴과 수단

바뎬쥰巴殿君·안나잉安那莹

지역 거버넌스란 어떠한 정치적 준비 지역 내에서 공공기구를 설립하거나 공공 권위 및 관리 규정을 제정하여 지역 내부 질서를 유지하고 지역 공통의 이익을 증진시키기 위해 전개하는 활동과 그 과정을 말한다. 따라서 지역 내 여러 행동체가 지역 내 사무를 공동 관리하는 여러 가지 방식을 포괄한다고 볼 수 있다. 특히 지역 거버넌스는 지역 일체화 과정에서 나타난 것이므로 지역 거버넌스의 발전 수준 또한 지역 일체화와 긴밀히 연관된다. 동북아는 지역의 일체화 단계가 비교적 낮은 수준인 지역이기 때문에 지역 거버넌스의 발전 수준과 관련 내용이 아직 초보적이다. 대체로 일체화 수준이 비교적 낮은 지역에 대해 지역 거버넌스는 보다 광범위한 사회 내용을 일체화의 발전 목표로 삼는다. 동북아지역 거버넌스는 설립과 유지 과정에서 많은 난항을 겪고 있지만, 이것이 결코 동북아지역에서 제도적 협력을 이룰 수 없다는 것은 아니다. 동북아지역에는 여전히 지역 거버넌스에 대한 수요와 동력이 존재하고 있기 때문이다.

1. 동북아지역 거버넌스에 대한 높은 수요와 동력

동북아지역 거버넌스에 대한 수요는 매우 높고 동력 또한 아주 크다. 첫째, 경제적 측면에서 보면 상호 의존도가 깊어지면서 경제적 공통 이익이 점점 늘어나게 된다. 객관적인 제도로 경제 거래 활동을 규범화하게 되면 협력 양측에 강력한 보장이 따를 수 있고 상호 보완적으로 지역 경제를 더욱 향상시킬 수 있다. 동북아의 주된 경제적 특징으로는 각국 경제 발전의 다양성과 차이로 인한 지역 경제의 상호 보완성을 들 수 있다. 동북아지역은 경제적 상호 보완성이 가장 강한 지역이고, 글로벌 경제에서도 가장 활력이 있는 지역이며, 세계적으로 경제력이 제일 큰 지역 중의 하나이다. 이러한 특징은 동북아 국가 간 상호 의존도를 높이고, 더 나아가 지역 경제협력의 실현에 큰 도움이 된다. 국가 간의 관계가 개선되면서 경제 무역 거래가 증가되고, 이로써 서로에 대한 의존도를 높이게 되어 그 지역 경제의 일체화를 이끌 수 있다. 현재 중·일·한 3국 간의 경제적 의존도가 전례 없이 높아졌고 산업 사슬의 상호 보완 관계도 심화되었다. 일본에서 설비를 제조하고 한국에서 부품을 생산하며 중국에서 조립하는 일 등을 그 예로 들 수 있다. 중·일·한 간 경제 무역 관계도 매우 밀접하여 서로 주요 무역 및 투자 파트너가 되고 있다. 상호 협력 속에서 각국은 나름의 전략을 펼치며 글로벌 경쟁에서 유리한 위치를 차지하였다.

현재 3개의 성장국이 글로벌 경제의 발전을 추진하고 있는데 EU, NAFTA와 동아시아지역이 이에 포함된다. 동아시아지역은 그중 경제성장률이 가장 높은 지역으로, 지역 내 각국의 총생산액이 약 11만 억 달러에 달한다. 이는 EU와 NAFTA의 총합(13만 억 달러)에 가까운 수치이다. 동북아지역의 경제 무역협력은 이미 상대적으로 양호한 기반이 마련되었다. 각국 사이의 경제적 상호 의존도가 깊으며, 경제협력 면에서 좋은 관계를 유지하고 있다. 중·

일·한 사이의 무역과 투자 거래는 아주 높은 수준에 도달해 있으며, 북한과 몽골의 경제도 중·일·한 3국의 무역 거래에 크게 의존하고 있다. 러시아 극동지역은 동북아 경제가 몇 십 년 이내에 가장 기대할 수 있는 에너지 기지로 여겨진다.

한편 중·일·한 3국의 밀접한 경제무역 관계와 새로운 협력 방식을 모색하려는 의지는 지역의 경제 및 무역 제도 수립의 중요 요소가 되고 있다. 자유무역이론에서 자유무역은 "케이크를 크게 만들 수 있고" 참가자의 공통 이익을 증가시킬 수 있으며 "분업을 세분화하고 성장을 확대하여 일자리를 늘리고 자본과 노동력을 필요한 곳에 배분하여 자본의 이용 효율과 노동 생산율을 높임으로써… 선진적인 과학기술, 관리 방식과 기타 지식의 전파를 촉진하고 경제 발전을 가속화한다…"라고 본다.[1] 포괄적으로 보면 경제협력의 제도화는 동북아 각국의 장기적 이익에 부합한다. 특히 중·일·한 3개국의 무역 거래가 빈번해지면서 객관적·제도적 보장을 필요로 하고 있다. 상호의존이론에 따라, 어느 한 나라가 일방적으로 전략을 바꾸면 예민성과 취약성의 상호 의존 영향을 받아 다른 국가가 큰 손해를 볼 수 있기 때문이다. 그러므로 제도를 만들어 각국의 행위를 규범화하면 불확실성에 대한 우려와 방어심리를 완화시킬 수 있다. 방어심리가 완화된 상황에서 진행된 경제협력은 전반적으로 경제력의 향상에 이롭다. 최근 몇 년간 동북아 국가들이 경제협력과 관련하여 끊임없이 노력한 결과 현재 국제적, 지역적 성질을 갖춘 조직과 기구들이 형성되어 있다. UNDP 두만강 비서실, 동북아 경제포럼, 동북아 경제회의 조직위원회, 중국 국무원 두만강개발 리더팀, 장길도(장춘-길림-도문) 선도개발구 등이 이에 해당된다. 이 조직들은 지역협력을 추진하는 데 큰 기반이 되고 있다. 동북아의 미래를 가늠하건대 정

---

1 료우 세이코우, 『동북아 새로운 정세와 경제협력』, 『동북아 학술』 4, 2000.

치와 안전의 협력에 앞서 경제지역주의가 먼저 획기적 진전을 이룩할 수 있을 것으로 보인다.

둘째는 비전통 안전 분야에서 지역 거버넌스의 수요이다. 지역적 문제의 발생(환경, 에너지, 해륙 교통 등)과 관리는 한 나라의 힘으로 해결할 수 있는 것이 아니므로 지역 내 모든 국가의 노력을 필요로 한다. 만약 사회 문제 영역에서 협력 제도가 수립된다면 에너지 위기, 환경오염, 테러리즘 증가 등의 문제 해결에 큰 도움이 될 것이다. 이상 문제들은 본질적으로 경제, 정치, 안보처럼 국가 간 관계에 주는 영향이 직접적이거나 예민하지는 않지만 무시해서도 안 될 문제들이다. 뿐만 아니라 국제화와 상호 의존 정도가 빨라지면서 비전통 안전 분야가 국제 관계에서 차지하는 위치도 끊임없이 제고되고 있다.

동북아지역에서 정치와 안보 분야의 거버넌스 제도를 수립하는 것은 아주 어려운 일이다. 이런 영역에서는 공통 이익이 한정되어 있는 반면 이익 충돌은 상대적으로 뚜렷하기 때문이다. 하지만 사회적 문제 영역에서, 예를 들면 환경 거버넌스, 에너지 안전, 질병 예방, 마약 제거, 테러리즘 반대 등의 문제들은 한 나라의 힘으로는 해결하기 어렵기에 각 국가가 힘을 합쳐야 한다. 비전통 안전 분야에서 거버넌스 메커니즘을 구축하는 것은 동북아의 모든 국가의 공통 이익에 관련된다. 메커니즘 구축을 통해서만 환경오염, 에너지 위기, 테러리즘, 마약 밀수 등 사회 문제를 근본적으로 해결할 수 있다. 거버넌스 메커니즘은 다양성을 지니고 있다. 지역마다 자신의 특성에 따라 서로 다른 메커니즘을 구축하였는데, 이미 법률화한 부분도 있고 아직 융통성 있게 처리되는 부분도 있다. 동북아지역에서는 유연한 협상과 대화 메커니즘이 현실적으로 타당하다. 최근 몇 년간 동북아지역은 교통, 환경 보호와 에너지 개발 등 사회 문제 차원에서 대규모적인 다국 간 협력을 펼쳐 왔다.

셋째, '안전 문제'가 동북아지역 거버넌스의 객관적 동력이 되었다. 정치와 안보 문제에서 지역의 평화와 안정을 유지하는 것은 기본적으로 동북아 각국의 공통 이익과 연관된다. 그간의 역사가 증명하듯, 대화와 협력이 충돌과 대항을 막을 수 있고 지역경제의 발전과 번영을 이룰 수 있다. 일반적으로 국가의 정치적 안전 이익은 압도적인 것이므로 지역 내 경제협력 문제를 분석할 때 정치와 안보 분야를 우선순위로 고려한다. 만약 정치, 안보 관념이 서로 어울리지 않거나 대립된다면 동북아지역에서 다년간 이룩한 경제협력에 큰 제약이 될 수 있을 것이다. 유럽의 경우 수백 년간의 혼란, 전쟁의 상처, 그리고 민족의 원한이 국민들의 마음속에 깊숙이 내재되어 있다. 하지만 제2차 세계대전 후 이룬 정치적 화해 속에서 '제도'가 일으킨 큰 역할을 엿볼 수 있다. 유럽과 달리 동북아지역에는 동북아 국가들을 규범화된 실체(경제든 정치든)로 이끄는 미국과 같은 권위적 국가가 없고, 주요 대국 사이에 영토·영해 분쟁이 있을 뿐만 아니라 미국의 외부적 간섭까지 가해져 '안전 문제'가 장기적으로 제기되고 있다. 이것이 바로 동북아지역이 오늘날까지 정치와 안보 분야에서 협력을 추진하지 못한 중요한 원인 중 하나이다. 동북아에서는 유럽처럼 로버트 길핀이 제창하는 패권협력 메커니즘을 구성할 수 없고, 그런 조건도 갖추어져 있지 않다. 개별 국가가 적극적인 제창자로 나서야만 한다. 예를 들어 중국처럼 경제 발전 속도가 아주 빠른 나라는 안정된 주변 정치 환경이 가장 중요한데, 중국 정부는 '중국위협론'을 상대로 지역의 평화와 안정을 지키려는 간절한 바람으로 '평화적 발전 이론'을 제시한 바 있다.

동아시아의 발전은 21세기 지역 정치 구조 변화의 중요한 사건 중 하나이다. 특히 중국의 부상은 일본의 주목을 받고 있다. 일본의 신정부는 중·일 관계를 어떻게 발전시켜야 하는지에 대한 긴박한 과제에 직면해 있다. 과거 중·일 관계는 발전적인 면에서 그다지 좋은 편이 아니었다. 일본의 일부 정객과 우익학자들은 장기적으로 중국을 일본의 위협국으로 보았다. 그들은 중국의 부상이 동아시아지역의 균형을 파괴하고 일본의 존재감과 영향력을 저하시킬 것이라고 여기면서 미래의 중·일 관계가 경쟁과 충돌로 가득할 것이라고 예측했다. 또한 중국을 과도하게 억제하는 것을 방지하기 위해 미국과 함께 중국이 국제 체제에 융합할 수 있도록 추진했다. 즉 전략상 중국과의 협력을 조심스럽게 추진하고 있는 중이다. 하지만 경제 글로벌화와 정치 다극화의 발전에 따라 일본은 아시아태평양지역에서 미국을 유일한 전략 대상으로 두는 것에 대한 이해득실을 판단하며 빠르게 변화하는 동북아전략 환경을 다시 살펴보고 있다. 신정부가 들어서면서 일본은 아시아와 중국의 협력이 중요하다는 것을 깨닫고 '동아시아공동체'라는 구상을 제시하는 등 동아시아지역의 질서 재정비에 일본을 편입시키려고 노력하고 있다.

한국은 동북아지역에서의 역할을 마치 유럽공동체의 네덜란드, 즉 중·일 사이를 알선하는 제3자의 입장에서 동아시아공동체 주장에 찬성하는 태도를 보였다. 2000년 동남아 국가 연합ASEAN과 중·일·한 정상회담에서 김대중 전 대통령이 동아시아공동체 연구팀을 설립해야 한다는 것을 제시하였다. 이를 통해 '동아시아공동체'가 경제, 정치, 안보 분야에서 대화와 협력을 이룰 수 있도록 균형을 잡는 역할을 할 수 있게끔 노력하여야 한다고 주장했다.

동북아지역의 '안전 문제'는 지역 거버넌스에 객관적인 동력을 제공하였다. 어떠한 제도 형식이 제 역할을 하려면 필연적으로 국가 권력에 대한 제약을 포함하게 된다. 제도를 마련하는 데 실천적 경험이 부족한 동북아시아에서 정치와 안보 협력 제도를 수립하는 것은 아직 어려운 상태라 장기화될 것으로 예측된다. 그뿐 아니라 이런 제도 패턴의 최초 형태가 다국적 포럼이나 어수선한 비강박적인 기본 협정으로 구성될 가능성이 있기 때문에 로버트 코헤인이 말하는 강제적 기능은 갖추지 못할 것이다. 설령 그렇다 해도 결국 지역 정치와 안보 제도는 동북아의 평화, 안정, 거버넌스와 번영의 필수적인 공공 요소이기 때문에 동북아 여러 나라들의 제도 수립에 대한 논의가 계속될 것이다. 이것 또한 유럽공동체의 실천으로 증명된 일이다.

2. 동북아지역 거버넌스 패턴의 선택

동북아지역 거버넌스는 기본적으로 지역협력을 강화하고 지역협력 메커니즘 구축을 서두를 것으로 보인다. 하지만 현재 상황에서 미래의 동북아지역 거버넌스의 패턴에는 다양한 선택이 있을 수 있다.

우선 미국이 적극적으로 동북아지역 거버넌스에 개입하고 있는데, 그 이유는 미국의 헤게모니를 지지하지 않는 독립적인 동북아 체제가 생기는 것을 원하지 않기 때문이다. 미국이 참여하여 구축된 지역 체제를 보면 헤게모니식 협력 체제이다. 이런 체제는 절대적 주도권을 가진 나라가 국제 체제의 안정을 위하여 공공재를 제공할 의사와 능력이 있어야만 질서와 평화를 일정하게 유지할 수 있다. 헤게모니 안정의 핵심은 하나의 강국이 세계의 핵심 지위에 있고 그의 주도에 따라 통합된 일련의 국제 제도와 국제표준이 세계 평화와 안정을 유지하는 강력한 보장인 것이다.[2] 하지만 동북아지역은 대국의 역량이 집중되어 있어 미국이라도 마음대로 지역적인 상황을 처리하거나 헤게모니 체제를 구축할 수 없으므로 헤게모니 패턴이 나타날 가능성이 크지 않다. 또한 단 기간 내 동북아지역에 강한 실력이 있는 절대적 주도권 지위를 행사할 수 있는 나라도 없다.

헤게모니 패턴이 주도하는 지역적 제도가 나타날 확률이 거의 없는 상황

---

2 로버트 질핀, 『세계 정치 중의 전쟁과 변혁』, 우쥔 · 두젠핑 · 승닝 역, 중국인민대학출판사, 1994, p. 95.

에서 다국주의적 협력 제도의 수립이 미래 동북아지역의 주요한 협력 방향이다. 다국주의란 거시적 행동 원칙의 토대에 3개국 또는 3개국 이상 국가들의 관계를 조율하는 제도 형식이다.[3] 다국적 제도 패턴의 기본 목표는 참석자 간의 투명성을 높이고 신뢰도를 향상하며 분쟁이 되는 문제를 평화롭고 건설적으로 해결하여 지역의 평화를 유지하는 것이다. 동북아지역에서 다국주의적 협력 모드를 추진해 나가는 것은 아주 중요한 의미가 있다. 다국주의적 협력은 이익 분쟁을 완화하여 상대적으로 안정적인 지역 발전 환경을 제공할 수 있고, 국가 간의 상호 의심을 완화하여 신뢰성을 증진시킬 수 있다. 또한 협력 원칙에 의한 집단적 안정에 긍정적 효과가 있으며 지역 공동체의 발전을 이끌 수 있다.

동북아 일체화 협력의 앞길을 전망해 보면, 틀림없이 긴 역사의 과정을 거칠 것이라 판단된다. 단기적으로 보면, 한반도 상황이 완화되고 동북아 국가들의 대화가 빈번해지면서 각국은 기존의 국가 간 협력이 더욱 완벽한 제도화 방향으로 발전하도록 추진할 것이라 예상된다. 이는 지역 거버넌스에 필요한 기반이 될 것이다. 그간 많은 나라들은 양국 관계를 공고히 하고 통합하여 이를 기초로 삼아 다국 간 협력, 심지어 지역협력을 추진하면서 획기적 진전을 이루어 왔다. 물론 동북아지역은 복잡성 때문에 이 지역 여러 분야의 협력 제도를 가까운 시일 내에 전면적으로 수립하기는 어렵다. 협력 제도가 실제적으로 동북아지역 거버넌스를 진행하고 추진할 수 있는지의 여부는 근본적으로 제도의 합리성 여부와 효율적인 실천 여부에 달렸다. 그러므로 동북아지역 거버넌스 제도의 구축은 적절한 협력 전략을 취하면 제도 자체의 수립 과정을 크게 단축시킬 수 있다. 따라서 동북아지역 협력 제도의 가장 기본적인 분야에 더욱 주목해야 한다. 동북아지역에 고유하게 존

---

3 존 루지에, 『다각주의』, 수창허 외 역, 저장인민출판사, 2003, p. 12.

재하는 안보 문제가 협상을 통하여 해결될 경우 동북아지역 제도 수립의 중기 목표는 협력 제도를 경제 분야에서 정치 및 안보 분야로 옮겨가게 하는 것이다. "제도주의자들은 한 개의 분야에서 성공한 협력이 기타 분야로 확대되기를 바란다."[4] 예상할 수 있는 경제협력 제도는 시범적 효과가 있어 동북아지역의 까다로운 정치와 안보 문제의 협력에 필요한 추진 방안 및 참조 가능한 제도 방식을 제공하고, 관념적으로 희소한 공유 이익 관념(정치, 안보)을 육성한다.

3. 동북아지역 거버넌스 단계와 경로

제도화 협력의 실현 경로를 수직 방향으로 예측하면 단기적 진행 과정, 중기적 진행 과정, 장기적 진행 과정으로 나눌 수 있다. 그중 단기적 진행 과정과 중기적 진행 과정은 경제협력을 말하는 것이고, 장기적 진행 과정은 정치와 안보 분야에 초점을 두어 말하는 것이다. 여기서 강조해야 할 점은, 동북아 경제협력의 제도화는 예측 가능한 것이지만 정치와 안보 분야에서 제도화 협력의 실현 여부는 경제협력의 효과에 따라 결정되기 때문에 상대적으로 장기적인 과정이라는 것이다. 단기간 내에 기존 양자 경제 관계를 공고히 하고 통합하는 것을 기초로 하여 다국 간, 심지어 지역 거버넌스의 획기적 진전을 이루는 것이다. 현재 양자 무역은 여전히 동북아지역 거버넌스 경제협력의 주력 분야이다. 이런 협력을 지역 다국적 경제협력 또는 제도화된 협력과 비교하면 초급으로 보이지만, 동북아지역의 복잡한 현황에서 이런 성과를 이룩하는 것 자체가 쉽지 않다. 이는 높은 단계의 협력을 위한

4 로버트 코헤인, 『헤게모니 직후』, 수창허 역, 상하이인민출판사, 2001, p. 7.

필수적인 토대이자 동북아지역 거버넌스 제도화 협력의 필수 과정이다.

단기적 진행 과정은 양자 경제 관계를 개선하고 심화하는 과정이다. 따라서 한편으로는 양자 경제 환경을 개선하여 경제협력 과정의 불협화음 제거에 힘쓰고, 다른 한편으로는 양자 경제협력을 심화시켜 공식적 혹은 비공식적인 제도적 연관성을 구성하여야 한다. 동북아지역에서 경제협력 제도를 수립하는 과정은 정치와 안보 형세의 영향을 받기 때문에 변수가 많을 것이다. 최근 3~4년간 이러한 조직을 구성할 가능성은 아주 낮지만, 경제 상호 의존 정도가 점차 높아지고 양자 경제협력 규모가 끊임없이 확장되면서 협력에 참여하는 회원국들 사이의 상호 의심은 점차 감소되고 신뢰도가 높아지며 협력 제도 수립의 중요성이 인식되었다. 예상 가능한 범위 내에서 동북아 경제협력은 불가피하게 더 높은 단계로 오를 것이고, 비제도화 협력으로부터 제도화된 협력으로 나아갈 것임을 전망할 수 있다.

중기적 진행 과정은 국부지역이 전반지역을 이끄는 과정, 즉 '10+3' 협력이 '3+3' 협력으로 이행하는 과정이다. 동북아지역의 정치와 경제 상황이 복잡하기 때문에 일시적으로 완전한 협력 제도를 수립하는 것은 쉽지 않은 일이다. 많은 학자들은 우선 중·일·한 3개의 경제적 연결이 비교적 긴밀한 국가들 간에 일종의 경제협력 체제를 확립한 후 이를 기타 국가로 확장시켜 국부 지역이 전체 지역을 이끌어 최종적으로 지역경제 협력 제도화를 실현해야 한다고 제안하였다.

중·일·한 3개국에서 경제협력 메커니즘을 건립한다는 구상은 현실성이 아주 높다. 첫째, 3개국 무역 거래가 아주 밀접하다. 최근 몇 년간 동북아지역 각국의 상호 무역 총액을 살펴보면, 중·일·한 3국의 무역 총액수가 전체의 약 80%를 차지하고 있는데, 3개국의 대외 무역 총액수는 이미 미국을 초과하였다. 동북아지역에서 일본은 주요하게 중한 양국에 집중적으로 투자하고, 한국은 중국에 투자하고 있다. 실제 중·일·한 3국의 경제협력은 동북아지역에서 핵심적 지위를 형성하였다. 둘째, 중·일·한 3국의 경제 보완성을 보더라도 경제협력을 강화할 필요성이 있다. 3개국은 경제뿐만 아니라 기술과 자원 면에서도 확연한 상호 보완성이 있다. 밀접한 무역 거래와 상호 보완적 경제의 특징은 중·일·한 3국이 제도화된 경제협력을 형성할 가능성이 있다는 것이다. 마지막으로 국가, 더 나아가서 지역 전체 지위를 높인다는 각도에서 보더라도 경제협력을 제도화로 이끌 필요성이 있다. 일본, 한국과 중국은 세계 경제에서 상당한 영향력을 갖고 있지만, 3국이 아직 일정한 경제협력 메커니즘을 형성하지 못하였는데, 이것은 국가의 국제 지위에 영향을 줄 수 있고 지역의 통합적 우세 발휘에도 걸림돌이 되고 있다. 이러한 관점은 모두 경제협력 제도화를 실현하는 것이 중·일·한 3국이 직면하고 있는 중요한 과제임을 증명한다.

최근 몇 년간 중·일·한의 경제 일체화 추세가 점점 가시화되고 있다. 1997~2001년까지 이미 5차례의 '10+3'(아세안 10국과 중·일·한 3국) 정상회의를 열었다. 특히 2000년 11월 말 싱가포르에서 열린 중·일·한 정상회의는 동북아 경제협력의 발전에 중요한 영향을 미쳤다. 이 회견에서 공식적으로 중·일·한 3국 지도자들이 협상과 협력 메커니즘을 확립하였다. 이것은 중·일·한 경제협력 제도화의 서막으로 볼 수 있는데, 이로써 '중·일·한 3국이 자유무역협정을 체결하고 3국의 자유무역구를 건립'하는 날에 가까워졌다. 2003년 중국은 아세안 국가들과 자유무역협정의 기본 협정을 맺고 2010년 1월부터 이를 공식적으로 실시하였다. 일본과 한국도 그 뒤를 따라 앞으로 2년 이내에 아세안과 자유무역협정을 실현할 예정이다. 이 절차의 실현은 동북아지역에서 경제협력이 크게 한 걸음을 내디딘 것으로 볼 수 있다. 중·일·한 3국은 동북아지역에서 경제 역량이 제일 강한 나라이기 때문에 만약 아세안 나라들과 경제협력 일체화를 먼저 실현한다면 전체 지역의 경제협력을 규범화와 제도화로 이끌 수 있다. 그러려면 중·일·한의 협력을 절대 3국 집단이 아니라 개방된 방식으로 발전시켜야 한다. 또한 그 영향으로 다른 나라를 배척하는 것이 아니라 동북아지역의 모범이 되어야 한다.

최종 목표는 협력 범위를 러시아, 북한, 몽골 3개 국가에까지 넓혀 지역 전체에서 경제협력의 제도화를 추진하는 것이다. 중국 동북아 문제 연구 전문가 왕성진 교수는 "만약 중국, 일본과 한국이 모두 순조롭게 아세안과 자유무역구를 설립할 수 있다면 '10+3' 협상과 대화 과정에서 순조롭게 3개의 '10+1' 자유무역구를 형성할 수 있고, 이를 기반으로 하나의 '10+3' 동아시아 자유무역구로 확장할 수 있다"고 주장한다.[5] 따라서 중·일·한의 경제협력 메커니즘을 설립하는 것은 중요한 준비 작업으로, '10+3'을 '3+3'으로 순조롭게 전환하는 데에 결정적 의미를 지니고 있다. 중기적 진행 과정의 임무는 매우 중요하다. 이 과정이 언제 어떤 수단으로 완수될 수 있느냐의 추세는 각 나라 간의 협상에 의해 결정된다. 중국의 동북아협력전략은 '3+3' 협력 메커니즘의 실현을 촉진하는 것, 즉 동북아 지역협력의 '쌍륜구동 메커니즘(국제 무역과 국제 금융으로 세계 경제에 영향을 주는 것)'을 구성하는 것이다.

장기적 진행 과정의 핵심 목표는 경제로 정치를 촉진하는 것이다. 다시 말하면 경제협력 제도를 정치와 안보 분야로 확대하는 것이다. 기능주의이론에서는 행동 주체가 협력 과정에서 쉽게 '스필오버(낙수)' 현상을 일으킬 수 있다는 점, 즉 한 분야에서 행동 주체의 협력으로 인한 이득의 성장이 참가자를 매혹시켜 협력을 다른 영역으로 확대할 수 있다는 점을 밝혔다.[6] 같은 맥락으로 보면, "제도주의자들은 한 영역에서 이루어진 성공적인 협력이 다른 분야로 '스필오버'(낙수 효과)되기를 기대한다." 예측할 수 있는 범

---

5 왕성진, 「동북아의 진흥이 동북아 지역의 경제협력을 추진한다」, http://www.people.com.cn/GB/jingji/1038/2809281.html(2012년 5월 12일 검색).

6 로버트 코헤인, 앞의 책, p. 7.

위 내에서 보면, 동북아 경제협력 제도는 시범적 효용가치가 있어 동북아지역의 까다로운 정치와 안보 분야의 협력에 필요한 추진력 및 참조 가능한 제도 메커니즘을 제공하고, 희소적인 공동 이익 관념을 육성하는 것에도 도움이 된다.

경제협력 제도화를 동북아 국가들이 정치와 안보 분야에서 협력 추진의 동력으로 삼는 것은 일종의 효과적 수단이라고 할 수 있다. 신기능주의학자 에른스트 하스Ernst Haas는 "최초에 한 분야에서만 진행되는 일체화 정책이 새로운 기능 분야로 스필오버spillover된다면 일체화에 연관되는 사람이 점점 많아질 것이고, 관료 기구 간의 접촉과 협상도 점점 더 많아져 일체화 초기의 타협에 의한 새로운 문제를 해결할 수 있도록 한다"라고 주장하였다.[7] 이로써 "일체화는 필연적으로 밖으로 연장되는 것이기 때문에 일체화도 한 부문에서 다른 부문으로 낙수 효과를 나타낼 수 있다는 것"을 알 수 있다.[8]

동북아지역에서 경제협력 제도화를 선도로 삼아 그것을 정치와 안보 분야에 스필오버시키는 것은 타당성이 있다. 앞에서 밝혔듯이 동북아 경제 발전의 특징과 발전의 추세가 제도화 협력에 대한 내재적인 수요를 지속적으로 높여 많은 국가들이 적극적으로 협력을 심화할 수 있는 방도를 탐색하고 있다. 멀지 않은 미래에 지역 혹은 작은 지역(예를 들면, 중·일·한 3국)의 경제협력 메커니즘이 구축될 가능성이 높다. 경제협력의 심화를 통하여 지역 거버넌스의 전체적 관념이 날이 갈수록 강화되도록 한 것은 국가 관계의 조정 및 지역 정치와 안보 분야의 협력 제도화에 새로운 동력과 방향을 제시한 것이다.

---

7 Ernst B. Haas, "International Integration : The European and the Universal Process," *International Organization*, Vol. 15, No. 3, 1961, p. 372.

8 제임스 도허티 · 로버트 팔츠그라프, 『중국의 국제관계이론』, 세계지식출판사, 2003, p. 553.

4. 맺음말

상술한 바를 종합해서 말하면, 동북아지역에서 정치와 안보 분야의 지역 거버넌스 문제에 합의를 이룰 수 있는지는 경제협력의 효과에 달렸다고 할 수 있다. 다국 간 협력 패턴은 동북아지역 거버넌스의 주된 패턴일 것이다. 동북아지역 거버넌스는 단기, 중기, 장기 3단계로 진행될 수 있다.

장기적 진행 과정은 단기적, 중기적 진행 과정이 성과를 거둔 기초에서 진행되어야 하며, 경제협력 제도가 구축되고 또 좋은 성과를 거둔 후에야 순조롭게 전개될 수 있다. 그러므로 여기서 말하는 장기는 아주 길고 지루한 단계일 것이고, 그 과정에서 수많은 변수도 생길 수 있다. 그러나 정치와 안보 제도는 요원한 것은 아니다. 경제협력 제도가 지역의 각 나라 모두에게 이득을 가져다 줄 수 있다면, 동북아는 장차 정치와 안보 분야에서도 협력할 수 있을 뿐만 아니라, 나아가 제도적 측면에까지 심화될 수 있을 것이다.

장기적 진행 과정에서 각 나라들은 다음 몇 가지의 원칙을 지켜야 한다. 첫째는 점진적 원칙이다. 비록 동북아지역의 협력에 대한 큰 수요와 동력이 있더라도 거대한 장애물도 있으므로 무리하게 제도적 협력이 단번에 구축되는 것을 기대하지 말아야 한다. 둘째는 구동적 원칙이다. 동북아지역은 나라마다 서로 다른 이데올로기와 사회제도로 발전해 왔고 또한 협력에 대한 기대도 서로 다르다. 따라서 제도화 협력의 추진 과정에서 동북아지역 협력의 전반을 출발점으로 삼고 구동존이 의식을 명심하여 지역협력의 좋은 결과를 전망해야 한다. 셋째는 평등 원칙이다. 동북아지역에는 큰 나라만 있는 것이 아니라 작은 국가도 있다. 그러므로 까다로운 문제를 해결할 때 서로 양보하고 평화적으로 협상해야 하며 작은 국가를 멸시하지 말아야 한다. 나라마다 평등 원칙을 지킨다면 지역협력의 안정과 평화 대세에 유리하다. 동북아지역 거버넌스를 성공적으로 발전시키려면 명확한 로드맵을 작성하여 아래 3가지 측면으로 추진하면 좋을 것이다.

(1) 중·일·한 3국이 자유무역협정 체결을 추진한다. 현재 동북아지역 내에서 수많은 경제협력협정EPA을 체결해 왔고 중·일·한 3국의 생산 시스템도 이미 형성되었다. 2006년 이전, 이들 3국의 무역 총액은 전 세계 무역 총액의 17%에 달하였다. 중국은 한국의 최대 수입국이고, 일본은 그 다음이었으며, 중·일 양국은 서로 최대 수입 대상국이었다. 한·일 무역 중 한국에는 역조가 존재하고 중·일 무역에서는 일본이 무역적자이며 중·한 무역 중 중국에 역조가 존재하기 때문에, 일단 3국이 FTA를 체결한다면 전반적인 무역 균형을 이룰 수 있을 것이다. 또한 이 지역의 생산 활동과 경제성장 측면에서 보호 및 촉진 효과를 가져올 것이다.

(2) 지역 내 각 나라의 '산관학'의 전방위적 협력 메커니즘을 구축한다. 동북아지역 거버넌스의 실현 여부에서 가장 중요한 한 걸음은 제도 수립이다. 지역화의 본질은 '상품, 서비스, 자본과 인원'의 자유로운 국경 간의 흐름으로 표현된다. 이상 4가지 요소는 지역 내부적 거버넌스에서 '산관학'을 전면적으로 실현할 수 있는 협력 메커니즘 형성을 요구한다. 왜냐하면 다국적 기업의 협력이 지역 '단일 시장' 형성의 기초이고, 정부 간 협력 메커니즘의 구축은 지역 거버넌스를 실현하는 근본적인 보증이며, 학술계의 교류 메커니즘의 형성은 지역 거버넌스의 수준을 높일 수 있기 때문이다. '산관학'의 전방위적 메커니즘 협력을 강화하는 것에 대하여 동북아지역의 각국 정부는 모두 공감하고 있다. 2009년 10월 10일 중·일·한 3국 중국 베이징의 정상회담에서 중국 총리 원자바오는 산업계, 정부 측과 학술계의 공동 연구를 추진하는 것에 동의하여 지역 일체화 형성을 추진하였다.

(3) 지역 내부 정치, 비즈니스와 안보 포럼을 개최한다. 동북아지역의 거버넌스는 각국의 민간·경제 단체, 아울러 정부 간 상설 기구를 설립하여 지역 일체화를 추진시켜야 한다. 정치, 비즈니스와 안보 포럼을 개최하는 것

은 지역 거버넌스에 선행적이고도 광범한 토론을 할 수 있는 플랫폼을 제공할 뿐만 아니라, 회원국들이 진솔하게 의견을 발표하거나 정부의 정식 회담에도 효과적인 영향을 미칠 것이다. 동시에 점진적으로 발전하는 원칙, 구동존이 원칙 그리고 호혜평등 원칙을 더욱 완벽하게 실현할 수 있고, 회원국가들 간의 신뢰 관계를 강화시킬 수 있다. 또한 정치·경제와 안보 분야의 협력에 진일보를 이루게 되어 지속적으로 동북아지역의 거버넌스 과정을 추진하기 위한 전기 준비 작업에 돌입할 수 있다.

제9장

김정은 정권의 안정성과 환동해협력

정성장

1. 문제 제기 : 북한 급변 사태론과 한·미의 대북정책 실패

그동안 한국과 국제사회의 일부 전문가들은 북한 체제의 안정성과 내구력을 과소평가해 남북한이 대화와 협상을 통해 점진적 통일의 방향으로 나아갈 것이 아니라, 남한이 북한을 고립시키고 압박해 붕괴시킨 후 흡수 통일해야 한다고 주장해 왔다. 특히 2008년 8월 김정일의 뇌혈관계 이상 이후 한국과 미국 정부는 이 같은 주장에 큰 영향을 받아 사실상 협상에 의한 북핵 문제 해결을 포기하고 북한 급변 사태에 대비하는 방향으로 정책을 전환했다.[1] 이에 북한은 2009년 4월 장거리로켓 발사와 같은 해 5월 제2차 핵실험을 통해 북한의 핵과 미사일 위협 능력을 강화하는 것으로 대응했다. 그리고 북한은 2009년 4월과 6월에 외무성 성명을 통해 북핵 6자 회담에 "다시는 절대로 참가하지 않을 것"이며 "이제 와서 핵 포기란 절대로, 철두철미 있을 수 없는 일로 되었다"는 강경한 입장을 표명한 후 지속적으로 핵 능력을 발전시켜 왔다. 또한 2011년 12월 김정일의 사망 이후 외부 세계에

1 정성장, 「한 · 미의 북한 급변 사태 논의와 대북 군사전략 과제」, 『정세와 정책』, 2009. 3, pp. 5~8 참조.

서 북한 급변 사태론이 다시 확산되자[2] 북한은 2012년 두 차례의 장거리로켓 발사와 2013년 제3차 핵실험으로 핵과 미사일 능력을 더욱 강화하는 것으로 대응했다.

이처럼 외부 세계에서의 북한 급변 사태 논의는 북한의 안보 불안감을 자극해 국제사회의 반대에도 불구하고 북한이 핵과 미사일 능력의 고도화를 추구하게 하는 '의도하지 않은 결과'를 초래했다. 만약 북한 정권이 매우 불안정해 언제라도 '급변 사태'가 발생할 가능성이 있다면 한국 정부는 북한의 반발을 무시하고라도 '통일 준비'를 해야 할 것이다. 그러나 김정은 정권이 안정적이고 가까운 미래에 붕괴될 가능성이 없다면 '통일 준비'는 은밀하게 중장기적으로 추진해야 한다. 그리고 당장은 남북 대화와 협상을 통해 북한의 핵과 미사일 위협을 관리하고 남북협력의 확대를 통해 점진적인 통일을 추구하는 방향으로 대북정책을 추진해야 할 것이다.

그동안 환동해지역에서 협력이 지속적으로 발전하지 못한 데에는 북한 정권의 폐쇄성 외에도 '북한 급변 사태'에 대한 희망적 사고를 가지고 북한과의 협력의 확대를 거부했던 이명박, 박근혜 정부의 강경한 대북정책도 중요하게 작용했다. 그러므로 환동해협력의 발전을 위해서는 북한 정권의 변화뿐만 아니라 한국 정부의 대북정책 전환도 필요하다.

2008년 말경 김정은은 북한 지도부 내에서 김정일의 후계자로 결정되어, 2009년부터 뇌혈관계 질환으로 업무 수행에 큰 어려움을 겪었던 김정일과 북한을 공동으로 통치하기 시작했다. 그러나 일부 전문가들은 김정은이 "나

---

2 김정일 사망 직후의 애도 기간인 2011년 12월 30일, 북한은 가장 높은 수준의 대외 입장 표명인 국방위원회 성명을 발표해 "남조선 괴뢰들과 세계의 반동들은 더 이상 있어 본 적도 없고 있을 수도 없는 우리의 '급변 사태' 와 '**체제의 불안정성**' 을 유도해 보려고 어리석게 놀아대지 말아야 한다" (강조는 필자)고 요구했다(「민족의 대국상 앞에 저지른 리명박역적패당의 만고대죄를 끝까지 결산할 것이다 : 조선민주주의인민공화국 국방위원회 성명」, 『로동신문』, 2011. 12. 31 참조).

이가 어리고 경험이 부족해" 김정일 와병 이후 북한을 실질적으로 통치한 것은 장성택 전 국방위원회 부위원장이었고 김정은은 '수습' 단계에서 김정일이 2011년 12월 사망하자 갑자기 최고지도자의 지위에 오르게 되었다고 주장했다.[3] 그리고 김정일 사후 북한이 '장성택 섭정 군부집단지도체제'로 운영될 것이라고 전망했다. 그러나 장성택은 2013년 12월 국가전복음모혐의로 '처형'되었고[4] 북한에서 '군부집단지도체제'가 출범하는 것이 아니라 오히려 김정일 시대에 비해 군부의 위상이 현저하게 낮아졌다.

이 같은 사실은 김정은의 실제 영향력에 대한 북한 외부 세계에서의 평가가 실상과 상당히 괴리되어 있었음을 보여 주는 것이다. 그러므로 이 글에서는 북한의 공식 언론 보도와 동영상 자료 및 내부 문건, 고위 탈북민 증언과 고급 정보, 국내 언론 보도 등을 종합적으로 분석해 김정일 생시에 김정은의 권력 승계가 어떻게 주도면밀하게 진행되었는지 밝히고자 한다. 이 글에서는 북한 문헌 자료의 한계를 극복하기 위해 북한 기록영화, 특히 그 중에서도 김정은에 대한 최초의 우상화 기록영화로 김정일 생시 그의 활동과 관련해 과거에 공개되지 않은 많은 동영상과 사진을 포함하고 있는 2012년 1월 8일 방영된 〈백두의 선군혁명위업을 계승하시여〉(이하 '1월 8일 기록영화')를 적극적으로 활용할 것이다.[5] 북한 기록영화는 노동당이 주민들에게 보여 주고 싶은 것만 담고 있지만 이 기록영화에 등장하는 간부들과 김정은 간의 관계를 세밀하게 분석해 보면 김정일 생시에 북한 지도부에서 김정은

---

3 「北 김정은 체제 안정 위해 '속도전'」, 『연합뉴스』, 2011. 12. 31 ; 장용훈 · 최선영, 「20대 '수습' 대장, 김정은의 모든 것」, 『한겨레 21』 892, 2011, pp. 24~28 참조.

4 북한은 장성택을 "처형" 했다고 발표했지만 북한 내부 사정에 밝은 복수의 소식통들은 장성택이 처형되지 않고 연금 상태에 있다고 주장하고 있다.

5 자료 접근상의 제약 때문에 학계에서는 북한의 방송 자료를 잘 활용하지 못하지만, 관계 당국과 언론에서는 방송 자료를 적극적으로 활용하고 있다.

이 어떤 위상을 가지고 있었는지 파악할 수 있다.

김정은 정권의 정치적 안정성을 과학적으로 평가하기 위해서는 북한 주민들이 실제적으로 주체사상과 김정은에 대해 어느 정도의 지지도를 보이고 있는가에 대한 이해가 중요하다. 이를 위해 이 글은 서울대 통일평화연구원이 거의 매년 100명이 넘는 탈북민들을 대상으로 실시해 온 북한주민의식조사 결과를 활용할 것이다. 이 조사 결과는 국내 다른 기관이 매년 1,000명이 넘는 탈북민들을 대상으로 실시해 온 비공개 북한주민의식조사 결과와 거의 일치한다는 점에서 매우 신뢰할 만하다.

2. 김정일 사망 전 김정은의 위상과 영향력

2011년 12월 김정일 사망 직후 국내에서는 북한의 최고지도자로 부상한 김정은의 실제 영향력을 둘러싸고 매우 상반된 주장들이 제기되었다. 일부 전문가와 언론은 김정일이 김정은 쪽으로 후계 결정을 굳힌 것이 2008년 11월경이고, 2009년 1월에 김정은이 북한에서 후계자로 결정되었음에도 불구하고 실질적으로 제2인자 역할을 하지 못한 채 '수습修習' 단계에서 권력을 승계하게 되었다고 주장했다. 그리고 김정일이 2008년 8월 뇌졸중으로 쓰러지기 전까지 후계 세습 문제에 대해 공식적으로 거리를 두었다고 주장했다. 김 전 총비서가 평소 "세습을 하면 국제사회의 웃음거리가 된다"라며 주변 고위 간부들의 후계 내정 건의를 외면해 왔다는 것이다. 그러다가 김정일이 뇌졸중으로 쓰러진 후 회복되면서 2008년 11월 장성택과 함께 김정은 쪽으로 후계 결정을 굽혔다고 주장한다.[6]

---

6 장용훈 · 최선영, 앞의 글, pp. 24~28 참조.

그러나 2009년 5~6월경에 북한군 내에서 학습 자료로 사용된 대외비 문건 「존경하는 김정은 대장동지의 위대성 교양자료」(이하 「김정은 위대성 교양자료」)는 "의미 깊은 2006년 12월 24일, 존경하는 김정은 대장동지는 김일성군사종합대학 졸업증서와 기장이 기여된 자리에서 주체의 선군혁명위업을 빛나게 이으실 것을 바라시었다"고 밝히고 있다.[7] 북한 내부 문건의 이 같은 언급은 김정은이 이미 2006년 말에 북한 지도부에서 김정일의 후계자로 공식 발표되기 이전의 '내정內定' 단계에 있었음을 암시한다.

김정은의 군부 및 공안기관 장악과 관련해 일부 전문가들은 2011년 들어서야 비로소 김정일이 후계자 김정은에게 '제한적 권한'만을 주던 기존 태도에서 벗어나 인민무력부 정찰총국, 국가안전보위부, 인민보안부의 업무를 관장하도록 지시했다고 주장한다. 이 같은 주장에 의하면 김정은은 2009년이나 2010년까지만 해도 군대와 공안 기관을 제대로 장악하지 못했다는 것이다.

그러나 김정은이 후계자로 지명된 이후부터 김정일 사망 시까지 군대에 대한 김정은의 명령 지휘 체계 수립과 관련해 핵심적 역할을 수행했던 리영호 전 평양방어사령관이 총참모장에 임명된 시점과 김정은의 군부 엘리트 장악과 관련해 중요한 역할을 수행했던 김원홍 전 보위사령관이 군 총정치국 조직부국장에 임명된 시점은 모두 2009년 2월이었다. 그리고 북한 내부 자료인 「김정은 위대성 교양자료」에 의하면 이미 2009년 상반기부터 김정은의 '영군 체계(군대에 대한 영도 체계)' 수립이 강조되고 있었다. 또한 김정은이 국가안전보위부장직에 임명된 것은 2009년 4월이므로, 김정은의 군과 공안 기관 장악은 2011년이 아니라 2009년부터 시작되었다고 보아야 한다.

김정일 사망 직후인 2012년 1월 8일 김정은의 생일날 북한은 처음으로 김

7 「존경하는 김정은 대장동지의 위대성 교양자료」, http://mainichi.jp/select/world/news/20091004mog00m030018000c.html(2009년 10월 8일 검색).

* 〈주체의 선군혁명 위업을 계승하시여〉(김정은 우상화 기록영화)

사진 1 김정일 생시 김정은의 단독 지도 모습

정은 우상화 기록영화를 공개했다. 이 기록영화를 보면 북한이 김정일 생시에는 공개하지 않았던 군부에 대한 김정은의 단독 지도 모습이 매우 많이 등장한다. 김정일 생시에 김정은이 독자적인 지도를 하고 있었다는 것은 한국의 관계 당국이 그동안 고급 정보를 통해 파악했던 내용과 일치하는 것이었다. '1월 8일 기록영화'를 보면 김정은의 군부대 시찰에 김원홍 인민군 총정치국 조직부국장[8]이 자주 동행하는 모습이 발견되는데, 이는 김정은이 인민군 총정치국을 통해 군부 엘리트들을 장악했고 김원홍이 김정은의 핵심 측근임을 시사한다.

---

8 김정은 집권 이후인 2012년 4월 국가안전보위부장직에 임명되었다.

* 〈주체의 선군혁명 위업을 계승하시여〉(김정은 우상화 기록영화)
** 왼쪽은 주규창 군수공업부 제1부부장과, 오른쪽은 위성 발사 관계자와 악수하는 모습

사진 2 김정은이 인공위성 발사 관계자들과 악수하는 모습

'1월 8일 기록영화'는 과거에 북한 내부 자료를 통해서만 확인할 수 있었던 2010년 9월 제3차 당대표자회 개최 전 김정은의 활동과 북한 지도부 내 위상에 대해서도 매우 유용한 정보를 제공하고 있다. 예를 들어, 2009년 5~6월경에 북한군 내에서 학습 자료로 사용된 대외비 자료인 「김정은 위대성 교양자료」에는 김정은이 2009년 4월 5일 김정일의 위성관제조종종합지휘소 방문에 동행해 '광명성 2호' 발사를 관찰하고 만약 적들이 위성을 요격한다면 반격하려 했다고 지적하고 있는데,[9] '광명성 발사' 직후만 해도 북한은 김정은의 동행 사실을 대외적으로 일절 공개하지 않았다. 그런데 '1월 8일 기록영화'에서는 김정은이 김정일의 위성관제조종종합지휘소 방문에 동행해 전병호 당중앙위원회 군수 담당 비서, 주규창 당중앙위원회 군수공업부 제1부부장 및 인공위성 발사 관계자들과 악수하는 모습을 보여 준다. 기록영화에서 흥미로운 부분은 김정은이 주규창 당중앙위원회 제1부부장(한국의 제1차관급에 해당)과 한 손으로 악수하는 모습인데, 이것은 김정은이

9 「존경하는 김정은 대장동지의 위대성 교양자료」, http://mainichi.jp/select/world/news/20091004mog00m030018000c.html(2009년 10월 8일 검색).

*『연합뉴스』(2011. 7. 2) ; 〈주체의 선군혁명 위업을 계승하시여〉(김정은 우상화 기록영화)
** 왼쪽은 김정은에게 허리를 굽혀 인사하는 최태복 당중앙위원회 비서 모습,
오른쪽은 외국 방문 후 귀국한 김정일과 한 손으로 악수하는 김정은 모습

사진 3 김정일 생시 김정은의 위상을 보여 주는 모습

이미 2009년에 김정일의 후계자로서 일반 간부들보다 우월적인 지위를 가지고 있었음을 보여 준다.

2011년 7월 2일 북한 조선중앙TV는 김기남과 최태복 당중앙위원회 비서가 김정은에게 허리를 굽혀 인사하는 모습을 보여 주었는데, 이는 김정은이 당중앙위원회 비서들에게 지시를 내릴 수 있는 위치에 있음을 확인시켜 주었다. 그리고 2012년 1월 8일 기록영화는 김정은이 외국을 방문하고 귀국한 김정일과 놀랍게도 한 손으로 악수하는 모습을 보여 준다. 이는 이미 김정일 생시에 김정은이 수령의 후계자로서 김정일과 같은 '절대적 지위'를 가지고 있었음을 보여 준다.[10]

북한의 대외비 문건, 고위 탈북민 증언 등 다양한 자료와 정보를 종합해 보면 김정은이 북한 지도부에서 후계자로 내정된 것은 2006년 말경이며,

---

10 북한의 후계자론에 의하면, 수령의 후계자는 수령의 혁명 위업을 계승하고 완성해 나가는 투쟁에서 유일 지도자로서 '절대적 지위'를 차지한다. 그리고 "후계자의 절대적 지위는 누구도 대신할 수 없고 누구도 침범할 수 없으며 오직 수령의 후계자만이 차지하는 신성불가침의 지위"라고 강조하고 있다. 김유민, 『후계자론』, 신문화사, 1986, pp. 60~61.

2008년 말에 후계자로 내부에서 공식 결정되어 김정일과 김정은이 2011년 말까지 3년간 북한을 공동 통치했다고 평가할 수 있다.

2011년 12월 김정일 사후 김정은으로의 권력 승계가 초고속으로 순조롭게 진행될 수 있었던 것은 김정일 생시에 김정은이 이미 권력의 상당 부분을 넘겨받은 사실, 김정은의 강한 권력의지와 카리스마, 김일성 사후 김정일로의 권력 승계 경험, 외부 세계에서의 북한 급변 사태 논의와 김정은 체제의 조기 안착을 통한 북한 파워 엘리트들의 기득권 유지 욕구 등이 복합적으로 작용한 결과였다. 김정일 생시에 김정은이 특히 군대와 공안 기관 등을 이미 확고하게 장악하고 있었고 당중앙위원회 비서와 전문부서 부장 등 노동당 엘리트들에 대해 우월적 지위를 가지고 있었기 때문에[11] 김정일 사후 김정은으로의 권력 승계는 외부 세계에서의 일반적 전망과는 다르게 매우 순조롭게 진행되었던 것이다.

3. 김정은의 당과 군부 장악력

북한은 2011년 12월 29일 김정일 중앙추도대회 때 김정은을 '당과 국가, 군대의 최고 영도자'로 내세우고 김정은의 '유일적 영도 체계' 수립을 강조했다. 그리고 그 다음 날 소집된 당중앙위원회 정치국 회의에서 김정일의 '2011년 10월 8일 유훈'[12]에 따라 김정은을 군 최고사령관직에 추대했다.[13]

---

11 정성장, 「김정은 후계 체계의 핵심 조직과 파워 엘리트」, 박명규 외, 『북한 김정은 후계 체제 구축 과정 · 엘리트 · 정책 · 안정성』, 서울대학교 통일평화연구원, 2011, pp. 73~118 참조.

12 김정일, 「백두에서 개척된 주체혁명 위업을 대를 이어 끝까지 계승 완성하여야 한다」(조선로동당 중앙위원회 책임일군들과 한 담화 주체 100(2011)년 10월 8일, 12월 15일), 『김정일 선집』 25, 평양 : 조선로동당출판사(증보판), 2015, pp. 416~427.

김정은은 군대의 최고직책인 최고사령관직에 추대됨으로써 군권부터 먼저 공식적으로 승계한 것이다.

과거 김정일은 김일성 사후 3년이 지나서야 노동당의 총비서직을 승계했지만, 김정은은 김정일 사후 4개월도 지나지 않아 2012년 4월 개최된 제4차 당대표자회에서 당 규약을 개정해 김정일을 '조선로동당의 영원한 총비서'로 추대하고 자신은 당의 새로운 최고 직책인 '당 제1비서'직에 취임했다. 제4차 당대표자회는 김정은을 당중앙위원회 정치국 위원, 정치국 상무위원회 위원, 당중앙군사위원회 위원장으로도 추대했다.[14]

북한은 2012년 4월 13일에는 최고인민회의 제12기 제5차 회의를 소집해 김정일을 '공화국의 영원한 국방위원장'직에, 김정은을 국가의 새로운 최고 직책인 '국방위원회 제1위원장'직에 추대했다. 이로써 김정은은 국가의 최고 직책까지 차지하게 되었고, 4월 15일 김일성의 100회 생일을 기념해 진행한 열병식에서 첫 공개 연설을 함으로써 그가 북한의 명실상부한 제1인자임을 북한과 전 세계에 과시했다.

북한은 1980년에 제6차 노동당 대회를 개최한 후 경제적 침체, 동구 사회주의권의 붕괴, 최대 우방인 소련의 해체 등 대내외 환경의 악화로 인해 약 36년 동안 당 규약상 '당의 최고지도기관'인 당대회를 개최하지 못했다. 그런데 집권 이후 북한의 경제 상황 개선, 핵과 미사일 능력의 급속한 고도화에 대한 자신감을 배경으로 김정은은 2016년 5월 제7차 노동당 대회를 개최했다. 북한 노동당 7차 대회는 경제건설과 핵 무력 건설 병진노선을 '항구적으로 틀어쥐고 나가야 할 노선'으로 제시하는 등 기존의 정책 기조를 재

---

13 「조선로동당 중앙군사위원회 부위원장 김정은 동지를 조선인민군 최고사령관으로 높이 모시였다」, 『로동신문』, 2011. 12. 31.

14 「조선로동당 제4차 대표자회 진행」, 『로동신문』, 2012. 4. 12.

확인하고 김정은 개인의 절대 권력을 더욱 공고히 한 정치 행사였다.

김정은은 제7차 당대회에서 '조선로동당 위원장'이라는 당의 새로운 최고 직책에 추대되었다.[15] 신설된 '조선로동당 위원장'직은 1966년 10월 제2차 당대표자회에서 당중앙위원회 총비서직을 신설하기 전까지 김일성이 맡았던 '조선로동당 중앙위원회 위원장'직을 상기시키는 새로운 직책이다. 북한은 제2차 당대표자회 기간 중에 개최한 당중앙위원회 제4기 제14차 전원회의에서 기존의 당중앙위원회 위원장, 부위원장 직제를 총비서, 비서 직제로 개편하고 비서국을 신설했다.[16] 그런데 김정은은 제7차 당대회에서 제1비서, 비서 직제를 노동당 위원장, 당중앙위원회 부위원장 직제로 개편함으로써 외형적으로 1966년 10월 이전의 당조직 체제로 회귀하는 듯한 인상을 주었다.

북한은 제7차 당대회에서 김정은에 대한 우상화의 수위를 한층 더 높이고 그에 대한 당원들의 무조건적인 충성을 강조하는 방향으로 당 규약을 개정했다. 개정된 당 규약의 서문에서는 김정일에 대해 강성번영의 일대 '전성기'를 펼쳤다고 찬양하면서 김정은에 대해서는 강성국가건설의 '최전성기'를 열어 놓았다고 예찬했다. 그리고 당원의 의무와 관련된 제4조에서는 김정은의 영도를 '충정으로 받들어 나가야' 하고 김정은을 '결사옹위'해야 한다는 내용을 새롭게 추가했다. 그 외에도 여러 조항에서 김정은의 영도를 강조하는 문구를 새롭게 추가함으로써 당 규약 개정을 통해 김정은의 권위를 더욱 강화했다.[17]

김정은이 제7차 당대회 전까지 가지고 있었던 '제1비서'라는 직책은 스탈

15 「조선로동당 제7차 대회 결정서 : 경애하는 김정은 동지를 우리 당의 최고 수위에 높이 추대할 데 대하여」, 『로동신문』, 2016. 5. 10.

16 「조선로동당 중앙위원회 제4기 제14차 전원회의에 대한 보도」, 『로동신문』, 1966. 10. 13.

17 제7차 당대회 후 북한이 발간한 『조선로동당규약』 소책자 참조.

린 사망 후 흐루시초프가 소련공산당 지도부에서 집단지도 체제를 복원시키면서 신설했던 직책이다.[18] 그렇기 때문에 집단지도 체제에 거부감을 가지고 있는 북한이 제7차 당대회에서 노동당의 최고 직책명을 '제1비서'에서 '위원장'으로 바꾼 것으로 판단된다.[19]

김정은은 중요 정책을 혼자 결정하지 않고 그의 할아버지 김일성 시대처럼 '당중앙위원회 정치국 회의'와 각종 '협의회' 등을 통해 결정하고 있는 것으로 파악되고 있다. 김일성 시대에는 중요 정책 결정을 위해 당중앙위원회 정치국 회의, 당중앙위원회 전원회의, 그리고 다양한 형태의 '협의회'[20]가 개최됐다. 그러나 권위주의적이고 독선적이어서 토론을 싫어했던 김정일은 김일성 사후 집체적 협의 기구에 거의 의존하지 않고 주로 당중앙위원회 비서 및 전문부서 부장들의 보고를 듣고 지시를 내리는 방식으로 정책을 결정했다.

김정은이 그의 아버지 김정일보다 노동당의 역할을 더 중시하는 것은 그의 국정관리 경험 부족도 부분적으로 작용하겠지만, 그보다도 그가 김정일처럼 결재 서류를 일일이 검토하고 독단적으로 결정을 내리는 것보다 그의 할아버지 김일성처럼 간부들을 모아 놓고 토론을 거친 후 결정을 내리는 방식을 선호했기 때문인 것으로 판단된다. 그 결과 김정은 시대에 와서는 과

18 송택구 · 조범순, 『현대소련정치론』, 형설출판사, 1988, p. 62 참조.

19 북한 노동당 7차 대회에 대한 상세한 분석은 정성장, 「북한 노동당 제7차 대회 평가 : 김정은의 위상과 파워 엘리트 변동」, 『외교』 118, 2016, pp. 92~101 참조.

20 김일성, 「후방을 튼튼히 보위하자」(내무성, 민족보위성 책임 간부들, 도인민위원회 위원장 및 도내무부장협의회에서 한 연설, 1950. 8. 29.), 『김일성 저작집』 6, 평양 : 조선로동당출판사, 1980, pp. 75~85 ; 김일성, 「사회주의 건설의 새로운 앙양을 위하여 나서는 몇 가지 문제」(당, 국가, 경제기관, 사회단체책임일군협의회에서 한 연설, 1958. 9. 25.), 『김일성 저작집』 12, 평양 : 조선로동당출판사, 1981, pp. 527~550 ; 김일성, 「청년들의 특성에 맞게 사로청사업을 더욱 적극화할 데 대하여」(도, 시, 군, 공장, 기업소, 대학 당위원회 청년사업부장 및 사로청위원장협의회에서 한 연설, 1971. 2. 3.), 『김일성저작선집』 6, 평양 : 조선로동당출판사, 1974, pp. 1~47 참조.

거 김일성 시대의 집체적 협의기구가 다시 부활하는 경향을 보이고 있다.

특히 김정일 시대에는 매우 드물게 개최되었던 당중앙위원회 정치국 회의가 김정은 시대에 자주 개최되고 있다. 김정일 사망 직후인 2011년 12월 30일 북한은 당중앙위원회 정치국 회의를 개최해 김정은 당시 당중앙군사위원회 부위원장을 인민군 최고사령관직에 추대했다.[21] 그리고 2012년 1월 12일에는 당중앙위원회 정치국 회의에서 김정일 시신의 금수산기념궁전 안치, 김정일 동상 건립, 김정일 생일의 '광명성절'로의 제정, 전국 각지에 '영생탑' 건립 등을 결정했다.[22] 또한 같은 해 7월 15일에는 당중앙위원회 정치국 회의에서 군부 실세였던 리영호 총참모장을 모든 직책에서 해임하는 결정을 내렸고,[23] 11월 4일에는 장성택을 위원장으로 하는 국가체육지도위원회를 신설하고 당과 내각의 파워 엘리트들을 부위원장직이나 위원직에 임명했다.[24] 2013년 2월 11일에는 당중앙위원회 정치국 회의에서 결정서 「조선민주주의인민공화국창건 65돐과 조국해방전쟁승리 60돐을 승리자의 대축전으로 맞이할데 대하여」를 채택하였고,[25] 같은 해 12월 8일에는 당중앙위원회 정치국 확대회의를 개최해 장성택을 모든 직무에서 해임하고 출당하는 조치를 취했다.

2013년 12월 장성택의 숙청 이후 우리 사회 일각에서는 북한 지도부에 장성택의 '측근'들이 많기 때문에 고위 간부들 상당수가 숙청 대상이 될 것이라고 주장했다. 그러나 당중앙위원회 정치국 위원과 후보 위원 중 장성택 숙

---

21 「조선로동당 중앙위원회 정치국회의에 관한 보도」, 『로동신문』, 2011. 12. 31.

22 「조선로동당 중앙위원회 정치국 특별보도」, 『로동신문』, 2012. 1. 12.

23 「조선로동당 중앙위원회 정치국에서」, 『로동신문』, 2012. 7. 16.

24 「조선로동당 중앙위원회 정치국 확대회의에 관한 보도」, 『로동신문』, 2012. 11. 5.

25 「조선로동당 중앙위원회 정치국에서 결정서 《조선민주주의인민공화국 창건 65돐과 조국해방전쟁 승리 65돐을 승리자의 대축전으로 맞이할 데 대하여》를 채택」, 『로동신문』, 2013. 2. 12.

청과 관련해 숙청된 것으로 추정되는 인물들은 문경덕 전 당중앙위원회 비서와 리병삼 전 조선인민내무군 정치국장 정도이다. 물론 장성택이 관장했던 당중앙위원회 행정부 산하 간부들과 일부 외교관들 그리고 내각의 일부 각료들이 장성택 숙청과 관련되어 해임 또는 숙청된 것으로 추정된다. 그런데 이들이 가지고 있었던 영향력이 그렇게 크지 않았기 때문에 장성택 숙청은 북한 지도부에 심각한 균열을 가져오지 않았다.

2010년 9월에 개최된 제3차 당대표자회와 2016년 5월 제7차 당대표자회에서 선출된 당중앙위원회 위원과 후보위원 명단을 비교하면 약 54.9%가 교체된 것으로 확인되고 있다.[26] 그런데 과거 김정일의 측근 중 김영남(최고인민회의 상임위원회 위원장), 황병서(인민군 총정치국장), 박봉주(내각 총리), 최룡해(근로단체 담당 당중앙위원회 부위원장), 김기남(선전선동 담당 당중앙위원회 부위원장), 최태복(과학·교육 담당 당중앙위원회 부위원장) 등 핵심 엘리트들의 상당수가 김정은 시대에도 여전히 활발하게 활동하고 있다.

김정은 시대에 북한군에 대한 군령권을 가진 총참모장은 '리영호 → 현영철 → 김격식 → 리영길 → 리명수'로 바뀌었다. 그리고 군대에 대한 후방 사업과 군사외교 등을 담당하는 인민무력부장은 '김영춘 → 김정각 → 김격식 → 장정남 → 현영철 → 박영식'으로 교체되었다. 그 과정에서 과거 김정일의 군부 핵심 측근들은 보다 젊은 김정은의 군부 측근들로 교체되어 군 수뇌부에 대한 김정은의 장악력이 더욱 높아진 것으로 판단된다. 인민군 총참모장과 인민무력부장 등 북한군 수뇌부 인사들이 자주 교체된 것은 특히 군부에서 충성심과 능력에 대한 검증 작업이 매우 강도 높게 진행되었음을 시사한다.

북한군에 대한 당의 지도와 통제를 보장하는 총정치국장은 총참모장과 인민무력부장에 비해 대조적으로 매우 안정적인 지위를 보이고 있다. 항일

---

26 「北, 노동당 대회서 당중앙위 인물 55% 교체」, 『연합뉴스』, 2016. 5. 13.

빨치산 2세를 대표하는 당 엘리트인 최룡해는 2012년 4월부터 2014년 4월까지 약 2년간 인민군 총정치국장직을 맡아 군대에 대한 당과 '수령(김정은)'의 통제 강화에 크게 기여했다. 최룡해의 후임으로는 당에서 군부 엘리트에 대한 인사와 통제를 담당했던 황병서 당중앙위원회 조직지도부 군사 담당 제1부부장이 총정치국장직에 임명됨으로써 군대에 대한 당의 통제는 큰 변화 없이 지속되고 있다.

김정일 사후에 북한 지도부는 서서히 김정은의 측근으로 채워지게 되었고, 2013년 12월 장성택의 숙청 이후 김정은의 친정 체제 구축은 더욱 강화되었다. 북한 지도부의 이 같은 인적 구성을 고려할 때 단기적으로 김정은 정권의 안정성에 큰 문제가 발생할 가능성은 낮은 것으로 판단된다.

4. 북한 체제의 주민 통제력

제4차 당대표자회 개최 전인 2012년 4월 6일에 김정은은 당중앙위원회 고위 간부들과 한 담화에서 김정일이 김일성의 혁명 사상을 '김일성주의'로 정식화하고 김일성의 총대중시사상을 선군혁명사상, 선군정치이론으로 심화 발전시키며 사회주의강성국가건설이론을 제시함으로써 김일성주의의 견인력과 생활력을 비상히 높였다고 주장했다.[27] '김정일주의'의 핵심적인 내용으로 선군혁명사상, 선군정치이론, 사회주의강성국가건설이론을 지적한 것이다. 따라서 북한의 '김일성-김정일주의'는 김정일이 정식화한 '김일성주의'에 김정일의 선군혁명사상, 선군정치이론, 사회주의강성국가이론을 합한 것이라고

---

27 김정은, 「위대한 김정일 동지를 우리 당의 영원한 총비서로 높이 모시고 주체혁명 위업을 빛나게 완성해 나가자」(주체 101년(2012년) 4월 6일), 『로동신문』, 2012. 4. 19.

정의할 수 있다. 1974년에 김정일이 김일성의 사상을 '김일성주의'로 정식화한 것처럼, 김정은도 김일성과 김정일의 사상을 '김일성-김정일주의'로 정식화한 것은 김정은이 '수령의 후계자' 및 새로운 수령으로서 주체사상에 대한 해석권을 가지고 있음을 보여 주는 것이었다.

서울대 통일평화연구원이 전년도에 탈북한 북한 이탈 주민 100명 이상을 대상으로 매년 실시하는 설문 조사 결과에 의하면, 북한 주민이 주체사상에 대해 자부심을 가지고 있다는 응답은 2013년에 51.9%, 2014년에 57%, 2015년에 52.7%였는데 2016년에는 63%로 전년도 조사에 비해 10.3% 상승했다.[28] 주체사상에 대한 북한 주민들의 지지도는 조사 시기에 따라 약간의 변화가 있기는 하지만, 대체로 50% 이상으로 나오고 있다.

탈북민들의 상당수는 대체로 북한 외부의 정보에 대해 상대적으로 많이 노출되어 있고 산이 많아 식량난이 심각한 함경북도와 양강도 출신이다. 그리고 탈북민들이 일반 북한 주민들에 비해 상대적으로 북한 체제에 대해 불만이 많았거나 상대적으로 불이익을 당했던 사람들이 많다는 점을 고려할 때 북한 일반 주민의 주체사상에 대한 신뢰도는 국내 입국한 탈북민들을 대상으로 설문 조사해서 나오는 결과보다 높을 수 있다. 그러므로 외부 세계에서의 막연한 추측과는 다르게 북한의 주체사상이 주민들의 정치의식에 절대적이지는 않지만 여전히 상당한 영향력을 가지고 있다고 평가할 수 있다.

김정일 사후 주민들에 대한 북한 공안 기관의 통제는 더욱 강화되어 신규 탈북민의 수가 2015년까지 계속 감소하는 경향을 보여 왔다. 국내에 정착하는 북한 이탈 주민은 1998년 947명에서 꾸준히 늘어나 2006년 2,028명으로 2,000명을 돌파한 데 이어 2009년 2,914명으로 정점을 찍었다. 이

---

28 김병로, 「대남 인식과 정치사회 의식」, 『김정은 정권 5년, 북한 사회 변화 어떻게 볼 것인가』(서울대학교 통일평화연구원 주최 세미나 자료집), 2016, p. 104.

후 2010년 2,402명, 2011년 2,706명이 들어왔는데 김정일 사망 후인 2012년에는 1,502명으로 급감했고, 2013년 1514명, 2014년 1,397명, 2015년 1,275명이 들어왔다. 그런데 2016년에는 북한의 제4차 및 제5차 핵실험 후 국제사회의 대북 제재 영향으로 국내 입국 탈북민 수가 1,417명으로 전년도에 비해 약 11% 증가했다.[29] 김정은 집권 이후 국내 입국 탈북민 수가 전반적으로 현저하게 줄어든 것은 국가보위성(2016년에 국가안전보위부의 이름이 국가보위성으로 바뀜)과 인민보안성(2016년에 인민보안부의 이름이 인민보안성으로 바뀜) 같은 공안 기관들이 북한의 엘리트와 주민들을 과거보다 더 강력하게 통제하고 있는 데 기인하는 바가 크다.

북한 국가안전보위부 출신 윤대일은 "북한의 세습 권력을 뒷받침해 주는 실질적인 요소들은 군대와 국가안전보위부 그리고 인민보안성(경찰)이다. 북한 체제가 지금까지 무너지지 않고 있고 버티고 있는 것은 북한이 독재 수단으로써 이들 기관들을 틀어쥐고 있기 때문이다"[30]라고 지적했다. 전현준 박사도 "일반 주민과 가장 근접해서 그들의 동태를 감시하고 통제하는 역할을 하는 인민보안성을 제외하고 북한의 통제 시스템을 논한다는 것은 어불성설이다"[31]라고 지적하면서 많은 악재에도 불구하고 북한 체제가 유지되는 이유 중 하나로 인민보안성의 역할을 강조하고 있다. 이처럼 북한의 엘리트와 주민을 철저하게 통제하는 국가보위성과 인민보안성의 역할이 김정은 시대에 들어와 더욱 강조되고 있다.

김정은 시대에 들어와서는 남한의 드라마 시청에 대한 통제가 대폭 강화

---

29 「국내 입국 탈북자 3년 사이 절반으로 급감」, 『아시아경제』, 2015. 2. 10 ; 「2016년 국내 온 탈북자 1,417명… 3만 명 돌파」, 『뉴데일리』, 2017. 1. 3.

30 윤대일, 『「악의 축」 집행부 : 국가안전보위부의 내막』, 월간조선사, 2002, p. 22.

31 전현준, 『북한의 사회통제 기구 고찰 : 인민보안성을 중심으로』, 통일연구원, 2003, p. 3.

되었다. 북한은 2013년 9월 형법을 개정해 한국 영상물 등을 반입하거나 시청할 경우 사형에 처할 수 있다는 조항을 추가했고, 이후 불순 녹화물이나 출판물을 대량 유포한 북한 주민들을 공개 처형하는 등 강력한 단속을 벌이고 있는 것으로 알려졌다.[32] 이처럼 북한 당국이 외부 정보 유입을 철저하게 통제하고 있기 때문에 북한 주민들에 대한 외부 정보의 영향력은 여전히 제한적이다. 그리고 현재 다수의 북한 주민들이 은밀하게 남한의 드라마를 시청하면서 남한문화를 동경하고 있지만, 북한 주민들이 각종 매체를 통한 노동당의 선전 선동에 지속적으로 노출되어 있기 때문에 이 정도의 문화적 접촉만으로 반체제 의식을 형성하기는 어렵다.[33]

현재 북한에서는 엘리트와 주민들이 당과 국가보위성, 인민보안성, 인민반 등에 의해 이중삼중으로 통제받고 있고,[34] 정치적 반대자에 대해서는 본인뿐만 아니라 가족과 친척까지 강제수용소로 보내지고 있다. 이 같은 극심한 탄압 상황에서 주민들이 개인적으로 불만을 가지고 있어도 집단적으로 저항하기는 어렵다.

5. 맺음말 : 환동해협력을 위한 대북 접근

서울대 통일평화연구원이 2008년부터 2011년까지 탈북민들을 대상으로 실

32 『KBS 뉴스』, 2014. 4. 11.

33 전현준 박사 등은 2006년 8월 1일과 3일 하나원에서 교육을 받고 있는 탈북민 314명을 대상으로 설문 조사를 실시한 결과 그동안 남한이나 중국으로부터 북한으로의 자본주의 문화 유입은 컸으나 그것이 '반문화' 현상으로까지는 성장하지 못했다는 결론을 도출했다. 전현준 외, 『북한 체제의 내구력 평가』, 통일연구원, 2006, p. 211 참조.

34 위의 책, pp. 138~139 참조.

시한 설문 조사에서 주민들의 50% 이상이 김정일을 지지한다고 본다는 응답은 2008년에 49.3%, 2009년에 54.3%, 2011년에는 55.7%였다. 그런데 동 연구원이 2015~2016년에 탈북한 북한 이탈 주민 138명을 대상으로 2016년에 실시한 설문 조사 결과에 의하면 북한 주민들의 50% 이상이 김정은을 지지하고 있다고 본다는 응답은 63%를 차지했다.[35] 통일평화연구원이 2011년에 실시한 설문 조사에서의 북한 주민들의 김정일 지지도 55.7%에 비해 최근 김정은에 대한 북한 주민들의 지지도가 7.3%나 높게 나오고 있는 것이다. 김정일 사망 직후 국내외 다수의 전문가들은 김정은 체제가 오래가지 못할 것이라고 전망했지만, 이 같은 예상과는 반대로 김정은은 주민들에게서 김정일보다 더 높은 지지를 받는 데 성공한 것이다.

이처럼 김정일 사후 김정은이 북한 지도부 내에서 최고지도자로서 지위를 공고히 했고, 북한에 권력의 3대 세습을 정당화하는 군주제적君主制的인 정치문화가 존재하기 때문에 적어도 단기적으로는 북한 체제의 안정성에 큰 문제가 발생하지 않을 것으로 전망된다. 그러나 김정은의 초고도비만과 과체중 그리고 당뇨 등으로 미래에 건강이 더욱 심각하게 악화되어 업무 수행에 큰 문제가 발생한다면 북한 지도부 내에 동요가 발생하고 김정은이 실각하게 되는 사태가 발생할 수도 있다.[36] 그러나 그 같은 경우에도 북한 노동당의 핵심 파워 엘리트들이 새로운 지도자를 선출 또는 추대하여 체제를 이끌어 갈 가능성이 높다. 그것은 한국에 망명한 탈북자 중 최고위 인사인 황장엽 전 북한 노동당 중앙위원회 비서가 지적한 바와 같이 북한의 핵심

---

35 김병로, 앞의 논문, p. 104 참조.

36 김정은은 초고도비만으로 건강 상태가 지속적으로 악화될 것으로 예상된다. 김정은의 체중이 2012년에만 해도 약 90kg이었지만 매년 10kg 정도 늘어나면서 2016년에는 약 130kg까지 불은 것으로 파악되고 있다. 그 영향으로 김정은이 2014년 7월에 이어 2016년 12월에도 심하게 절뚝거리는 모습이 북한 조선중앙TV를 통해 확인되었다.

파워 엘리트들이 '한 배를 타고 있는' 운명공동체이기 때문이다. 그렇기 때문에 2017년 5월의 조기 대선 후 출범할 한국의 새 정부는 '북한 붕괴'라는 희망적 사고에 기초해 '통일 준비'라는 비현실적인 정책을 계속 추구할 것이 아니라 김정은과의 남북정상회담을 개최해 북한의 개혁과 개방 및 점진적 변화를 모색하는 것이 바람직하다.

환동해지역은 국가 간 경제적 상호 의존성과 물류, 교통 분야 등에서의 협력 필요성에도 불구하고 북한 체제의 폐쇄성과 북핵 문제, 독도 문제를 둘러싼 한일 갈등과 일본의 과거사 인식에 대한 한중의 반발 등으로 인해 그동안 교류와 협력에서 큰 진전이 이루어지지 못했다. 특히 2008년 박왕자 씨 피격 사건 이후 금강산 관광이 중단됨으로써 동해안지역에서의 남북협력이 극도로 위축되었고 2010년 천안함 폭침 이후에는 개성공단을 제외한 남북 경협이 전반적으로 중단되었다.[37] 그리고 2016년 1월 북한의 제4차 핵실험과 동년 2월 장거리로켓 발사 이후에는 개성공단마저 가동이 전면 중단되어 남북 관계는 거의 완전 단절 상태에 들어가게 되었다.

이 같은 상황에서 남북 교류협력의 재개 및 환동해지역의 협력을 위해서는 북한의 핵과 미사일 위협의 관리에서 일정한 진전이 반드시 필요하다. 한국의 새 정부는 남북정상회담 및 남·북·미·중 4자 회담의 개최를 통해 북한의 추가 핵실험과 중장거리 미사일 발사 중단 및 핵 동결, 개성공단 재가동과 금강산 관광 재개, 국제사회의 대북 제재 완화 및 한미 연합군사훈련 축소 등에 합의하는 것이 바람직하다.[38]

---

37 권세은, 「지역연구 대상으로서 환동해권」, 권세은 외, 『동해의 재인식과 환동해학의 모색』, 경희대학교출판문화원, 2011, pp. 18~19 ; 이동형, 「두만강지역개발 현황과 환동해권 다자협력」, 권세은 외, 『환동해학의 쟁점과 과제』, 경희대학교출판문화원, 2012, pp. 153~154 참조.

38 정성장, 「북한의 ICBM 발사와 북 · 미 관계 전망」, 『세종논평』 333, 2017 참조.

북한의 핵실험과 중장거리 미사일 시험 발사 중단 및 영변의 핵 시설 동결을 위한 협상을 두 단계로 나누어 진행할 수도 있다. 이 경우, 첫 번째 단계에서는 남북한이 정상회담을 통해 북한의 핵실험과 중장거리 미사일 시험 발사 중단, 개성공단 재가동 및 금강산 관광 재개 등에 합의하는 것이 필요하다. 그리고 만약 남북한이 이 같은 합의를 도출하면 국제사회의 대북제재를 부분적으로 완화하는 것에 중국과 미국이 협력해야 할 것이다. 한국정부는 이 단계에서 2016년 2월 북한의 장거리로켓 발사 이후 중단된 나진-핫산 프로젝트를 재개하며 남·북·중 및 남·북·러 고속도로 연결을 적극적으로 검토하는 것이 바람직하다. 두 번째 단계에서는 남·북·미·중 4자 회담을 통해 북한의 영변 핵 시설 동결과 국제사회의 대북 제재 추가 완화 및 한미연합군사훈련 규모의 축소 등에 합의하는 것이 필요하다. 만약 협상이 2단계까지 진전된다면 이후에는 6자 회담을 개최해 북한이 이미 개발한 핵무기를 폐기하고 한반도 평화 체제를 구축하며 북·미 및 북·일 관계 정상화를 논의해야 할 것이다.

북한과 미국 간의 불신의 벽이 워낙 두터워 양국 간의 직접 대화를 통한 평화협정 체결은 현실적으로 기대하기 어렵다. 일본과 러시아까지 참여하는 6자 회담에 대해서는 북한이 부정적인 데다가 협상에 참여하는 국가가 많아질수록 합의 도출에 오랜 시간이 소요되므로 처음부터 6자 회담 재개를 추진할 것이 아니라 남북한과 미국, 중국 간의 4자 협상에서 진전이 이루어지면 그다음에 6자 회담 재개를 추진하는 것이 바람직하다.[39]

39 정성장,「차기 정부의 대북 정책 방향 : 북핵 위협 관리와 한반도 문제의 재한반도화」,『차기 정부의 국정 과제 : 외교 · 안보 · 통일』(제33차 세종국가전략포럼 자료집), 2017, pp. 146~147 참조.

제10장

북한의 안전정책과 한반도 위기

장휘이지张慧智

1. 들어가며

1990년대 탈냉전 이후 북한은 동북아지역에서 유일하게 한·미·일과 외교 정상화를 이루지 못한 국가이다. 전략적 구도의 변화는 북한이 1차 핵 위기를 주도하도록 하였으며, 이로써 한반도 형세는 긴장과 완화를 거듭하며 동북아지역 안전에서의 중요한 우환이 되었다. 한반도 형세 변화를 살펴보면, 한반도 위기는 북핵 문제와 갈라놓을 수 없으며 북한은 한반도 위기를 통제하는 결정적 요인으로서 필요 시 한반도 위기 패턴을 좌우할 수 있다. 2016년 일 년간 북한은 연속 두 차례에 걸쳐 핵실험을 진행함으로써 국제사회의 강력한 제재를 초래하였고 한·미 군사훈련은 또한 북한에 초점을 맞추면서 '참수 작전'을 준비하기도 했다. 한반도에서 또다시 전쟁이 일어날 위험이 날로 늘어나고 있다. 2017년에 들어서면서, 미국 도널드 트럼프 대통령이 새로운 대북정책을 펼칠 가능성이 커지고 있다. 한국 정국에도 중요한 변화가 있을 것이며 이는 한반도 형세에 새로운 불안정 요인으로 작용할 것이다. 이 글에서는 북한의 안전정책을 통해 한반도 위기의 실질을 분석하고 위기 전환의 방도를 찾아보았다.

2. 북한의 안전정책 : 통일 실현인가, 생존 보장인가?

먼저 냉전 시기 북한의 안전정책은 중·소 동맹의 보호 아래에서 북·남 관계를 개선하고 평화통일 실현을 위해 준비하는 것이다. 한반도가 남북으로 분열되고 한국과 북한 정부가 설립된 이후, 양국의 안전정책 목표는 '한반도 통일 실현'에 초점이 맞춰졌다. 한국전쟁은 북한과 한국의 '선통일先统一, 후건설后建设'이라는 방침하에 자국 주도의 통일을 실현하기 위한 전쟁이었다. 하지만 한국전쟁은 북한과 한국의 분열 상태를 해결하지 못했으며 무력통일은 힘들고 막대한 대가를 치러야 함을 깨닫게 하였다. 그 후로 양국은 '선건설先建设, 후통일后统一'을 원칙으로 안전정책을 조정하였고 무력통일을 잠시 포기하였다. 북한은 중소 양국과 결맹하고, 한국은 미국과 동맹을 맺으면서 강대국의 안전보장을 전제로 경제 건설과 국가 체제 경쟁을 추진하기 시작했다. 1970년대 초기에 중·미, 중·일 관계 개선과 더불어 동북아 냉전 구도가 완화되어 남북 간에도 장기간에 걸친 대립 국면을 타파하고 공식적인 접근을 가졌다. 이로써 1972년 7월 4일에 '남북공동성명'을 발표하였고, '자주, 평화통일과 민족단결'의 3대 통일 원칙과 향후 '평화적 통일'이라는 목표에 합의를 보았다.

둘째, 냉전 결속, 세계 구도의 변화로 인해 북한의 안전 정책은 동맹 관계에 의존하던 것에서 자기보호로 바뀌었다. 북한은 핵을 이용하여 강대국과의 교섭에 나섰다. 1990년대 초기, 소련 붕괴와 함께 동유럽 사회주의 국가들의 격변이 일어나면서 20세기 말 세계 정치 구도와 역량 겨룸에 큰 변화를 가져왔다. 북한은 '국내외 형세가 가장 복잡하고 민감한 시기'에 들어섰다. 탈냉전 이후 중·소(러)·북 3국의 북방 3각 동맹이 해체되면서 북한은 중국과 러시아의 절대적인 군사적 비호를 잃게 된 반면, 한·미·일 동맹은 오히려 지속적으로 강화되었다. 북한은 한·미·일 3국의 군사적 압박에 직면해야만 했다. 동북아 전략적 구도의 불균형은 북한에 전무후무의 불안전감을 초래하였는데, 이에 북한은 장기간 숨겨 왔던 핵개발계획을 공개하였고 국제사회의 주목을 받게 된 것이다. 한국과 미국의 군사훈련이 지속되고 국제원자력기구에서 군사시설 점검을 요구하였으며 북한은 이를 빌미로 '핵확산방지조약' 탈퇴를 선언함으로써 1차 북핵 위기를 일으켰다. 북·미 양국은 어려운 담판을 거쳐 '제네바협의'를 체결하였고 북한은 핵 시설 동결 요구에 동의함으로써 경제적 보상을 받기로 하였다. 이로써 1차 북핵 위기가 다소 완화되었다.

하지만 미국은 북한 정권이 신속히 무너질 것이라고 믿으면서 협의 내용에 대해 실행할 의도를 보이지 않았다. 북한도 자국의 이익 목표만을 추구하면서 제네바협의는 사실상 실행 불가능해졌다. 조지 W. 부시 정권이 들어서면서 미국은 북한을 "악의 중심축"이라고 일컬으며 선제공격의 핵 타격 목표로 정하였다. 특히 이라크전쟁은 북한에 "항복은 멸망을 초래한다"는 위기감을 조성하였다. 이로 인해 북한은 미국이 "사담을 징벌倒薩(도사)"하기 바빠 동북아지역에서 잠시 눈길을 돌리는 동안 '핵 카드'를 던지면서 2002년 10월에 우라늄개발계획을 인정하였다. 이는 2차 북핵 위기를 초래하였다. 북한은, 북핵 문제가 미국이 북한에 대한 적대시 정책으로 인한 것이며 핵 문제를 해결하려면 미국이 우선 대북 정책에서 변화를 보여야 한다고 거듭 강조하였다. 북한은 핵을 이용해 미국과 직접적으로 대화하고 북·미 관계를 개선함으로써 안전에 대한 보장을 얻고 국제사회에서 고립된 국면을 벗어나 더욱 많은 외부적 지원을 통해 경제 발전을 추진하고자 하였다.

셋째, 안전 문제를 해결하지 못한 이유로 북한은 '핵 카드'를 '핵보유정책'으로 바꿔 생존을 최우선 목표로 정했다. 비록 6자 회담에서 많은 성과, 이를테면 '9·19공동성명'과 '2·13합의' 등을 이루어 냈지만 북한이 가장 중요시하는 안전 문제에 대해서는 해결법을 찾지 못했고, 북한의 체제 안정에 대한 우려를 해소하지 못했다. 게다가 미국의 정책적 실수로 인해 북한은 자국의 정권 안정과 체제 안전을 확보하기 위해 전략적 방향을 핵 카드에서 핵보유정책으로 바꾸었다. 2006년 10월 북한은 1차 핵실험을 강행하였고 핵무기를 보유하였음을 선언하였다. 만약에 북한이 2·13합의에서 '핵 포기로 안전을 바꾸려고' 했던 의도를 보여 준 것이라면, 또한 핵 신고서를 제출하고 영변 냉각탑을 폭파하여 당시 '핵 시설 불능화'의 핵 포기 의향을 내비친 것이라면, 이와 반대로 한반도 형세의 변화 그리고 2009년 5월 북한의 2차 핵실험은 북한이 '핵보유 안전'의 전략적 의도를 명확히 보여 준다.

넷째, 북한은 3대 세습을 실현하였고 핵무기는 '공수 가능'한 유력한 무기가 되었다. 김정일의 돌연 서거로 김정은이 갑자기 권력을 물려받으면서 북한은 '외교 융통성'을 명확히 보여 주었다. 이로써 북한은 미국과 '2·29협의'를 체결하였다. 이는 북핵 포기가 기대 가능함을 의미하는 듯했다. 하지만 북한은 연이어 인공위성(장거리 미사일이라고도 함)을 발사하고 3차 핵실험을 강행하였다. 또한 '영구적 핵보유국'임을 선언하고 '핵보유국'을 헌법에 추가하였다.[1] 북한은 "미국이 무력으로 북한을 압박하는 적대시 정책이 지속된다면 북한도 자위적인 핵 억제력을 강화할 것"임을 밝혔다.

중국 정부의 교섭으로 북한은 6자 회담 회귀를 결정하였고, "한반도 비핵화를 실현하는 것은 김일성 주석과 김정일 총서기의 유훈"이라며 관련 측과 대화를 통해 평화적으로 핵 문제를 해결할 것임을 밝혔다. 이와 동시에 "국가 이익을 위해 반드시 미국 등 침략자를 상대로 선발적인 핵 공격 권리가 있음"을 강조하면서 미국에 핵 공격을 가하는 시뮬레이션 동영상을 공개하였다. 북한은 1차 핵실험 이후 핵무기 보유를 선언하고 자신감이 충만하여 "북한은 인공위성을 제조하고 발사할 능력을 갖춘 나라이며 핵 위협을 가할

1 「朝鲜首次将'有核武'写入宪法, 韩国称其没资格」, 『新华网』, 2012. 6. 1.

수 있는 정치와 군사대국"이며, "미국과 한국 괴뢰 정권은 역사적 교훈을 잊고 또다시 북한에 전쟁 도발을 한다면 패배로 돌아갈 것, (…) 북한 군대와 인민은 조국통일을 위해 20세기에 발발한 1950년대 조선전쟁과 다른 성전을 펼칠 것"[2]이라고 하였다. 2016년에 북한은 연속 두 차례의 핵실험을 강행하였고 그 규모도 점점 커지고 있으며, 심지어는 수소폭탄 실험도 진행하였음을 밝혔다. 5년이란 짧은 기간에 김정은 정권은 이미 세 차례의 핵실험을 진행하였고 단거리, 중거리와 장거리 미사일 발사와 잠수함 발사 미사일 실험도 수차례나 진행하였다. 이로 하여 북한의 핵미사일 수준이 신속하게 향상되면서 국제사회에서 바라는 북핵 포기 희망이 점점 줄어들고 있다. 북한에 있어 핵무기는 국가 생존의 안전 보장뿐 아니라 결론적으로 한반도 통일을 실현하는 담보가 되었다.

3. 북핵 문제 해결의 실질 : 중국 주도인가, 미국 주도인가?

1992년 1차 북핵 위기 이후 지금까지 20여 년이란 시간이 흘렀다. 비록 북핵 위기를 해결하기 위해 6차례의 4자 회담과 6차례의 6자 회담을 진행하고 수차례에 걸친 관련국 양자회담을 통해 대표적인 성과도 도출해 냈지만, 북한의 계속되는 핵무기 개발을 중단시키지는 못하였다. 오히려 북한은 이 기간에 3차례 핵실험을 강행하고 핵무기를 보유하였음을 선언하였다. 국제사회는 이러한 국면이 조성된 원인에 대해 반성하는 와중에 '중국 실패론', '미국 실패론', '국제사회 실패론' 등 비판적 목소리도 적지 않게 들어야만 했다. 사실상 북한이 북핵 위기의 목표적 지향을 명확히 하여야만 북핵 문제

2 「朝鲜称军队已经进入全面备战状态」, 『新浪网』, 2013. 3. 10.

를 해결할 수 있는 실질적 대책을 찾아낼 수 있다.

북한이 핵개발을 고집하는 주요한 목적은 대체로 다음과 같다. 첫째, 군민 충성과 단결을 이끌 수 있으며 '유일 영도 체제'를 공고히 할 수 있다. 둘째, 핵보유국으로서 외부적 위협과 간섭을 피하고 나라 안전을 보호할 수 있다. 셋째, 비대칭적 수단으로 한국에 군사적·경제적 우위를 과시하여 남북 관계에서 주도적 역할을 할 수 있다. 넷째, '핵'을 통해 '화합'을 도출하여 미국 등의 나라에서 핵보유국 지위를 인정하게 함으로써 북·미 관계 정상화를 이루고, 이를 계기로 국제사회에서 역할을 할 수 있다. 이로써 알 수 있는바 북한이 핵을 보유하는 목적은 여러 방면인 것이다. 외교 분야에서는 북·미 관계 개선을 통해 북·미 관계 정상화를 염두에 두고 있다. 북핵 문제를 해결함에서 북한은 양자와 다자 회담 중에 북핵 문제가 미국의 적대시 대북정책의 산물임을 여러 차례 강조하였으며, 미국의 적대시 대북정책 포기와 함께 한반도 핵 문제 해결 여부는 미국의 대북정책 변화에 달려 있다고 밝혔다.

1차 북핵 위기는 북·미 간에 '제네바협의' 체결로 잠시 해결되었다. 하지만 제네바협의[3]에서 북핵 포기를 요구하는 조항은 없었으며 '핵 동결 계획'[4]

---

3 《日内瓦核框架协议》的主要内容: 朝鲜方面 (1)冻结宁边的原子能反应堆及再处理设施；(2)停止从燃料棒中提取钚；(3)封存燃料棒；(4)仍留在不扩散核武器条约内；(5)履行1991年南北方关于非核化共同宣言并开始南北对话. 相应的, 美国方面 (1)到2003年前美国为朝鲜建设两座发电能力为2000万千瓦时的轻水核电站；(2)在轻水反应堆建成之前每年向朝提供50万吨重油；(3)推动美朝政治经济关系正常化, 包括缓和经济贸易制裁, 互设联络办事处; (4)保证对朝不使用核武器, 也不以核武器相威胁.

4 当时与朝方谈判《框架协议》的克林顿政府官员的谈判目标是：承认朝鲜核能力现状, 通过冻结计划, 避免朝鲜进一步扩大核材料生产能力, 防止朝鲜进行核材料或核武器扩散, 防止出现地区核安全威胁. Larry A. Niksch, "North Korea' s Nuclear Weapons Program," CRS Report for Congress, 2006, p. 8 참고.

만을 합의하였다. 당시 미국 빌 클린턴 정부에서 이는 보다 현실적인 결론이고 북한에서도 보다 유리한 해결법이었다. 결국 협의로 인해 북핵 위기가 잠시 해소되었다. 그 후 북한은 실제로 핵 동결을 실천했다. 북·미 양국은 연락사무소를 설치하는 데 관해서도 상호 간 접촉과 회담을 가졌으며 미사일 담판, 4자 회담, 북·미 고위급 회담 등 다양한 방식의 담판 경로를 모색하였다. 2000년 10월 북·미는 선후로 김정일 특사 북한 국방위원회 제1부위원장 조명록의 미국 역사적 방문, 그리고 미국 국무장관 매들린 올브라이트의 북한 방문을 실현하였다. 이로써 핵 문제를 해결하는 기본 협의는 순조로웠으며 미사일 문제도 해결 가능성이 보였다. 그렇지만 빌 클린턴 대통령이 임기를 마감할 무렵에 국내 정치의 견제를 받으면서 추진이 가속화되지 못했고, 새로운 조지 W. 부시 정권은 대북정책을 재조정하며 북한을 '악의 중심축'으로 지목하였다. 또한 조지 W. 부시 정부는, 아프가니스탄과 이라크와 마찬가지로 미국은 북한에 전쟁 가능성을 수시로 제의할 수 있다고 하면서 미국에 대한 북한의 기대를 파멸시켰다. 2002년 10월 미국 국무장관 존 케리John Kerry의 방북 기간에 우라늄 농축 실험 진행 여부를 인정하였고, 2003년에 북한은 '핵확산방지조약' 탈퇴를 선언하였다. 북한에서 원자력기구의 방북 인사들을 강제 추방하면서 북핵 문제는 급속히 심각해졌고 2차 북핵 위기를 초래하였다.

2차 북핵 위기가 시작되면서 북한은 미국 정부와 양자회담을 가질 것을 요구하였으나 거절당했고 중국의 적극적 교섭으로 6자 회담에서 북핵 문제를 협상하여 해결할 것을 합의하였다. 북·미 양국은 기본적으로 6자 회담이라는 틀 안에서 대화를 하였고, 2차 북핵 위기 이후 중국은 비로소 적극적이고 주동적인 역할을 하기 시작했다. 6자 회담과 관련 측의 공통된 노력으로 북핵 문제를 해결하기로 하였다. 비록 6자 회담에서 '9·19공동성명'과 '2·13합의'와 같은 성과를 이루었지만, 궁극적으로 북·미 양자 간의 불신으로 핵 포기가 우선이냐 평화 협정이 우선이냐는 문제에서 이견이 많았다. 각 측의 불일치한 목표 등 여러 가지 원인 때문에 6자 회담은 2008년부터 지금까지 중단된 상태이다.

그 이후 중국은 6자 회담 재개를 위해 수차례 외교적 노력을 해 왔지만, 북한은 오히려 지속적으로 국제사회에 도전장을 내밀며 여러 차례 핵실험을 강행하였다. 미국은 한·일 양국과 통일 전선을 조성하여 북한에서 핵 포기를 하여야 진전이 있음을 강조하면서 6자 회담 재개에 전제 조건을 덧붙였다. 북한은 중국 국가 이익에 해가 되는 행보를 여러 차례 보였으며, 이로 인해 중국 정부에서는 한반도정책을 재조정하게 되었다. 중·조 관계는 냉각기에 들어선 반면, 중·한 관계는 더욱 향상되었다. 중국의 한반도 비핵화 입장은 더욱 명확해졌다.

2012년에 동북아지역 각 국에서 정권 교체가 이루어진 이후 한반도 형세에 새로운 변화가 일어났다. 각 국에서 한반도정책을 재조정하여 한국은 한반도 남북 간 힘겨루기에서 피동적 위치에서 벗어나 주동적 위치를 얻게 되었다. 북한은 핵 문제를 빌미 삼아 '전쟁 위기 외교'를 펼침에 있어서 한계 효과가 점차 줄고 있다. 북한에서 '경제 건설과 핵무기 병진노선'은 수많은 난관에 직면해 있다. 예를 들면 경제 건설과 핵무기 건설 병진 목표가 상호 간에 상충되어 있고, 핵무기를 발전시킴에 있어 국제적 지원을 받을 수 없으며, 국내 경제 기반이 극도로 빈약하여 외부의 지원 없이는 발전을 이루기 힘들다. 또한 한·미 무력 위협이 날로 늘어나고 있고, 국제적 제재도 점점 수위가 높아지고 있으며, 북한에서 더 많은 핵실험을 할 수 없도록 막아야 한다는 국제적 공동 인식도 점점 명확해지고 있다. 북한은 외교적 고립이 날로 심각해지는 상황에서 경제 건설과 핵무기 건설 간의 선택에서 곤경에 처하게 되었다.

국제사회에서, 대화를 이용해 북핵 문제를 평화적으로 풀어 나가려면 반드시 북한의 안전에 대한 우려를 고심해 봐야 한다. 리비아, 우크라이나와 같은 핵 포기 나라들의 결말은 북한을 각성하게 하며, 한·미 간의 지속적인 북한을 상대로 하는 대규모 한·미 군사훈련도 북한의 불안감을 가중시키고 있다. 이로 인해 북한은 핵을 포기하지 못하고 있다. 국제적 제재는 한 나라의 발전을 견제할 수 있지만 생존 위협의 수단이 될 수는 없다. 현재 국제사회는 북핵 문제를 해결하는 데에서 가장 중요한 시기에 직면하였다. 중국과 미국은 북핵 문제와 한반도 문제를 해결하는 데 있어 가장 핵심적인 외부 역량이다. 하지만 한국과 북한은 당사국으로서 지속적인 긴장 국면이 문제 해결에 도움이 되지 못할 것임을 알아야 한다. 국제적 제재, 무력 위협 그리고 중재적 협조는 그 효과에 한계가 있다. 대화만이 한반도 문제를 해결하는 데에서 유일한 출로이다.

4. 북한의 대외 관계 : 화해인가, 고립인가?

김정은 집권 초기 외교 행보로 보면, 북한은 전에 비해 보다 적극적으로 외부와 접촉하려고 했고 '활동적'인 모습을 보였다. 김정은은 집권 초기부터 단순하고 신속한 외교 수단을 통해 세계 각 나라에 선의를 표하기도 했다. 그간 김정일의 돌연 서거와 함께 김정은의 다소 조급한 집권, 그럼에도 북·미 간의 접촉은 계속 유지되었고 2012년 2월 3차 북·미 고위급 회담에서 '2·29협의'[5]가 이루어졌다. 그 뒤로 북한은 같은 해 4월에 인공위성을 발사

5 朝美2012年2月29日宣布, 朝鲜决定在朝美举行有效会谈期间暂停核试验, 远程导弹试射和宁边铀浓缩活动, 并允许国际原子能机构对朝鲜暂停铀浓缩活动实施监督. 美国方面则同意向朝方提供食品, 重申不再敌视朝鲜, 并逐步改善美朝关系.「卫星发射与朝美框架协议毫无关系」,『朝中社』, 2012. 3. 19.

하여 협의가 무산되었다. 북한은 외신 기자들이 위성 발사 기지를 참관하도록 하였으며,[6] ASEAN 안전포럼에서 동남아 국가들과 적극적인 양자 외교를 추진하였다.[7] 또한 '조러공동협력선언'(2000) 발표 12주년을 맞으면서, 사설에서 "조·러 우호 관계는 새로운 발전 단계에 진입하였다"[8]라고 평가하였다. 북한 정부는 외국 사절단을 초청하여 롤러코스터를 타게 했으며 중국 공산당 중앙 대외연락부 왕자쉬엔王家瑞 부장을 접견하고 일본과 대화 관계를 회복하는 등 일련의 외교 행사에서 김정은 정권의 '외교 융통성' 전승을 보여 주었고, "북한 주권을 존중하는 모든 나라들과 선린 우호 관계를 확대 발전" 시키려는 의도를 제시하였다.

그중에서도 북한 외교의 순조로운 진행 여부를 보여 주는 가장 핵심적인 부분은 바로 북한과 중국, 러시아, 한국, 미국과의 관계이다. 김정일은 생전에 8차례 중국을 방문하였다. 특히 그는 김정은 정권 계승이 명확해진 이후 서거 전 2년 동안 3차례나 중국을 방문하였다. 하지만 현재 중·조 간의 중·고위층 인사들 사이의 교류는 사실상 중단된 상태이고, 현재까지 양국간 정상회담이 이루어지지 못하고 있다. 시진핑 주석은 이례적으로 평양을 방문하기 전에 서울을 먼저 방문하였는데, 이는 중·한 관계 향상을 촉진하였다. 반면에 북한에 대한 외교적 압박도 적지 않았다. 특히 중국은 UN의 제재 결의를 꾸준히 실행하고 있다. 이는 북한의 강렬한 불만을 초래했으며 중조 관계는 아직 적극적인 호전 조짐이 없다.

최근 들어, 러시아에서는 아·태지역을 날로 중요시하고 있다. 러시아는 '신아태전략' 과정에서 북한과의 경제협력을 한 단계 더 강화하였는바, 북한

---

6 「朝鲜卫星"箭"在弦上70余外国记者参观发射场」, 『新京报』, 2012. 4. 9.

7 「韩媒关注'金正恩外交'亮相金边」, 『新华网』, 2012. 7. 13.

8 「朝俄友谊历史长存」, 『劳动新闻』, 2012. 7. 19.

의 90%에 달하는 채무를 면제해 주고 양국 간 철도 연결, 가스관 배치, 항구 임대 등 다양한 분야에서 협력을 추진하고 있다. 그뿐만 아니라 러시아는 북한에 소방차, 식량, 약품 등을 지원하기도 했다.[9] 러시아에서 임대한 나진항 3호 부두는 이미 완공되어 사용하기 시작하였고, 러시아에서 후방 함대를 파견하여 나진항 3호 부두를 이용하는 대형 선박들의 순조로운 항행을 도우는 데 관해서도 협상하였다. 북한에서 외국 군함이 항구에 주둔하도록 허용한 것은 처음이다. 러시아는 북한 핵실험에 대해 비난하면서 6자 회담을 통해 평화적 대화 방식으로 북핵 문제를 해결할 것을 강조하고 북한 핵실험에 대해서도 강력한 제재를 취하고 있다.[10] 이로써 러시아는 북한에 대해 경제협력과 핵 문제를 분리시키는 정책을 실행하고 있음을 알 수 있다.

한국에서는 박근혜 대통령 집권 초기에 '한반도 신뢰 프로세스'를 제시하였으며, 상호 신뢰 관계를 형성하여 남북 관계 정상화를 회복하려는 시도를 했다. 북한의 3차 핵실험 이후에도 박근혜 정부는 여러 차례 대화의 문이 열려 있다고 강조하면서 "북한은 핵을 포기하고 더 이상 도발적 행위를 취하지 않아야만 국제사회의 책임 있는 일원이 될 수 있고 남북 공동 발전을 실현할 수 있다"라고 하였다.[11] 또한 "북한에서 정확한 길을 택하면 한국은 북한과의 교류와 협력을 확대할 것이며 한반도 평화 번영의 미래를 함께 만들어 갈 것"임을 밝혔다.[12] 가장 중요한 것은 바로 남북 간 군사적 실력이 막대한 차이가 있다는 것이다. 한·미 군사동맹이 고압 전략을 펼치고 있는 상

---

9 「俄罗斯副总理访问朝鲜赠送50辆消防车」, 『国际在线』, 2014. 4. 30.

10 「俄罗斯将执行联合国制裁朝鲜决议」, 『新华网』, 2013. 12. 3.

11 「朴槿惠总统三一节讲话」, 『联合新闻』, 2013. 3. 1.

12 「韩美举行韩国战争停战60周年纪念活动」, 『韩联社』, 2013. 7. 27.

황에서 북한이 핵을 포기한다는 것은 "무기를 내려놓고 항복하는" 것과 다름이 없다는 것이다. 따라서 북한은 절대 핵을 포기하지 않겠다고 밝혔다. 북핵 문제에서 박근혜 정부는 양보의 여지가 보이지 않았는바, 북한에서 핵을 보유하는 것을 절대 용납하지 못한다고 거듭 강조했다. 또한 한반도 내에서 한국이 주도적 지위를 차지할 것과 국가 안전이 무엇보다도 중요함을 강조하며, 북한이 반드시 핵을 포기할 것을 촉구했다. 양측에서 모두 양보를 하지 않으려는 입장이다. 북한이 4차 핵실험을 강행한 후 한국은 남북교류의 마지막 경로인 개성공업단지를 폐쇄하고 북한에 대해 단독적 제재조치를 취하는 한편, '참수 작전' 등 한·미 군사훈련을 가속화했다. 남북 관계는 '일촉즉발'의 긴장 국면에 들어섰다.

김정은 집권 이후 북·미 양국은 '2·29협의'를 신속히 체결하였지만 북한의 미사일 발사로 인해 협의가 무효화 처리되어 미국 정부에게 배신감을 느끼게 하였다. 장성택 사건은 미국이 김정은 정권에 대한 실망감을 증폭시켰고 심지어는 김정은을 사담 후세인에 비유하기도 했다. 미국은 더 이상 북한이 변할 것이라고 믿지 않으며 '전략적 인내 정책'을 펼쳤다. 한국과 완전히 같은 입장에서 미국은 인내를 통해 북한 붕괴를 기다리면서 한국이 북핵 문제와 북한 사무를 처리할 수 있도록 더 많은 공간과 여지를 남겨 두었다.

최근 일본에서 헌법 수정과 침략 역사를 부정하고 집단 자위권을 행사하려는 등 일련의 행보로 인해 중·일 관계에 긴장감이 맴돌고 있다. 한·일 관계도 악화되고 일본이 동북아지역에서 곤경에 처하게 될 무렵, 일본과 북한의 관계에서는 돌연 화색이 돌면서 국제사회의 주목을 받고 있다. 한편으로는 일본이 북한에 대한 단독적 제재를 일부분 풀어주면서 북한과 '납치 사건'에 대해 협상을 하기 시작했는데, 이는 국민의 기대감을 어느 정도 충족시켜 외교적 곤경을 벗어남과 아울러 민심을 다시 모을 수 있기를 바라는 것이다. 또한 중국에 견제와 타격을 안길 수 있는 기회이기도 하다. 다른 한편으로는 북한에 있어서 경제제재를 완화할 수 있고, 심지어 일본의 전쟁 배상금을 받아 내어 경제 건설에 유용하게 쓸 수 있으며, 외교적 고립 국면에서도 벗어날 수 있는 기회이다. 그렇지만 일본이 독자적으로 북한과의 관계를 완화하는 행보는 미국과 한국의 눈길을 끌었다. 미국은 일본이 북한과 '납치 사건'을 협상할 수 있지만 한·미·일 3국이 북핵 문제에 대한 합일점을 찾을 수 없으며, 임의로 북한을 방문하거나 제재를 풀어주는 등 문제에 있어서 반드시 고심해 봐야 한다고 경고하였다. 한국도 일본에서 대북 경제제재를 더 풀어줄 경우 한·미 양국과 상의하여야 한다고 강조했다. 한·미 양국의 경고로, 일본은 납치 사건과 북핵 미사일 문제를 해결해야만 조·일 관계 정상화를 실현할 수 있으며 북핵 문제가 진전이 없는 상황에서는 북한과의 수교를 논의하지 않고 어떠한 식민지 배상금도 지불하지 않을 것임을 밝혔다.

사실 일본은 북핵의 위협을 가장 많이 받고 있는 나라가 자국임을 알고 있다. 한반도 식민지 통치 역사는 한민족으로 하여금 일본에 대해 경계와 한을 품게 하였다. 하지만 북한에 식민지 배상금이나 전쟁 배상금을 제공하는 것은 북한 핵개발 자금에 대한 지원이나 다를 바 없다. 때문에 일본은 한·미 양국과 함께 북한에 대한 제재를 다시 강화하였고, 한반도에서 집단자위권을 행사할 가능성이 있음을 밝혔으며, 이로써 한반도 문제에 대한 참여도를 확대하고자 했다.

김정은 정권에서 가장 큰 시련은 바로 최고 통치 권력을 계승한 이래 몽골 대통령만 북한을 방문하였다는 것이다. 그 외에 외국 최고위급 정상이 북한을 방문한 적은 없다. 이는 김정은 정권의 대외 교류의 문이 아직 열리지 않았음을 의미하는데, 가장 핵심적인 원인은 바로 북핵 문제다.

북한이 1차 핵실험을 강행하고 핵보유를 선언한 이후, 국제사회에서는 북한이 핵보유국임을 인정하도록 하는 것이 외교적으로 가장 중요한 목표이다. 외교 공세를 시작하기 전에 북한은 세계에 '핵보유국임'을 선언한다. 김정일 정권 시기 북한의 '핵 외교'는 비교적 교묘하였는바, 번번이 북핵 위기를 조성하였으며 '핵 억제력 증가' 이후 재빨리 한반도 비핵화 실현을 위해 노력할 것임을 표명하여 불리한 국면에서 벗어났다. 김정은 집권 이후 김정일의 '유훈'을 전승하여 핵보유 면에서 힘을 아끼지 않았다. 핵보유국임을 헌법에 포함시키고 북한의 핵보유가 담판의 대상이 아님을 선언했다. 또한 한반도 비핵화에 있어 명확한 태도가 없고 미국과 한국에 핵전쟁 위협을 가하였다. 김정은은 3차 핵실험 후 국제사회의 강력한 제재에 대해 북한이 초강력으로 맞설 것임을 밝혔다. 그러나 현저한 효과가 나타나지 않자 '특사 외교'를 이용해 중·러 양국이 북한의 핵보유국임을 인정하도록 설득하려고 했다. 결국엔 실패로 돌아갔고 북한은 또다시 미국과 한국에 대화와 회담을 제안했지만 거절을 당했다. 북한은 더 많은 핵실험을 강행할 것을 위협했고 중·러 등 북한과 전통 우호 관계를 유지해 온 나라들에서도 UN 결의안에 따라 제재 조치를 취하였으며, 한·미·일 등 나라들에서는 북한이 핵보유국임을 절대 인정하지 않을 것이라고 강조했다.

동북아지역 정치 구도는 현재 미묘한 변화가 일어나고 있다. 중·미 간의 경쟁이 날로 치열해지고 중·조 관계도 북핵 문제로 인해 냉각기에 처해 있다. 중·한 관계는 사드 배치 때문에 악화되고, 남북 관계도 심각한 수준에 처해 있다. 조·미 관계는 진전이 없으며 조·일 관계도 견제를 받고 있다. 현재 북한은 핵 외교를 통해 국제사회에 진입하려는 목적을 더 이상 달성하기 힘든 국면이다.

5. 한반도 형세 변화 : 위기인가, 기회인가?

북핵 문제는 3차 핵실험 이후 대치 국면에 처해 있다. 북한은 핵 억제력을 보유하고 있음을 강조하면서, 국가안전을 보장하고 경제를 발전시키는 데 있어서 자신감을 보여 주었다. 북한은 한·미 양국이 적대시 정책을 바꾸고 북한과의 대화와 협력을 하루빨리 추진할 것을 촉구했다. 하지만 장기간 북핵 문제가 해결되지 않고 북한의 희망인 안전 문제도 해결되지 않은 상태에서 한·미 군사훈련이 '맞춤형 억제 전략'[13]을 둘러싸고 진행됨으로써 북핵무기 등 대규모 살상 무기에 대한 억제력과 대응력을 과시했다. 북한은 국제사회의 수위 높은 제재를 받고 있기 때문에 경제 발전에서 큰 한계가 있다. 한·미 양국은 '대화를 위한 대화'를 하지 않을 것임을 강조하면서 양자 간 경제협력을 회복하고 경제 지원을 통해 북한이 핵을 포기하는 데 대해 '성의를 보여 주고 실질적 진전'이 있어야 한다고 강조했다. 이에 대해 북한은 강력한 반대 의견을 표출하며, 북한의 핵무기가 대화 장소를 위한 정치적 조건이나 상품은 아니라고 반발했다. 한·미 양국은 무력 위협의 효과를 기대하면서 한·미 군사훈련을 통해 북한에 경거망동하지 않을 것을 경고했지만, 북한으로 하여금 '핵 무장'에 더욱 집착하게 하였다. 북한 정부는 한·미 군사훈련이 믿을 수 없는 군사적 도발이라고 질책했다. 북한은, 언제든지 자신들의 방식으로 가장 강력하고 무정한 선제타격을 안길 것이라고 선언하였다. 특히 최근 한·미 군사훈련에 대해 북한의 반응이 격하였고 한반도 긴장국면도 더욱더 심각해졌다.

---

13 "针对性遏制战略"是针对战时和平时朝鲜用核与大规模杀伤性武器进行威胁, 及实际使用核与大规模杀伤性武器等各个阶段而制定的遏制战略, 由韩美两国防长在2013年10月举行安保会议(SCM)上制定. 「韩美开启"乙支自由卫士"联合军演 首练新内容」, 『环球时报』, 2014. 8. 18.

그러면 북한과 한·미 양국의 대립된 입장으로 볼 경우 한반도 형세가 이미 되돌릴 수 없는 위기에 처했다고 할 수 있는 것인가? 사실상 국제관계에서 자주 발생하는 사태가 바로 '위기'인데, 이는 '기회'를 의미하기도 한다. 한반도는 현재 극단의 대립과 긴장 상태임에도 불구하고 북핵 문제와 한반도 문제를 해결할 한 가닥의 희망은 있다고 본다.

우선 한국과 북한, 미국 등 나라들에서 상호 간에 군사적 위협을 가하고 있는데, 이보다 더 필요한 것은 대화이다. 예를 들어, 북한이 최신 로켓 미사일로 한·미 군사훈련에 대응하는 한편, 한국에서는 북한에 대한 적대시 태도를 바꿀 것을 촉구하고 양자 간 대화를 제안한다. 이는 북한 정부가 양국에 군사적 충돌이 발생할 경우 북한이 필연코 큰 타격을 입을 것임을 파악하고 있기 때문이다. 한국의 박근혜 정부가 '한반도 신뢰 프로세스'를 제시하였지만 사실상 남북 간 적대시 상태를 근본적으로 해결하지 못하였다. 국민과 야당에서는 박근혜 정부의 대북정책에 대해 비판적 목소리가 나오고 있다. 미국의 전문가들도 오바마 정부의 대북 '전략적 인내 정책'이 별로 효과가 없음을 질책하고 만약 오바마 정부가 이러한 정책을 계속 펼쳐 나간다면 한반도 비핵화 실현은 거의 불가능하다고 판단하고 있다.[14]

둘째, 김정은 집권 이후 이미 3차례나 되는 핵실험을 강행하였으며 앞으로 핵 무장과 미사일 능력을 더욱 발전시킬 것임을 제시하였다. 북한의 이러한 행보는 국제사회의 강력한 반대와 명확한 경고를 받았지만 북한이 이미 핵무기를 보유하고 있는 상황에서, 심지어는 차량용 대륙 간 탄도미사일을 연구 개발한 현실 속에서 한·미 양국이 무력 수단으로 대응한다면 기필코 한반도에 위기를 조성할 것이며, 어느 나라든지 이러한 결과를 감수할 수 없을 것이다. 따라서 북핵 문제를 해결할 수 있는 방법은 대화뿐이다.

---

14 「韩美军演朝鲜不满美国专家呼吁调整对朝政策」, 『海外网』, 2014. 8. 20.

2017년 미국의 도널드 트럼프 정부의 출범과 함께 앞으로 새로운 대북정책도 나올 것이다. 비록 군사적 위협과 대화를 병진해 가는 시스템에서 벗어나지 않을 것임을 예상할 수 있지만, 트럼프가 경선 과정에서 김정은과 '햄버거 외교'를 할 수 있다는 태도를 밝힌 데서 조심스레 북한과 미국 사이에 대화의 여지가 있다고 생각한다. 한국 박근혜 대통령의 '최순실 비선 사건'으로 인해 조기 대선이 치러질 가능성이 보이는데, 곧이어 출범할 정부로서는 현재 대북정책을 바꿀 수 있는 기회가 되기도 한다. 북한은 또다시 위기를 기회로 반전시킬 수 있는 국면에 직면할 것으로 보인다.

| 참고문헌 |

제1장 환동해문화권의 의미와 방향

김석희, 「근대 환동해지역과 스텐카 라진 서사」, 『동북아문화연구』 35, 2013.
노마 히데키, 『한글의 탄생 : 문자라는 기적』, 김진아·김기연 역, 돌베개, 2012.
신진숙 외, 『환동해지역의 이해』, 경희대학교출판문화원, 2014.
윌리엄 시드도어 드 베리, 『동아시아 문명』, 한평수 역, 실천문학사, 2001.
정태수, 『러시아-소비에트 영화사』, 하제, 1998.
존 K. 페어뱅크 외, 『동양문화사』 상, 김한규 외 역, 을유문화사, 1994.
A. A. Ланилов 외, 『러시아 연방교육부 추천, 러시아 역사История гщсндарства Инаро』, 문명식 편역, 신아사, 2009.
V. モロジャコフ, 『ジャポニズムのロシア―知られざる日魯文化関係史』, 藤原書店, 2011.
東京府師範学校連合編, 『標準歌曲』, 蛍雪書院, 1940.
梁啟超, 「論學術之勢力左右世界」, 『新民叢報』 1, 1902.
李晓霞, 「1990~2010年中國的托爾斯泰小說研究」, 華東師範大學 碩士學位論文, 2013.
柄谷行人, 『日本近代文学の起源』, 講談社, 1985.
迅行, 「破惡聲論」, 『河南月刊』 8, 1908.
吴俊忠, 「俄罗斯文学对中国文化的深层影响」, 『深圳大学学报』 23, 2006.
赵明, 「托爾斯泰 屠格涅夫 契訶夫 — 20世紀中國文學接受俄國文學的三種模式」, 『外國文學評論』, 1997. 2.
「김정일 사후, 장송곡은 '빨치산 추도가'」, 『조선일보』, 2011. 12. 27.

이연실, 「스텐카 라진」, http://www.melon.com/song/detail.htm?songId=1540360&ref=W106(2014년 7월 3일 검색).

BFI, 「Wolga Wolga」, http://ftvdb.bfi.org.uk/sift/title/58389?view=synopsis(2014년 3월 14일 검색).

제2장 환동해지역 생태인식과 재현 양상

게 아요르잔, 『샤먼의 전설』, 이안나 역, 자음과모음, 2011.

고한범, 「미야자와 겐지 동화의 생태적 고찰」, 『일어일문학』 57, 2013.

김형경, 『꽃피는 고래』, 창작과비평, 2008.

미야자와 겐지, 「바람의 마타사부로」, 『미야자와 겐지 전집』 1, 박정임 역, 너머, 2012.

발렌찐 라스푸찐, 『마쪼라의 이별Прощание с Матерой』, 권철근 역, 중앙일보사, 1990.

장룽, 『늑대토템』, 정재서 역, 김영사, 2008.

제3장 일본의 '조몬문화론'의 변용과 환동해 문화 교류의 원상

V·G·チャイルド, 『文明の起源』, ねず·まさし訳, 岩波新書, 1951.

岡本勇, 『縄文と弥生』, 未来社, 1998.

谷口康浩, 「縄文時代概念の基本的問題」, 『縄文文化の輪郭』(縄文時代の考古学1), 同成社, 2010.

今村啓爾, 『縄文の実像を求めて』, 吉川弘文館, 1999.

大貫静夫, 「縄文文化と東北アジア」, 『縄文文化の輪郭』(縄文時代の考古学1), 同成社, 2010.

藤田富士夫, 「日本海をめぐる玉生産交流」, 『日本海学の新世紀·総集編』 8, 角川書店, 2008.

柳田国男, 「山人考」, 『定本柳田国男集』 4, 筑摩書房, 1917.

木村英明, 『シベリアの旧石器文化』, 北海道大学図書刊行会, 1997.

門田誠一, 「朝鮮三国時代における硬玉製勾玉の消長」, 『古代東アジア地域相の考古学的研究』,学生社, 2006.

山内清男·佐藤達夫, 『日本原始美術』 I, 講談社, 1964.

山田昌久, 「縄文文化の構図1」, 『古代文化』 48(8), 1990.

小林道憲, 『古代日本海文明交流圏ーユーラシアの文明変動の中で』, 世界思想社, 2006.

埴原和郎, 「日本人の形成」, 『岩波講座·日本通史』 1, 岩波書店, 1993.

安孫子昭二,「縄文時代の渡来文化の研究略史」,『縄文時代の渡来文化』, 雄山閣, 2002.

安田喜憲,「越国の起源」,『日本海学の新世紀・総集編』8, 角川書店, 2008.

______,『森の日本文化ー縄文から未来へ』, 新思索社, 1996.

伊東俊太郎,「比較文明学から見た日本海文明交流圏」,『日本海学の新世紀・総集編』8, 角川書店, 2008.

長谷部言人,「日本民族の成立」,『論集・日本文化の起源』5, 平凡社, 1973.

佐伯有清,『日本の古代国家と東アジア』, 雄山閣, 1986.

佐原真,『大系・日本の歴史1-日本人の誕生』, 小学館, 1987.

浅川利一・安孫子昭二編,『縄文時代の渡来文化』, 雄山閣, 2002.

清野謙次,『日本人種論変遷史』, 小山書店, 1944.

秋田県教育委員会,『杉沢台遺跡・竹生遺跡発掘調査報告書』, 1981.

八幡一郎,「日本先史文化と大陸の関係」,『北アジア考古学』(八幡一郎著作集4), 雄山閣, 1936.

横山将三郎,「釜山府絶影島東三洞貝塚報告ー縄紋式系統の朝鮮大陸との関係ー」,『史前学雑誌』5(4), 1933.

後藤守一,「上代文化の発展に対する一考察」,『上代文化』13, 1935.

喜田貞吉,「奥羽北部の石器時代文化における古代シナ文化の影響について」,『喜田貞吉著作集』1, 平凡社, 1979.

______,「奥羽地方のアイヌ族の大陸交通はすでに先秦時代にあるか」,『喜田貞吉著作集』1, 平凡社, 1979.

______,「日本民族の構成」,『喜田貞吉著作集』8, 平凡社, 1979.

「高床建物, ルーツは長江7000年前」,『毎日新聞』, 1998. 12. 29.

「토기의 발생 및 분포」, http://terms.naver.com/entry.nhn?docId=1223581&cid=40942&categoryId=33369(2017년 1월 27일 검색).

佐々木藤雄,「広瀬和雄『日本考古学の通説を疑う』を疑う」, http://www.komakino.jp/sasaki-tuusetuutagau.html(2017년 1월 17일 검색).

石川県, http://sptaki.exblog.jp/i25/(2017년 1월 20일 검색).

石川県金沢市 新保本町, http://historia.justhpbs.jp(2017년 1월 20일 검색).

縄文(JOMON JAPAN), http://jomon-japan.jp(2017년 1월 20일 검색).

熊本県 宇土市, http://city.uto.kumamoto.jp(2017년 1월 20일 검색).

特別史跡・三内丸山遺跡, http://sannaimaruyama.pref.aomori.jp/about/image/PRP_Part5_hensen_tatemono.pdf(2017년 1월 20일 검색).

제4장 북한 북동부 환동해 공간의 성격 : 중국과 러시아의 지정전략을 중심으로

금희연, 「중국 위협론의 실체 : 중국의 세계 전략과 전방위 외교 정책」, 『중소연구』 27(4), 2004.

문홍호, 「중국과 러시아의 전략적 협력과 북한」, 『중소연구』 35(3), 2011.

박동훈, 「두만강지역개발과 국제협력 : 중국 '창지투선도구' 건설의 국제 환경 분석」, 『한국동북아논총』 15(4), 2010.

박종철, 「중국의 대북 경제정책과 경제협력에 관한 연구」, 『한국동북아논총』 17(1), 2012.

신범식, 「북-중-러 접경지대를 둘러싼 초국경 소지역 개발협력과 동북아시아지역 정치」, 『국제정치논총』 53(3), 2013.

심범식·박상연, 「러시아와 중국의 나진항 3호 부두 사용권 협상 전략 비교」, 『중소연구』 39(2), 2015.

우양호·정문수·김상구, 「'동해東海의 출구'를 둘러싼 다국적 경쟁과 협력의 구조 : 중국과 북한의 '두만강 초국경지역 개발' 사례」, 『지방정부연구』 20(1), 2016.

원동욱, 「북·중 경협의 빛과 그림자 : '창지투개발계획'과 북·중 간 초국경 연계 개발을 중심으로」, 『현대중국연구』 13(1), 2011.

이영형, 『지정학』, 엠애드, 2006.

_____, 「중국과 러시아의 북한 북동부 진출과 동해의 지정학적 의미」, 『아태연구』 20(3), 2013.

_____, 「중국과 러시아의 북한 북동부 진출과 유라시아 동부지역 Pivot area의 성격」, 『국제문제연구』 14(3), 2014.

이영형·정은상, 「지정학적 용어 해석과 유라시아 남부지역 Pivot area의 성격」, 『국제지역연구』 19(2), 2015.

이종림, 「중·북 라선지역 공동 개발 및 대북 정책」, 2013 HK International Conference 'East Sea Rim Network and Institutionalization', 2013. 11. 14.

조유현, 「나선지역에서 다국적 산업단지 개발의 가능성 분석」, 제8차 두만강포럼, 2016. 1. 14.

황진회, 「중국의 나진항 개발과 발전 가능성」, 『북한 해양수산 리뷰』 16, 2010.

Z. 브레진스키, 『거대한 체스판 : 21세기 미국의 세계 전략과 유라시아』, 김명섭 역, 삼인, 2003.

Brzezinski, Z., *The Grand Chessboard: American primacy and Its Geostrategic Imperatives,* NY : BasicBooks, 1997.

Duong, T., *Hegemonic Globalisation. U. S. centrality and global strategy in the emerging world order,* ASHGATE, 2002.

Lim, S. H., "How Beneficial Would the Construction of a Rason-Hunchun Sub-Regional Economic Cooperation Zone in the Northeast Asian Borderlands Be?," *North Korean Review,* Vol. 11, No. 1, 2015.

Mahan, A. T., "The Influence of seapower upon history," in Harold and Margaret Sprout, *Foundations of International politics,* New York: D. Van Nostrand Co., 1962.

Marton, A., T. McGee and D. G. Paterson, "Northeast Asian Economic Cooperation and The Tumen River Ares Development," *Pacific Affairs,* Vol. 68, No. 1, 1996.

Shin, Beom-Shik, "Russia's Return to Asia: How should South Korea Respond?," *EAI Issue Briefing,* No. MASI 2011-09, 2011.

UNDP, *Tumen NET Strategic Action Programme: Eco-regional Cooperation on Biodiversity Conservation and Protection of International Waters in NE Asia,* 2002.

Бурлаков, В. А., *Проект 〈Туманган〉 и Игра Геополитических Интересов в Северо-Восточной Азии в 90-е Годы XX Бека, Владивосток,* ВГУЭС, 2007.

Кречетова, В. С., "Мероприятия расширенной туманганской инициатиы," *Пространственная Экономика,* No. 1, 2012.

「미국 '일본의 집단자위권 행사 환영」, 『연합뉴스』, 2013. 10. 4.

"О визите первого заместителя Министра иностранных дел России А.И.Денисова в КНДР," *ИНФОРМАЦИОННЫЙ БЮЛЛЕТЕНЬ,* 30 сентября 2011.

「러시아-북한, 나진항 터미널 18일 개통」, http://newfocus.co.kr/client/(2017년 2월 1일 검색).

「중국, 청진항 30년간 계약, 동해 뱃길 열려」, http://www.bkknews.kr/home/m1.php?mid=5&r=view&uid=2073(2017년 2월 1일 검색).

「중-러 동해서 사상 최대 연합훈련… 초긴장」, http://www.minjokcorea.co.kr/sub_read.html?uid=10679(2017년 2월 1일 검색).

"Путин решил ратифицировать соглашение об урегулировании долга КНДР," http://ria.ru/world/20140505/1006610370.html(2017년 2월 1일 검색).

"РЖД соединили с дорогами Северной Кореи. Якунин поздравляет участников проекта," http://www.newsru.com/russia/22sep2013/rzhd.html(2017년 3월 8일 검색).

제5장 환동해지역에서 경제적 관계의 의미

강승호·김남두·김영식·여인만·황원규, 『환동해 경제론』, 두남, 2014.

고령, 「서안측 컨테이너항의 현황과 과제」, 『리츠메이칸경영학』 47(4), 2008.

금성근, 「부산의 환동해지역과의 협력과 발전 방안」, 『ESR』 13, 2014.

금성근·최치국·김율성·원동욱·성원용, 『환동해 경제권 협력 강화 방안』, 부산발전연구원, 2012.

김은영·이은미·유승진, 「러시아 극동지역 경제 개발에 주목하라」, 『TRADE FOCUS』 29, 2016.
대외경제정책연구원, 『극동 러시아지역 투자 가이드』, 2013.
대한토목학회 편, 『북한의 도시 및 지역 개발』, 보성각, 2009.
림금숙, 『창지투선도구와 북한 나선특별시, 러시아 극동지역 간 경제협력 과제』, 통일연구원, 2011.
박정민·A. 스타리치코프, 『러시아 극동을 주목하라』, 한울, 2005.
방호경·홍이경, 「최근 북·중 무역의 특징과 시사점」, 『KIEP 지역경제 포커스』 8(29), 2014.
서종원·안병민, 「중국 창지투개발정책과 동북아 물류 체계 변화 연구」, 『수시연구』 6, 2011.
안병민, 「환동해권 교통·물류 환경의 변화와 향후 전망」, 『교통』 160, 2011.
원동욱·강승호·李弘揆·김창도, 『중국의 동북지역 개발과 신북방 경제협력의 여건』, 대외경제정책연구원, 2013.
이덕희, 『네트워크 이코노미』, 동아시아, 2008.
이성우, 「한-극동 러시아 물류협력 방안」, Korea-Russia Far East Forum(블라디보스토크), 2012. 7. 19.
이옥남, 「러시아 극동지역의 교통 시설 운영 현황 및 개발 정책」, 『동북아·북한연구센터 ISSUE PAPER』 15, 2012.
이정철·백준기·김재관·이남주, 『'러시아-북한-중국 삼각관계'의 전략적 함의 : '미국 요인'과 한국에의 시사점』, 대외경제연구원, 2013.
이종운·홍이경, 『북·중 접경지역의 경제 교류 실태와 거래 관행 분석』, 대외경제정책연구원, 2013.
이창주, 『동북아 신네트워크』, 산지니, 2014.
제성훈·민지영, 『러시아의 북극개발전략과 한·러 협력의 새로운 가능성』, 대외경제정책연구원, 2013.
조정원, 「중국 동북3성과 러시아의 경제협력의 현황과 전망」, 『러시아연구』 23(2), 2013.
최영진, 「동북아 접경지역의 경제기술개발구, 소지역협력 그리고 일대일로 : 환황해권과 환동해권 비교」, 『세계지역연구논총』 34(3), 2016.
최태강, 「극동 러시아의 연해지방 항만들의 사정 및 한·러 협력 발전 기대」, 『시베리아 극동 ISSUE PAPER』 6, 2014.
한국해사문제연구소, 『21세기, 세계 물류의 중심』, 대림씨앤피, 2010.
한국해양수산개발원 항만수요예측센터, 『항만과 산업』 12, 2011.
해양수산부, 「2013년 해양수산부 업무 추진 계획」, 2013.
황진회, 「북한의 해운 인프라의 실태와 전망」, 『KDI 북한경제리뷰』 14(6), 2012.
Anthony Michell, "Cross-Border Relations and North Korea: The Age of Sanctions," *Consensus Toward a Northeast Asian Economic Community,* Sejong: Korea Institute for

International Economic Policy, 2016.

Arai, H., "Current Situation and Future Prospects of Freight Transport Infrastructure and Services between Japan and the Greater Tuman Region(GTR)," *ERINA Report,* No. 111, 2013.

Fairplay, *Ports and Terminal Guide 2008~2009.*

Freeman, Linton C., "Centrality in Social Networks : Conceptual Clarification," *Social Networks,* Vol. 1, 1979.

Kholosha, M., "Current Status and Future Prospects of the Trans-GTR Corridors (Segments in Russia)," *ERINA Report*, No. 111, 2013.

Uzzi, B., "Social Structure and Competition in Inter-firm Networks: The Paradox of Embeddedness," *Administrative Science Quarterly,* Vol. 42, 1997.

Williamson, O., *The Economic Institutions of Capitalism,* New York : Free Press, 1985.

辻久子,「沿海地方港灣の物流事情」,『ロシアNIS調査月報』3, 2013.

齊藤大輔,「中朝國境ルポ 2013」,『ロシアNIS調査月報』4, 2013.

「나진항 3호 부두 18일 개장… 러시아산 석탄 반출 활용」,『데일리NK』, 2014. 6. 12.

「동해항, 환동해권 중심 항만을 꿈꾸다」,『한국해운신문』, 2013. 4. 26.

「러 연해주, 북한보다 남한과 교역 활발」,『Radio Free Asia』, 2014. 2. 26.

「러, 북한 가스관 건설에 北 채무 재투자 방침」,『데일리NK』, 2014. 3. 20.

「러시아, 북한 부채 탕감… 북한식 '채무외교'」,『KBS 남북의 창』, 2014. 5. 17.

「북 금광-러 김정은 전용기 맞교환」,『Radio Free Asia』, 2014. 6. 5.

「北 작년 전체 교역 중 中 비중 90% 이상… 對中 의존 여전」,『데일리NK』, 2017. 4. 6.

「북 투먼 북한공단 입주 기업 급증」,『Radio Free Asia』, 2014. 5. 7.

「북, 가스관 협상 가능성 열어둬」,『Radio Free Asia』, 2014. 4. 18.

「북, 러시아에 노동자 파견 급증」,『Radio Free Asia』, 2014. 4. 18.

「북, 중국 석탄 수입 중단 후 지난 3월 대중 수출 반토막」,『자유아시아방송』, 2017. 5. 19.

「북·러, 전략적 이익 동반자… 새 시대 맞고 있어」,『KBS 남북의 창』, 2014. 6. 9.

「북한의 개혁·개방 어디까지 왔는가」,『KBS 남북의 창』, 2013. 10. 27.

「'세계 공장'된 우수리스크 합작구」,『중앙일보』, 2012. 9. 12.

「'신북방협력 시대'를 꿈꾸며」,『KBS 취재 후』, 2014. 2. 4.

「아시아로 눈 돌린 러시아」,『중앙SUNDAY』, 2014. 6. 1.

「이념 탈피·시장화 촉진만이 김정은 생존 유일한 길」,『데일리NK』, 2014. 6. 12.

「중의 '노골적' 대북 제재 역행… 연변서 北 인력 활용 경협 추진」,『연합뉴스』, 2014. 5. 7.

「천연가스 '아시안 프리미엄'」,『중앙SUNDAY』, 2014. 6. 1.

「한·중·러 북방 항로 1년간 1만여 명 이동」, 『Radio Free Asia』, 2014. 4. 3.
주블라디보스토크 대한민국 총영사관, http://rus-vladivostok.mofa.go.kr/korean/eu/rus-vladivostok/policy/economy/index.jsp(2017년 3월 30 검색).

제6장 중·한 FTA 관세 양허가 중국의 대對한국 농산물 수출에 미치는 영향 분석

조세공, 「중·한 FTA의 추진 전망 분석」, 『경제무역』, 2012. 7.
중국상무부, http://www.mofcom.gov.cn(2016년 11월 17일 검색).
UN COMTRADE, https://comtrade.un.org(2016년 11월 17일 검색).
WTO database, http://stat.wto.org/Home/WSDBHome.aspx?Language=(2016년 11월 12일 검색).
WTO Tariff Profiles, https://wenku.baidu.com/view/11565cd8be1e650e52ea99e9.html(2016년 11월 20일 검색).

제7장 동북아시아 지역화 및 지역주의 전개 과정의 비대칭성

권세은, 「지역연구 대상으로서 환동해지역의 설정」, 『아태연구』 17(2), 2010.
_____, 「환동해, 변방을 넘어」, 최재선 엮음, 『환동해 경제학』, 블루앤노트, 2015.
김동일, 「부르디외와 라투르의 대질과 수정 : 사회과학 지식 체계에서 장이론의 가능성과 한계」, 『사회과학연구』 18(2), 2010.
김미경, 「조직된 위선과 동아시아지역 통합 : 동아시아지역 통합의 제도적 저발전에 대한 이론적 소고」, 『아세아연구』 53(4), 2010.
김희교, 「극동, 동아시아, 동북아시아의 함의」, 역사비평편집위원회 엮음, 『역사용어 바로쓰기』, 역사비평사, 2006.
박상수, 「한국발 '동아시아론'의 인식론 검토 : 동아시아연구, '초국가적 공간'으로부터 접근하자」, 『아세아연구』 53(1), 2010.
박승우, 「동아시아 공동체담론 리뷰」, 『아시아 리뷰』 1(1), 2011.
사미즈 히로시, 『생명과 장소 — 창조하는 생명의 원리』, 박철은·김강태 역, 그린비, 2010.
와다 하루키, 『동북아시아 공동의 집』, 이원덕 역, 일조각, 2003.
외르크 피쉬·오토 브루너·베르너 콘체·라인하르트 코젤렉, 『코젤렉의 개념사 사전 1 : 문명과 문화』, 안삼환 역, 푸른역사, 2010.

유현석,『국제 정세의 이해』, 한울아카데미, 2009.

이남주,「한국에서의 '진보'와 동아시아 협력」,『창작과 비평』 34(3), 2006.

이남주·배기찬,「동아시아공동체 추진과 민족주의 극복 방안」, 동북아역사재단 편,『동아시아공동체 논의의 현황과 전망』, 동북아역사재단, 2009.

이창재,「한·중·일 FTA : 전망과 과제」,『한·중·일 FTA의 경제·안보적 함의와 동북아 평화 체제 구축에 미치는 영향』(국가안보전략연구소 학술회의 자료집), 2011.

전동진,「구조존재론 : 인간과 자연의 공창조성의 철학」,『존재론 연구』 15, 2007.

______,『생성의 철학 : 하이데거의 존재론과 롬바흐의 생성론』, 서광사, 2008.

조성환,「세계화시대 동아시아 민족주의 : 신민족주의의 분출과 동아시아주의적 모색」,『세계지역연구논총』 32(2), 2005.

하영선,「변화하는 세계와 개념사」,『세계 정치』 25(2), 2004.

Björn Hettne and Fredrik Soderbaum, "Theorising the rise of regionness," *New Political Economy,* Vol. 5, No. 3, 2000.

「무역의존도가 뭐죠?」,『한국일보』, 2009. 12. 4.

「세계화, 더 이상 선 아니다… 선진국발 보호무역 광풍분다」,『한국경제』, 2017. 1. 1.

「중국의 왕도와 1+N」,『중앙일보』, 2014. 7. 26.

제8장 동북아지역 거버넌스의 동력, 패턴과 수단

로버트 질핀,『세계 정치 중의 전쟁과 변혁』, 우쥔·두졘핑·승닝 역, 중국인민대학출판사, 1994.

로버트 코헤인,『헤게모니 직후』, 수창허 역, 상하이인민출판사, 2001.

료우 세이코우,『동북아 새로운 정세와 경제협력』,『동북아 학술』 4, 2000.

제임스 도허티·로버트 팔츠그라프,『중국의 국제관계이론』, 세계지식출판사, 2003.

존 루지에,『다각주의』, 수창허 외 역, 저쟝인민출판사, 2003.

Ernst B. Haas, "International Integration : The European and the Universal Process," *International Organization,* Vol. 15, No. 3, 1961.

왕성진,「동북아의 진흥이 동북아 지역의 경제협력을 추진한다」, http://www.people.com.cn/GB/jingji/1038/2809281.html(2012년 5월 12일 검색).

제9장 김정은 정권의 안정성과 환동해협력

권세은, 「지역연구 대상으로서 환동해권」, 권세은 외, 『동해의 재인식과 환동해학의 모색』, 경희대학교출판문화원, 2011.

김병로, 「대남 인식과 정치사회 의식」, 『김정은 정권 5년, 북한 사회변화 어떻게 볼 것인가』(서울대학교 통일평화연구원 주최 세미나 자료집), 2016.

김유민, 『후계자론』, 동경 : 신문화사, 1986.

김일성, 「사회주의 건설의 새로운 앙양을 위하여 나서는 몇 가지 문제」(당, 국가, 경제기관, 사회단체책임일군협의회에서 한 연설, 1958. 9. 25), 『김일성 저작집』 12, 평양 : 조선로동당출판사, 1981.

_____, 「청년들의 특성에 맞게 사로청 사업을 더욱 적극화할 데 대하여」(도, 시, 군, 공장, 기업소, 대학 당위원회 청년사업부장 및 사로청위원장협의회에서 한 연설, 1971. 2. 3.), 『김일성저작선집』 6, 평양 : 조선로동당출판사, 1974.

_____, 「후방을 튼튼히 보위하자」(내무성, 민족보위성 책임간부들, 도인민위원회 위원장 및 도내무부장협의회에서 한 연설, 1950. 8. 29.), 『김일성 저작집』 6, 평양 : 조선로동당출판사, 1980.

김정일, 「백두에서 개척된 주체혁명 위업을 대를 이어 끝까지 계승 완성하여야 한다」(조선로동당 중앙위원회 책임일꾼들과 한 담화 주체 100(2011)년 10월 8일, 12월 15일), 『김정일 선집』 25(증보판), 평양 : 조선로동당출판사, 2015.

송택구·조범순, 『현대소련정치론』, 형설출판사, 1988.

윤대일, 『「악의 축」 집행부 : 국가안전보위부의 내막』, 월간조선사, 2002.

이동형, 「두만강지역개발 현황과 환동해권 다자협력」, 권세은 외, 『환동해학의 쟁점과 과제』, 경희대학교출판문화원, 2012.

장용훈·최선영, 「20대 '수습' 대장, 김정은의 모든 것」, 『한겨레 21』 892, 2011.

전현준, 『북한의 사회통제 기구 고찰 : 인민보안성을 중심으로』, 통일연구원, 2003.

전현준 외, 『북한 체제의 내구력 평가』, 통일연구원, 2006.

정성장, 「김정은 후계 체계의 핵심 조직과 파워 엘리트」, 박명규 외, 『북한 김정은 후계 체제 구축 과정·엘리트·정책·안정성』, 서울대학교 통일평화연구원, 2011.

_____, 「북한 노동당 제7차 대회 평가 : 김정은의 위상과 파워 엘리트 변동」, 『외교』 118, 2016.

_____, 「북한의 ICBM 발사와 북·미 관계 전망」, 『세종논평』 333, 2017.

_____, 「차기 정부의 대북 정책 방향 : 북핵 위협 관리와 한반도 문제의 재한반도화」, 『차기 정부의 국정 과제 : 외교·안보·통일』(제33차 세종국가전략포럼 자료집), 2017.

_____, 「한·미의 북한 급변 사태 논의와 대북 군사전략 과제」, 『정세와 정책』, 2009. 3.

김정은, 「위대한 김정일 동지를 우리 당의 영원한 총비서로 높이 모시고 주체혁명 위업을 빛나게 완성해 나가자」(주체 101년(2012년) 4월 6일), 『로동신문』, 2012. 4. 19.
「2016년 국내 온 탈북자 1,417명… 3만 명 돌파」, 『뉴데일리』, 2017. 1. 3.
「국내 입국 탈북자 3년 사이 절반으로 급감」, 『아시아경제』, 2015. 2. 10.
「민족의 대국상 앞에 저지른 리명박역적패당의 만고대죄를 끝까지 결산할 것이다 : 조선민주주의인민공화국 국방위원회 성명」, 『로동신문』, 2011. 12. 31.
「北 김정은 체제 안정 위해 '속도전'」, 『연합뉴스』, 2011. 12. 31.
「北, 노동당 대회서 당중앙위 인물 55% 교체」, 『연합뉴스』, 2016. 5. 13.
「조선로동당 제4차 대표자회 진행」, 『로동신문』, 2012. 4. 12.
「조선로동당 제7차 대회 결정서 : 경애하는 김정은 동지를 우리 당의 최고 수위에 높이 추대할 데 대하여」, 『로동신문』, 2016. 5. 10.
「조선로동당 중앙군사위원회 부위원장 김정은 동지를 조선인민군 최고사령관으로 높이 모시였다」, 『로동신문』, 2011. 12. 31.
「조선로동당 중앙위원회 정치국 특별보도」, 『로동신문』, 2012. 1. 12.
「조선로동당 중앙위원회 정치국 확대회의에 관한 보도」, 『로동신문』, 2012. 11. 5.
「조선로동당 중앙위원회 정치국에서 결정서《조선민주주의인민공화국 창건 65돐과 조국해방전쟁 승리 65돐을 승리자의 대축전으로 맞이할 데 대하여》를 채택」, 『로동신문』, 2013. 2. 12.
「조선로동당 중앙위원회 정치국에서」, 『로동신문』, 2012. 7. 16.
「조선로동당 중앙위원회 정치국회의에 관한 보도」, 『로동신문』, 2011. 12. 31.
「조선로동당 중앙위원회 제4기 제14차 전원회의에 대한 보도」, 『로동신문』, 1966. 10. 13.
「존경하는 김정은 대장동지의 위대성 교양자료」, http://mainichi.jp/select/world/news/20091004mog00m030018000c.html(2009년 10월 8일 검색).

제10장 북한의 안전정책과 한반도 위기

Larry A. Niksch, "North Korea's Nuclear Weapons Program," CRS Report for Congress, 2006.
「朴槿惠总统三一节讲话」, 『联合新闻』, 2013. 3. 1.
「俄罗斯副总理访问朝鲜赠送50辆消防车」, 『国际在线』, 2014. 4. 30.
「俄罗斯将执行联合国制裁朝鲜决议」, 『新华网』, 2013. 12. 3.
「卫星发射与朝美框架协议毫无关系」, 『朝中社』, 2012. 3. 19.
「朝鲜首次将'有核武'写入宪法, 韩国称其没资格」, 『新华网』, 2012. 6. 1.
「朝鲜卫星"箭"在弦上70余外国记者参观发射场」, 『新京报』, 2012. 4. 9.

「朝鲜称军队已经进入全面备战状态」,『新浪网』, 2013. 3. 10.
「朝俄友谊历史长存」,『劳动新闻』, 2012. 7. 19.
「韩媒关注‘金正恩外交’亮相金边」,『新华网』, 2012. 7. 13.
「韩美开启“乙支自由卫士”联合军演 首练新内容」,『环球时报』, 2014. 8. 18.
「韩美举行韩国战争停战60周年纪念活动」,『韩联社』, 2013. 7. 27.
「韩美军演朝鲜不满美国专家呼吁调整对朝政策」,『海外网』, 2014. 8. 20.

| 저자 소개 |

김석희 일본 근대문학 전공. 경희대학교 국제지역연구원 HK연구교수이다. 주요 논저로 『환동해 관계망의 역동성』(공저), 『환동해지역의 비판적 성찰』(공저), 『환동해지역의 이해』(공저), 「기층문화의 수평적 인식 : 환동해지역의 샤머니즘을 중심으로」, 「동북아시아(환동해)지역 공간인식의 변화와 '집'의 공간문학 : 한·중·일 현대문학 작품을 중심으로」, 「환동해지역의 풍경 예술과 토포스 : 풍경 예술을 통해 본 '동해'와 '시베리아'」, "Joseon in Color : the 'Colored Clothes Campaign' and the 'White Clothes Discourse'", "Beyond the Dichotomy of Collaboration vs. Resistance" 외 다수가 있다.

신진숙 한국 현대문학 전공. 경희대학교 국제지역연구원 HK교수이다. 주요 논저로 『윤리적인 유혹, 아름다움의 윤리』, 『동해의 재인식과 환동해학의 모색』(공저), 『환동해지역의 비판적 성찰』(공저), 『환동해지역의 이해』(공저), 『환동해 관계망의 역동성』(공저), 「환동해 인권의 위상학」, 「환동해 변방 담론을 통해 본 근대 공간의 정치와 그 역설」, 「환동해 디아스포라 : 국경을 넘는 사람들」 외 다수가 있다.

이창수 일본 상대문학 전공. 경희대학교 일본어학과 교수이며, 국제지역연구원 HK연구사업 공동연구원이다. 주요 논저로 『동해의 재인식과 환동해학의 모색』(공저), 『일본학 연구의 지평과 재조명』(공저), 「일본 신화의 변용과 체계화 : 국토창생신화를 중심으로」, 「일본 상대문헌신화에 나타난 한국상 : 천손강림신화 속의 한국을 중심으로」, 「일본 상대 문헌 속의 게이타이継体천황과 고대 환동해環東海 교류에 관한 고찰」, 「고대 일본의 문자문화 전개와 한국계 이주민에 관한 연구」 외 다수가 있다.

이영형 지정학 및 러시아 정치 전공. 한양대학교 아태지역연구센터 연구교수이다. 주요 논저로 『지정학』, 『러시아, 정치체제 구축과 발전 전략 I : 정치체제 구축 편』, 『러시아, 정치체제 구축과 발전 전략 II : 정치 과정, 개발 정책, 안보 정책』, 『시베리아 지역연구 : 공간에 대한 인식과 가치』, 『중앙아시아 지역연구 : 공간에 대한 인식과 가치』, 「쿠릴열도Kuril' skie Ostrova에 대한 '소유'와 '반환'의 지정전략」, 「중국의 러시아 극동 진출에 대한 러시아의 의식구조 분석」,「북한 노동자의 러시아 극동지역 진출 현황 및 그 역할 분석」,「한국·러시아 간 외교문서 분석을 통해 본 양국 관계의 특징」,「러시아의 북극해 확보 전략 : 정책 방향과 내재적 의미」,「북극해의 갈등 구조와 해양 지정학적 의미」,「북한 노동자의 러시아 아무르주州 진출 환경 및 실태 조사」 외 다수가 있다.

최영진 중국 사회학 전공. 경희대학교 국제지역연구원 HK교수이다. 주요 논저로 『환동해 관계망의 역동성』(공저), 『환동해지역의 이해』(공저), 『중국 동북지역과 환동해지역의 관계성』(공저), "Aligning Labor Disputes with Institutional, Cultural, and Rational Approach: Evidence of East Asian-Invested Enterprises in China", 「환동해지역의 항구와 해상관계망 형성」, 「동북아 접경지역의 경제기술개발구, 소지역협력 그리고 일대일로」 외 다수가 있다.

박영애朴英爱 경제학 전공. 지린대학교 동북아연구원 세계경제연구소 교수이다. 주요 논저로 『동북아 해양생물자원 자산화 관리와 협력에 관한 연구』, 「중국의 일대일로와 한국의 유라시아이니셔티브의 전략적 연계 방안 연구」, 「한국 수도권 환경오염의 관리와 중국에 주는 시사점」, 「이산화탄소 배출권 교역과 탄소세 : 유효한 온실가스 배출 감소정책 조합」 외 다수가 있다.

황관췬黄冠群 중국 우체저축은행 직원.

취엔이슈全益秀 지린대학교 동북아연구원 박사과정.

권세은 러시아 정치 전공. 경희대학교 러시아어학과 교수이며, 국제지역연구원 원장 및 HK 사업단 연구책임자이다. 주요 논저로 『러시아지방의 체계론적 이해』(공저), 『러시어지방연구시리즈 1~7』(공저), 『21세기 러시아정치와 국가 전략』(공저), 『동해의 재인식과 환동해학의 모색』(공저), 『환동해지역의 비판적 성찰』(공저), 『환동해 관계망의 역동성』(공저), 「지역 연구의 패러다임으로서 복잡성에 대한 시론」, 「학제적 연구에 대한 인식론적 시론」, 「지역 연구 단위로서의 유라시아에 대한 일고」 외 다수가 있다.

바뎬쥔巴殿君 국제정치 전공. 길림대학교 국제정치학과 교수이며, 동북아연구원 국제정치연구소 소장이다. 주요 논저로 『냉전 후 일본의 대만에 대한 정책 연구』, 『동북아 지역정치 및 중국의 지역전략』, 「냉전 후 몽골 국가안전전략의 특징과 추세」, 「일본의 남해 문제 개입 동기, 조치와 추세」, 「국제 체계의 전변과 동북아 지연정치의 곤경」, 「전략 문화 시각에서 일본과 한국의 안전협력 요소의 구성」, 「동북아지역 경제협력의 정치 환경」, 「한반도 다자 안전협력 메커니즘 분석」, 「일본과 북한의 경제 무역 관계의 현황, 특징과 추세」 외 다수가 있다.

안나잉安娜莹 지린대학교 동북아연구원 국제정치학 석사과정.

정성장 비교정치(북한 정치) 전공. 세종연구소 통일전략연구실 실장이며, 통일부 정책자문위원이다. 주요 저서로 『김정은 리더십 연구』(공저), 『한국의 논점 2017』(공저), 『한국의 국가전략 2030 : 통일』(2016), 『통일 논의의 쟁점과 통일 운동의 과제』(공저), 『김정은 시대의 정치와 외교 : 선군인가, 선경인가』(공저), 『김정은 정권의 대내 전략과 대외 관계』(편저), 『환동해지역의 비판적 성찰』(공저), 『김정은에게 북한의 미래를 묻다』(공저), 『현대 북한학 강의』(공저), 『북한 김정은 후계 체계』(공저) 외 다수가 있다.

장휘이지张慧智 국제경제 전공. 지린대학교 동북아연구원 국제경제연구소 교수이며, 조선한국연구소 소장이다. 주요 저서로 『대국 관계 중의 조선반도』, 『냉전의 얼음 어떻게 녹아야 하는가 : 대국의 대조선반도정책 관점에서』(공저), 『중한수교 20년 : 성과 및 문제』, 『조선반도 전략 조정 및 동북아지역 대국의 관계』, 『조선의 전략 조정』, 『조선의 경제 발전 방식 조정에 관한 연구』 외 다수가 있다.

경희대학교 국제지역연구원 환동해지역연구 시리즈 7

환동해지역 교류와 협력의 다층성과 제약

초판1쇄 인쇄 2017년 5월 20일
초판1쇄 발행 2017년 5월 22일

지은이 김석희 신진숙 이창수 이영형 최영진
박영애 권세은 바덴쥰 정성장 장휘이지
펴낸이 조인원
펴낸곳 경희대학교 출판문화원
주소 서울시 동대문구 경희대로 26
전화 02-961-0106~8, 팩스 02-961-0291
설립 1960년 9월 16일 제5-8호
등록 1977년 11월 8일 제6-5호
홈페이지 www.khupress.com
전자우편 press@khu.ac.kr

ISBN 978-89-8222-566-6 94910
978-89-8222-393-8 (세트)